2 ● ポスト冷戦時代の科学／技術

岩波講座 現代

2 ● ポスト冷戦時代の科学／技術

［編］中島秀人

岩波書店

岩波講座 現代

刊行にあたって

二〇世紀最後のおよそ一〇年間から現在までのグローバルな現代社会は、二重の不可能性に苦しんでいる。第一に、〈われわれ〉がまさに何者であり、どこへと向かいつつあるのか、その全体像――経済、政治、文化等のすべての側面を含む社会の全体像――を思い描くことができないという意味での不可能性がある。第二の不可能性とは、第一の不可能性を規定する、知と認識のそれである。現在、社会や精神現象を記述し、説明する上で、そもそも依拠する理論や枠組みが分散しており、知の基本的なパラダイムすら存在しない。

これら二つの不可能性は密接に相関し、厳密には分けることができない。『岩波講座 現代』(全九巻)は、こうした不可能性に抗して、現代社会とその未来についての像を提供することを目指している。この作業は、社会や精神を捉えるための知を、あらたに再構築する探究を必然的にともなうだろう。

遡れば、およそ半世紀前の一九六三年から六四年にかけて、岩波書店から、同名の『岩波講座 現代』が刊行された。この旧講座は、国際的には、冷戦の対立、植民地支配から脱却した「第三世界」の勃興、国内的には、六〇年安保の余韻が残る中での高度経済成長の進行といった状況の中で構想され、執筆された。だが、旧講座『現代』の最も重要な前提である冷戦が終結し、時代は転換したのに、旧講座退陣後の空席はまだ埋められていない。あらたにこの度、『岩波講座 現代』が構想されねばならなかった必然性は、ここにある。

今世紀に入り、9・11、9・15、3・11という三つの日付に対応した出来事が、「現代社会」の未来を構想することの大きな困難を、あらためて思い知らせた。9・11(二〇〇一年、同時多発テロ)はこれまでの自由・民主主義に残る根本的な欠陥を直観させ、9・15（二〇〇八年、リーマンショック）は資本主義の破局を予感させた。そして、3・11（二〇一一年、東日本大震災と原発事故）は、近代社会の大前提である科学技術に根本から反省をせまるものだった。これら三つの日付、とりわけ直近の3・11は、この講座の企画を開始させる直接の動機にもなっている。

二〇一五年六月

編集委員を代表して　大澤真幸

編集委員
大澤真幸
佐藤卓己
杉田　敦
中島秀人
諸富　徹

岩波講座　現代　第2巻

ポスト冷戦時代の科学／技術

目次

総説　アクチュアリティを取り戻す

中島秀人

「だれでも天空をかけめぐる人工衛星の姿をはじめてとらえた瞬間ほど「現代」の意識を強烈に感ずるときはないであろう」。本巻から五〇年以上前に刊行された先の岩波講座「現代」『科学・技術と現代』の冒頭の論文を、坂田昌一はこう書き出している（坂田 一九六三、二頁）。今回読者のお手元にお届けしたのと同じく講座の第二巻を占めたこの本は、進みゆく二〇世紀を、「原子力時代」や「宇宙時代」という当時しばしば言われた特徴付けを越えて、「科学時代」と規定した。そして、物理学を基礎として統一される科学の未来を楽天的に描いている。

もちろん、原水爆のように全人類を破滅に導きかねないものはある。「現代の科学・技術は、その全域を透視できる統一的な自然観・世界観とむすびついたとき、はじめて新しい時代を創造する真に偉大な潜在力として機能しうるのである」。マルクス主義を信奉する物理学者であった彼にとって、それは「エンゲルスによりその全貌を明らかにされた「弁証法的自然観」であり、その世界観はマルクシズムの世界観」（同前、三頁）に他ならなかった。それはまた、彼の親しい友人であった物理学者・武谷三男が重要性を説く「物理学精神」につながるのだ。

科学へのほとんど無条件の信頼、科学者（特に物理学者）を社会の前衛とするエリート主義、社会主義への過大な期待。現代の多くの人々は、坂田と考えを共有しないだろう。だが、福島の原発事故後の坂田への社会的な関心の高まりを見ると、彼の活動は今日ある種の共感を呼んでいるのではなかろうか。[1] それは、彼の科学者の社会的責任の自覚であり、議論に潜在する規範性の希求ではなかったかと思われる。時代の制約を受けたものであったとはいえ、坂田は科学が理論的・社会的にどのようにあるべきかを語り、自ら実践したのだ。

戦前坂田は、大阪帝国大学で湯川秀樹の助手等を務め、湯川の中間子論研究の協力者だった。クオーク・モデルの先駆となる理論を唱えるなど、優れた研究者であったのである。湯川とともに京都帝国大学に移籍した彼は、さらに名古屋に移り、岩波講座『科学・技術と現代』を出版したとき、名古屋大学理学部の教授の地位を占めていた。

ノーベル賞級の物理学者として現在も尊敬を受けている坂田であるが、一方で彼は、戦後の大学民主化に尽力したことでも知られている。一九四六年に設立された民主主義科学者協会は、第二次世界大戦を不合理で非科学的な反動勢力によるものだとして、科学による社会の民主化を推進しようとした。「民主主義的科学者のなすべき最初の仕事は研究室の封建制を払拭すること」であったと中山茂は述べている(中山他 一九九五、第一巻、三〇九頁)。バナールの『科学の社会的機能』を戦時中に輪読のテキストとしていた坂田らは、戦後の改革のモデルとなる教室憲章を作った。名古屋大学物理学教室は、ボス支配を排する教室会議の方式を採用し、国内の模範となったのだ。二〇〇八年のノーベル物理学賞受賞者である益川敏英と小林誠は、坂田の自由闊達な研究室の出身である。特に益川は、折にふれて坂田の彼への影響について思いを込めて語っている。

坂田が原水爆禁止のための平和運動に熱心だったことも有名である。一九五〇年、アメリカのトルーマン大統領は、ソ連の原爆保有に対抗して水爆製造開始を宣言した。これに反対するストックホルム・アピールに同調し、伏見康治、武谷三男、坂田昌一ら一〇〇名を越える日本の物理学者が平和声明を発する。一九五五年、核兵器の廃絶と全面軍縮を訴える有名なラッセル＝アインシュタイン宣言が出された。アインシュタインの遺志を受けて二年後にパグウォッシュ会議が成立する。湯川秀樹はパグウォッシュ会議の最初の呼びかけ人の一人であり、定期的に開催されるパグウォッシュ会議を日本に招請しようとした。これに備えて、一九六二年から、湯川秀樹、朝永振一郎、坂田昌一の三名の呼びかけで科学者京都会議が不定期にも持たれるようになった(同前、第二巻、二三九—二四五頁以下)。

坂田らの岩波講座「現代」第二巻は、科学者京都会議開始の翌年一九六三年に刊行されたものである。当然ながら、時代の雰囲気を強く反映している。「科学者の社会的責任」と題される第Ⅲ章では、パグウォッシュ会議に至る科学者の平和運動が論じられた。それに続く章では、宇宙開発や原子力の平和利用が唱えられる。末尾の第Ⅵ章の中ほどでは、原子力平和利用三原則の生い立ちが紹介されている。公開、民主、自主を謳う日本学術会議の一九五四年の宣言は、武谷が二年前に提唱したものを元としていた。パグウォッシュ運動については、坂田自身の冒頭の章でも触れられている。

それに先だって坂田は、「科学が、今世紀に入るとともに二度の世界大戦と社会主義革命をへて、産業と政府により強力に支えられた重要な社会制度として確立するに至った」ことを挙げている(坂田 一九六三、一二頁)。制度確立によって急速に発展した科学は、社会との矛盾を引き起こす一方で、「俗に「技術革新」といわれているような現象を生みだした」(同前、一三頁)。社会体制としての科学や技術に着目し、「科学・技術政策」、さらにイノベーションの進行について論じているのもこの巻の特徴である。

坂田らの講座「現代」の科学／技術の扱いの特徴を一言で述べるなら、アクチュアリティ、すなわち進行中の事態への正面からの取り組みと言えよう。その率直さは、その後の科学論の展開の中で忘れ去られていったものであると筆者は考える。

名古屋大学物理学教室で坂田らの影響を受け、のちに科学史に転じた後藤邦夫は、戦争直後に坂田や武谷が執筆した科学論に関する論文が科学者・技術者に強い影響を与えたことを指摘している(中山他 一九九五、第一巻、三五九頁)。その影響がおよそ一九七〇年前後まで継続したことは、六八年に刊行された岩波講座「哲学」の第六巻『自然の哲学』からも分かる。坂田昌一と近藤洋逸が編集したこの巻のはしがきには、「「自然の哲学」をあつかう本巻は、わが国が世界に誇る「武谷哲学」を主軸として、編集した」(坂田他 一九六八、i頁)とある。実際、第I章は、武谷、坂田、羽仁五郎の鼎談である。一九六三年の講座「現代」と重なる寄稿者も少なくない。

興味深いことに、同じ年に出た講座「哲学」の第一二巻『科学の方法』では、武谷の理論の影響は後退している。論理実証主義や、クーンやハンソンなどの後に「新科学哲学」と呼ばれるものへの言及が登場することも目立つ(たとえば第III章やIV章)。

科学哲学者の野家啓一は、「一九六〇、七〇年代の科学論は、基本的に科学史と科学哲学とを車の両輪として発展してきた。そこで研究の主流を占めていたのは、あくまでも「インターナル・アプローチ」であったと言える」と指摘している(野家 一九九九、一一七頁)。科学史においては専門的で記述的な学説史が重視され、冷戦下ということもあり社会史的なアプローチは忌避されるようになった。それは、一九七〇年代後半に科学史の世界に入った筆者自身の体験でもある。

一九五〇年代に日本に導入が始まり、六〇年代に定着を見せた科学哲学はどうだろうか。一九六四年に出版されたこの分野の重要なシリーズ「科学時代の哲学」には、二つの流れが混交している。第一巻第一篇の最初の章では、武器や兵器を作り出した科学を実存主義の哲学者が嫌悪したことを批判し、「ほんとうの哲学はこのような現実逃避のなかに孤独な高貴を見出して自己満足することではなくて、困難な現実を肯定し、その問題を解決するための見取図を与えることでなければならない」(碧海他 一九六四、九頁)としている。その一方で、冒頭に置かれたプロローグでは、このシリーズの共通点を分析哲学であるとした上で、「分析哲学というのは、マルクス主義などと違い、世界観の上での一枚岩的な団結や統一をめざすものではない。哲学の問題解決にあたって言語分析を重視するという、いわば方法論上の点で、おたがいにかなり似た考え方をする哲学者、科学者の思想を一括して呼ぶための便宜上の名前」であるとする（同前、ⅰ頁）。ファシズムの不合理に対して科学の合理性を守ろうとしたウィーン学団以来の論理実証主義が、言語学的で静的な科学の分析である分析哲学に変わろうとする転換点が見て取れると言えよう。

しかしながら、論理実証主義を決定的に衰退に追い込んだのは、トーマス・クーンが一九六二年に出版した『科学革命の構造』だった。この本は、パラダイムの概念によって、それまでの科学哲学が前提としていた科学の累積的進歩の考えを覆した。科学者の共同体に着目したクーンの理論は、科学に対するインターナル・アプローチを、社会活動としての科学の分析、すなわちエクスターナル・アプローチと調和させることを目指していた。

ところが一九八〇年代、パラダイム概念は、クーン本人の意図しない方向に使われるようになった。クーンにとってパラダイムは、通常科学に参与する科学者を支える理論と実践の枠組みのことであった。だがそれは、科学が単なる信念の枠組みの体系に過ぎないという方向で解釈された。科学者がパラダイムの信奉者の共同体に過ぎないという描像は、相対主義的な科学観の根拠となった[2]。信念の枠組みという意味で、科学の地位は宗教や魔術と変わるところがない。一九八六年に刊行された新・岩波講座「哲学」の第八巻は、『技術 魔術 科学』という象徴的なタイトルを冠されていた。その中で村上陽一郎は、「今日主張される「科学」の特権性は、一つの知的価値観の表明であり、より適切な表現を使えば、一つのイデオロギーである」と断じている（村上 一九八六、一三四頁）。

クーンのパラダイムの概念を科学の相対化に適用することには、米国におけるニュー・サイエンス（ニュー・エイジ・サイエンス）という先行する流れがあった。一九六〇、七〇年代のカウンター・カルチャー運動を引き継ぐもので、背景には、物質文明、管理社会、世俗的成功などへの反発があったという（伊藤 一九九九）。ニュー・サイエンスを代表するフリッチョフ・カプラの『タオ自然学』やデヴィッド・ボームの『断片と全体』が、一九七〇年代の半ばに出版された。彼らの著作は、一九七〇年代の末から八〇年代に邦訳が現れた。

日本人でカウンター・カルチャーの科学論の流れを代表する一人は、生物学者の柴谷篤弘であろう。一九七三年の代表作『反科学論』では、はしがきで新左翼運動への共感が示されるとともに、クーンのパラダイム概念によって西欧科学の限界を論じている(柴谷 一九七三、六四頁以下)。彼は当時オーストラリアで仕事についていたため、英米系の科学論に明るかった。

英米系の科学論の影響は、日本の科学史・科学哲学にも及んだ。村上陽一郎は、一九七九年の『新しい科学論』という強い影響力を持った著作で、ポパー、ハンソン、クーン、ファイアアーベント、ラカトシュらの新科学哲学を日本に広く知らしめた。村上は、その前後から主に一九八〇年代にかけて、宗教や魔術と科学の関係を扱う書籍を多数出版している。筆者はそこに、カウンター・カルチャーの間接的な影響を感じずにはいられない。

英米起源の科学論は、科学を相対化するのみにとどまらず、ついには数学の相対化まで進んだ。「科学知識の社会学(Sociology of Scientific Knowledge: ＳＳＫ)」の極致ともいうべき、ストロング・プログラムの登場である。エディンバラ学派のデヴィッド・ブルアは、一九七六年に『数学の社会学』で科学知識についてのこのプログラムを提唱した。そして本の後半では、数学の文化拘束性を論じた。このような極端な主張が、一九八〇年代の科学論の主流を占めることになる(金森 二〇〇二)。主に社会学の観点からの科学知識の分析は、科学哲学者をも困惑させた。

当然のことではあるが、このような科学論の潮流への最も激しい攻撃は、科学者によってなされた。一九九六年に勃発したソーカル事件を頂点とする、サイエンス・ウォーズである。その詳細は金森修『サイエンス・ウォーズ』にゆずるが、その背景には、ＳＳＫが科学政策に影響を与え始めたことがあったと金森は指摘している。一九九三年のＳＳＣ(超伝導超大型加速器)の建設中止に象徴されるように、アメリカでは一九八〇年代の不況以来、科学研究が苦境に立たされていた。サイエンス・ウォーズでは、左翼的な言説をもてあそびながらも、大学での生活に安住し、科学研究の危機という現実を直視しない科学論者たちが、「アカデミック・レフト」と揶揄された。

もちろん、一九六〇年代以来の科学の相対化が無意味だったとまでは言えまい。公害やベトナム戦争における科学の悪用を前に、科学の絶対的な権威を相対化することには必然性があった。そのプロセスを通じて、医療のあり方の見直しや、科学とジェンダーの関係への問題提起などの成果がみられた。しかしながら、方法論的な相対主義を超えて極端な存在論的相対主義に走ることは非生産的である。合理主義を困難に追い詰め、科学の社会的なあり方に対して規範的な提言をすることができなくなる。それは、科学論者の社会的責任放棄につながる。サイエンス・ウォーズの時期の科学論に科学政策への関与がほとんど見られないのは、その反映であろう。アクチュアリティの喪失である。

科学論のこのような混乱の中で矛盾を含む発展を見せたのが、ＳＴＳという分野である。ＳＴＳの制度的起源は、一九六九年、アメリカのコーネル大学とペンシルバニア州立大学に設置されたＳＴＳプログラムであろう。これらのプログラムは、省略せずに英語で書けば、Science, Technology and Society Program であり、日本語では「科学、技術と社会プログラム」となろう。科学、技術、社会の関係をバランスよく教育しようとするものである。このＳＴＳは、学生の異議申し立ての時期と符合する。その後、この分野の学術的学会として、一九七六年にアメリカを中心とする４Ｓ（Society for Social Studies of Science）、一九八二年に欧州ではＥＡＳＳＴ（European Association for the Studies of Science and Technology）が設立された。こうして学問的な整備が進むと、Science and Technology Studies という英語の表現が増えてきて、これもＳＴＳと省略されるようになった。それまでと違って Society の単語が見られないのは、社会的な問題への関与が弱くなったためではないかと思われる。実際、初期のＳＴＳでは科学／技術政策やイノベーションなどアクチュアルなテーマがよく論じられていたが、これが希薄となってきた。そのＳＴＳを襲ったのが、サイエンス・ウォーズであったと筆者は理解している（中島 二〇〇二）。この攻撃によって、過度に相対主義的なＳＳＫのような流れは急速に衰退したのである。[3]

日本におけるＳＴＳはどうだっただろうか。そのはじめは、一九九〇年、筆者たちのグループが中心となって組織したSTS Network Japan という推進団体であった。この運動が発展し、二〇〇一年には科学技術社会論学会の創設に至る。科学史や科学哲学の多くの研究者がその設立に加わった。英米圏と同様に、科学論は、科学史・科学哲学の時代を経てSTSの流れを生み出したと言えよう。(4) 日本で学会化が進んだのは、サイエンス・ウォーズの勃発後だった。そこでその教訓を踏まえて、科学者や技術者の関与をそのプロセスで求めるなど、一定の配慮がなされた。

とはいえ、学会創設に尽力してきた研究者を中心に編纂された二〇〇二年の『科学論の現在』には、相対主義の影響の残滓が見られるのではないか。これに先行する一九九九年の岩波講座「科学/技術と人間」はバランスの取れたシリーズと思える。アクチュアリティの面では、STSの研究者の寄与というより、科学者のリーダーシップが発揮されたことが大きいと感じられる。

STSに関係する研究者も、現実社会の科学/技術の問題への取り組みに無関心だったわけではない。たとえば、日本で初めてのコンセンサス会議は、遺伝子治療を主題にSTSの関係者によって主催された。市民参加型のテクノロジー・アセスメントの実験である。学会成立の直接のきっかけとなった一九九八年の「科学技術と社会に関する国際会議」は、その成果発表の場となった。このコンセンサス会議は、国際的にも影響のある実験であった。

だが、STSの制度的な弱さを反映して、STSの研究者が社会の現実のテーマを取り上げる際に、流行の主題に走る傾向があることは否めない。技術倫理、サイエンス・コミュニケーションなど、政府の予算の出やすい分野に研究テーマが集中しやすいのだ。原子力発電のような政治的に難しい主題は避けられ、その結果として福島の原発事故に至る事態にほとんど後追い的寄与しかできなかった。御用学の様相を持ち始めたのである(中島 二〇一六、二〇一―二一一頁)。

本巻は、STSの分野の研究に積極的に取り組んでいる執筆者による科学論の書といえる。その立場から、現代を分析しようとしている。本稿でこれまで論じてきたような反省と、科学論の歴史的な分析を踏まえて、いま重要な主題を選んだ。

章立て順に述べれば、第1章「社会派科学哲学の復権――「ポスト冷戦時代」の科学哲学の進む道の再検討」(伊勢田哲治)は、科学哲学の展開を歴史的に追った上で、現在の科学哲学が社会性を回復しようとしている努力を示す。第2章「技術観のゆらぎと技術をめぐる倫理」(直江清隆)は、技術者の倫理を越えて、技術のあり方を問う技術倫理を論じている。続く第3章「「有用な科学」とイノベーションの概念史」(隠岐さや香)は、すべてを解決するかのようなマジックワードとして利用されているイノベーションの概念を、その歴史的な展開の中で批判的に吟味する。以上の第I部「科学/技術の哲学」は、比較的理論的な問題を取り扱っている。第II部「科学/技術をめぐる諸課題」に進むと、主題はより具体的になる。最初の第4章「ポスト冷戦期日本の科学技術政策」(綾部広則)は、坂田以降の時代に主にフォーカスをあてて日本の科学技術政策を分析する。その後に続く第5章「科学/技術への民主的参加の条件」(平川秀幸)と第6章「日本型リスク社会」(神里達博)は、広い意味ではいずれも科学/技術と民主主義の関係を念頭に置いている。前者では、民主的なガバナンスの観点から科学や技術への参加の意味を問い直している。後者では、日本型のリスク社会の特徴付けを行い、議会の役割の見直しに言及している。第7章「専門的判断の不定性――科学と社会の「ボタンの掛け違い」が生まれる構造と解くための条件」(本堂毅)は、物理学者としての法廷での体験を出発点として、科学と法の間の不整合をどのように解決すべきかを論じる。続く第III部「科学/技術と文明の未来」の第8章「社会における生命科学の今とこれから」(加藤和人)は、最前線の科学研究に近年まで取り組んでいた立場から、社会における生命科学の問題を具体的に論じている。最後の第9章「科学技術の公共的意思決定と専門家の役割」(詫間直樹・中島秀人)は、ミシェル・カロンの分析モデルを出発点に、これまで見失われてきた大陸系の科学論の再評価をめざす。

取り上げているテーマから明らかなように、いずれもアクチュアルな問題を扱っている。そのようなアクチュアリティを担保するために、執筆者の年齢については四〇―五〇歳代に限ることとした。最近還暦を迎えてしまった編者を除けばだが……。一九六三年の講座の執筆者が、五〇代の坂田を除いて三〇―四〇歳代であったのと比べると高齢化している。しかし、当時よりも日本人の平均寿命が約一五年伸びているという事情を勘案してご勘弁いただきたい。

繰り返しになるが、本書は、STSの研究者による科学／技術と社会の現時問題への取り組みである。しかし、STSの先行する歴史の制約、また国内にSTS分野の安定した職がないなどという制度的弱さもあって、その努力はまだ成熟には至っていないと思われる。二〇二〇年前後に、科学技術社会論学会の二〇周年の記念論集の刊行が計画されている。本書が、そのときまでのこの分野の成熟に資することを期待する。

約五〇年前の坂田らの『科学・技術と現代』を乗り越えることは、容易ではない。だが、時間の経過によって自ずと見えてきたこともある。坂田は、「科学・技術が健やかに育ち、人類の幸福にのみ役立つためには、なによりもまず冷戦を終結させ、人類共滅の危険性をなくすことが必要である」(坂田 一九六三、ii頁)と述べていた。しかし、冷戦が終わっても問題は解決しなかった。さらには、冷戦ゆえに議論が難しかった課題も顕在化してきた。まったく新しい問題も加わった。冷戦崩壊から二〇年が経過することによって、種々の課題が浮き彫りになってきたのである。

その背景の一つには、科学／技術の社会制度としての深化、すなわち、人類の環境のほとんどすべてが科学／技術化されたことがあるだろう。本講座の第一巻に寄稿した論文で筆者は、科学／技術の「著作性」の増大を指摘した。科学と技術が結びつき、科学に技術のモメントが加わった結果、その成果の選択性が増大した。情報科学や生物学の発展によってそれは加速する。同時に、科学／技術の成果は、人間の精神、そして肉体の内部まで深く入り込み始めた。坂田の時代のように、科学者が前衛となって一人その責任を負うことはもはや期待し得ない。その当然の帰結として、科学／技術をめぐる問題は、すべての人々の問題となったといえよう。

他方で、時代が経っても変わらないものもある。坂田は前の講座のまえがきを、「原稿が完成してのち、さらに相互検討を行なう機会をもちたかったが、その余裕がなかったのは残念であった」と結んでいる。最前線で活躍する執筆者たちの原稿を締め切りまでに集めるのは、いまも至難の業である。全員の脱稿後に執筆者相互で議論する機会を設けることはかなわず、編者である筆者が個別に調整を依頼することにとどまった。逆説的ではあるが、むしろそのことが議論の方向の多様性に寄与したとするなら幸いである。

本巻は講座「現代」の第二巻であるにもかかわらず、結局シリーズ全体のいちばん最後に出版される。この遅延によって、読者の方々、そして編集部に大変なご迷惑をおかけすることになった。編者としてこれをお詫びして、総説の結びとする。

注

（1）筆者の知る限りで、事故の起こった二〇一一年の秋に坂田を主題とする書籍が三冊刊行された。なお、武谷の遺稿が研究者に利用可能になり始めたことから、武谷の再評価も始まっている。これには、彼が原子力発電の危険性を長年論じてきたことも関係しているだろう。

（2）野家 一九九九、第三―四節などを参照のこと。このような意味での「クーン化」の影響については、Fuller 2000 参照。

（3）たとえば、一九七〇年代のＳＴＳのハンドブックであった Spiegel-Rösing & Price 1977 は、バランスよく諸テーマを扱っている。

（4）フラーは、欧米圏の科学論の歴史を、ＨＰＳ(History & Philosophy of Science. 科学史・科学哲学)からＳＳＫを経てＳＴＳと特徴付けている(Fuller 1993, Chap. 1 & 6)。日本におけるＳＳＫについては、検討の余地があろう。

参照文献

碧海純一他編 一九六四、『論理・科学・哲学』(「科学時代の哲学」1)培風館。

伊藤笏康 一九九九、「ニュー・サイエンスの問題点」岡田節人他編『問われる科学／技術』(岩波講座「科学／技術と人間」1)岩波書店。

金森修 二〇〇〇、『サイエンス・ウォーズ』東京大学出版会。

金森修 二〇〇二、「科学知識の社会学」金森修・中島秀人編著『科学論の現在』勁草書房。
カプラ、フリッチョフ 一九八〇、『タオ自然学——現代物理学の先端から「東洋の世紀」がはじまる』吉福伸逸他訳、工作舎。
クーン、トーマス 一九七一、『科学革命の構造』中山茂訳、みすず書房。
坂田昌一 一九六三、「現代科学・技術の人類史的意義」『科学・技術と現代』（岩波講座「現代」2）岩波書店。
坂田昌一・近藤洋逸編 一九六八、『自然の哲学』（岩波講座「哲学」6）岩波書店。
柴谷篤弘 一九七三、『反科学論』みすず書房。
中島秀人 二〇〇二、「まえがき」金森修・中島秀人編著『科学論の現在』勁草書房。
中島秀人 二〇一六、「わが国ＳＴＳの四半世紀を回顧する——科学技術社会論はいかにして批判的機能を回復するか」『科学技術社会論研究』一二号。
中山茂・後藤邦夫・吉岡斉責任編集 一九九五、『通史 日本の科学技術』第一巻、第二巻、学陽書房。
野家啓一 一九九九、「科学の変貌と再定義」岡田節人他編『問われる科学／技術』（岩波講座「科学／技術と人間」1）岩波書店。
ブルア、デヴィッド 一九八五、『数学の社会学』培風館。
ボーム、デヴィッド 一九八五、『断片と全体——ホリスティックな世界観への実験的探究』佐野正博訳、工作舎。
村上陽一郎 一九八六、「科学の成立 科学と非科学」大森荘蔵他編『技術 魔術 科学』（新・岩波講座「哲学」8）岩波書店。
村上陽一郎 一九七九、『新しい科学論』講談社。
Fuller, Steve 1993, *Philosophy, Rhetoric and the End of Knowledge*, University of Wisconsin Press.
Fuller, Steve 2000, *Thomas Kuhn: A Philosophical History of Our Times*, Chicago University Press.（スティーヴ・フラー『我らの時代のための哲学史 トーマス・クーン——冷戦保守思想としてのパラダイム論』中島秀人監訳、梶雅範・三宅苞訳、海鳴社、二〇〇九年）
Spiegel-Rösing, Ian; Price, Derek de Solla eds. 1977, *Science, Technology and Society: A Cross-disciplinary Perspective*, Sage.

I　科学／技術の哲学

1　社会派科学哲学の復権
──「ポスト冷戦時代」の科学哲学の進む道の再検討

伊勢田哲治

英米の科学哲学は長年にわたって政治問題や社会問題から距離をとって発展してきた。そのことは科学哲学が一つの専門分野として自らを確立させていく上では重要な役割を果たしたと考えられる。しかし、もともと科学哲学という分野が社会性を欠いていたかというとそうではなく、むしろ二〇世紀前半の分野草創期においては科学哲学の（より具体的には当時の科学哲学で掲げられていた「統一科学」という理念の）社会性が強く意識されてすらいた。科学哲学から社会性を切り離す動きの中には、冷戦という時代背景も影響したとされる。

しかし、その冷戦が終わってから二〇年がたち、科学哲学と社会の間に成り立ちうる関係のかたちも大きく様変わりした。科学哲学そのものもいくつかの点で変質してきたし、社会において求められる知の性質も変化してきた。この現状をふまえて、科学哲学と社会の関わりを、これまでの歩みを振り返りつつ再考する時期が来ているように思われる。

本章では、以上のような問題意識を持ちながら、科学哲学の来し方を振り返り、行く末を考えていく。とりわけ、科学哲学がこれから進むべき道の一つの例として、「人を対象とする研究の哲学」という研究テーマの青写真を描く。

一　冷戦と科学哲学の「専門職業化」

科学について哲学的に考察するという営みはアリストテレス以来の長い歴史を持つが、ジャーナルや学会を持ち大学で次世代をトレーニングするといった専門分野としての性格を科学哲学が備えるのは一九二〇年代のウィーン学団以降と見なすのが一般的である。一九九〇年代以降、そのウィーン学団以来の英米流科学哲学を歴史的文脈に置く研究が盛んに行われ、中でも、ジョージ・ライシュの『冷戦はいかに科学哲学を変容させたか』(Reisch 2005)は大きな話題を呼んだ。ポスト冷戦時代の科学哲学について考えるための出発点として、まずライシュの論考とその含意について検討する。

この本では科学哲学の非政治化が冷戦下のアメリカにおいてアカデミズムが置かれていた状況と密接に結びついていると論じている。ライシュによれば、ウィーン学団はもともとオットー・ノイラートやフィリップ・フランクを中心にかなりの左翼的な政治性・実践性を備えていた。アメリカの科学哲学者たちにも同様の傾向があった。しかしそれらの左翼的傾向は第二次大戦中は歓迎されたものの、戦後の冷戦とアメリカにおける反共主義の中で抑圧されていった、というのがライシュの大まかな筋書きである。

ノイラートは第一次大戦後のバイエルン革命の際に閣僚として参加した経験もあり、実際の政治にも関与していた。ウィーン学団と密接にむすびつけられる統一科学(unified science)運動もまた、単なる哲学的な反省ではなかった。この運動は科学の言語や方法論を経験主義にもとづいたものに変えていくという科学そのものの改革運動だった。国際統一科学百科全書(International Encyclopedia of Unified Science)は、「科学の統一」のイメージとして、さまざまな分野が平等に並列されるというイメージを提示するとともに計画を通して社会をも民主的に変革していこうという運動だった(Neurath 1937)。この百科全書の発行母体としてノイラートを所長とする統一科学研究所という組織もつくられ、ナチスの台頭後もオランダからイギリスへと移転しながら活動を続けていた。

ルドルフ・カルナップは、著作を見る限りでは一見したところ政治性とは距離をおいていたように見える。しかし彼もまた左翼運動に深くコミットしていた(Reisch 2005, pp. 47-53)。その政治性は意外なところにもあらわれている。ピーター・ギャリソンの研究によれば、カルナップの初期の主著『世界の論理的構築』のタイトルにあらわれるAufbauという言葉は第一次大戦後の政治的な流行語で、政治体制などを新しく構築しなおすことを意味していた(Galison 1996)。Aufbauという言葉をタイトルに持つ雑誌がこの時期に集中して多く創刊され、ノイラートらもその一つに寄稿している。カルナップの本のタイトルにAufbauという言葉を示唆したのはシュリックだったが、その示唆はこうした同時代的な政治的な用法を念頭においたものだったと考えられる(ibid. p. 35)。

ハイデガーの「無は無化する」という主張をやり玉に挙げたカルナップの論文でよく知られる形而上学への攻撃もまた、単に論理実証主義者たちにとって現象学者らの文章が意味不明だったというだけのことではない。マイケル・フリードマンはカルナップとハイデガーが新カント派の影響を同じように受け、形而上学と記号論理学の対立についてはむしろ両者の間に共通了解が成立していたと論じている(Friedman 1996)。むしろ、論理実証主義者たちにとって問題だったのは、そうした形而上学が保守的な政治運動とむすびついていることだった。ノイラートは明瞭にハイデガーらの観念論的な哲学がプロレタリアートに敵対していると主張しているし、カルナップも自らの反形而上学がマルクス主義と親和的であるというメモを残している(ibid. pp. 51-52)。統一科学運動は、形而上学から力を奪うことで保守的な政治勢力にもダメージを与えることを意図するものだった。

ウィーン学団メンバーのアメリカへの受容もまた政治性を持ったものだった(Reisch 2005, chs. 2 and 3)。メンバーの移住を手配したチャールズ・モリスはもともとプラグマティストであり、統一科学運動の文化的な影響力に期待していた。現在も科学哲学のトップジャーナルとして発行され続けている *Philosophy of Science* 誌やその発行母体の Philosophy of Science Association もまた初期には政治性を持っていたが、カルナップらウィーン学団のメンバーも当初から編集委員として加わっていた。

Philosophy of Science の発足時の状況は、ウィーン学団との関わりを除いても興味深い。この雑誌は一九三四年に創刊され、創刊当時の編集長ウィリアム・マリソフはロシア生まれの共産主義者であり、第二次大戦中に（つまりいわゆる反共主義の時代以前に）ＦＢＩから取り調べを受けたこともある。マリソフが *Philosophy of Science* に寄稿した記事の多くは量子力学の哲学についての論考などであり、現在の科学哲学とそれほど乖離しているわけではない。しかし、マリソフが *Philosophy of Science* の創刊号で「科学哲学とは何か」について六項目に整理した際、「方法論の研究」や「諸科学の構造や階層についての研究」とならんで「さまざまな文脈における科学の機能や重要性についての研究」が含まれていた（Malisoff 1934）。さらに、「人民の、人民による、人民のための科学」と題する、科学者に社会と深く関わることを求めた彼の一九四四年の講演も同誌上に掲載されている（Malisoff 1946）。こうした社会性の強い記事は現在の *Philosophy of Science* からは想像しにくい。

しかし、第二次大戦後、反共主義的な冷戦期アメリカの政治風土の中で、ノイラート、フランク、マリソフらの社会運動的な科学哲学の路線はさまざまな圧力を受け（たとえばフランクやカルナップは共産主義思想についてＦＢＩの調査を受け、ロックフェラー財団の統一科学研究所への支援も一九五五年で打ち切られた）衰退していく（Reisch 2005, chs. 13–15）。それに対し、哲学者たちの支持を集めたのは、ハンス・ライヘンバッハの『科学的哲学の興隆』（Reichenbach 1951）に代表されるような非政治的でテクニカルな科学哲学だった（Reisch 2005, p. 355）。アーネスト・ネーゲルもまた科学哲学は冷戦と関わるべきではないという立場だった（ibid. pp. 310–311）。彼らの非政治的な態度がその後の科学哲学の性格を決めていった。もちろん、こうしたテクニカルな科学哲学はウィーン学団の発足当初から彼らの研究の特徴の一つでもあったわけだが、それだけに純化したことが冷戦期の新しい動きだった。

他方、冷戦期には多くの科学哲学者がランド研究所と関係を持ったこともライシュは指摘している(Reisch 2005, pp. 349-353)。ランド研究所はアメリカ空軍の資金で設立され、安全保障に関する研究などが行われていた。そのランド研究所にカルナップやモリスの教え子たちが勤務し、カルナップ、ヘンペル、ライヘンバッハらもランド研究所周辺での研究に関わったことがわかっている。とりわけライヘンバッハは研究所のコンサルタントや研究員をつとめ、死後には『サイエンス』誌でのランド研究所の広告にも利用されている。本人たちの意図はどうあれ、これらの科学哲学者たちは、西側の軍事研究を直接・間接に援助したともいえる。

以上をまとめるならば、科学哲学という分野は、少なくともその一面として、科学と社会の改革運動という側面を第二次大戦終了前後まで確実に持っていた。そうした側面を科学哲学が急速に失っていったのは決して単なる偶然ではなく、冷戦下の政治的文脈の中で、非政治化、ないし冷戦における自由主義陣営に迎合する方向への方向転換が求められたことも一つの原因となっていたと考えられる(1)。

二　専門職業化から細分化へ

自足的パズル解決としての科学哲学

本節では、ライシュが扱った非政治化の時期のあとに、科学哲学に何がおきたかを確認しよう。一言でいえば、他の多くの学術分野と同様、研究の高度化、多様化、細分化が進んだ歴史だと言ってもいいだろう。簡単にその歴史を振り返っておこう。

ライシュがまとめるように、科学哲学という領域は一九五〇年代にノイラート的な社会派の科学哲学を切り離した。

しかしその直後の一九六〇年代は、別のタイプの社会派の科学哲学の時代となった。クーンの『科学革命の構造』(Kuhn 1962)と、それによって引き起こされた、科学における世界観や価値観の役割についての論争の時代である。クーンはもともと科学史家であるが、科学哲学においても大きな影響を持った。クーンが指摘したのは科学において「パラダイム」と呼ばれる認知的要素が重要な役割を果たすということだった。この指摘は、多くの読者にとって、科学は(ウィーン学団や論理実証主義者たちのイメージと異なり)主観的な要素が重要な役割を果たす営みだという主張であると受け取られた。これに対し、科学の方法論の合理性を重視するラカトシュやファイヤアーベントらが論争を挑んだが、ラカトシュやファイヤアーベントはその結果かえってクーン寄りの立場(ファイヤアーベントはむしろクーンより過激な立場)へと移行していく。科学というものが合理的方法論に還元できない主観的要素を持つのだとすれば、それは現代社会において科学が果たすべき役割や位置づけにも影響を与えないわけにはいかない。ファイヤアーベントは実際、ネイティブ・アメリカンの知恵や代替医療など正統派の科学に含まれない対象を学校教育に含めることまで主張する(Feyerabend 1978)。

しかしこの論争は、一九七〇年代中頃には科学哲学の内部では概ね終息する。クーンは『構造』の第二版などで科学の合理性をむしろ支持する立場を鮮明にしたあと(Kuhn 1970)、科学史家としての本来の仕事に戻る。ラカトシュは早世し、ファイヤアーベントは過激化して科学哲学業界の中で孤立していく。代わりに興隆したのは、科学哲学の内部で設定された問題についてテクニカルな議論を展開していく、独立した専門職業としての科学哲学だった。特に目立ったのは、科学的説明、検証理論、還元主義、境界設定問題、科学的実在論などの、科学哲学者たち自身の比較的最近の定式化を出発点とする議論である。

これらの論争の内容を紹介するのはここでの目的ではなく、これらの論争が非常によく似た「産業化」のパターンを持っていたという点を指摘するにとどめる。「科学的説明」論争であれば、ヘンペルの整理した被覆法則モデル

（Hempel 1965）に対して「旗竿の反例」などが提示されることから議論がはじまる（URL①）。「検証理論」であれば、仮説演繹法のある種の定式化に対するカラスのパラドックス（Hempel 1945）や枚挙的帰納に対するグルーのパラドックス（Goodman 1955）がパズルを提示する（URL②）。「還元主義」であれば理論間の還元についてのネーゲルの定式化（Nagel 1961）というスタンダードがまずあって、それに対してさまざまな反例が作られる（URL③）。「科学的実在論」であればデュエム＝クワインテーゼ（特にQuine 1953で提示されたバージョン）やパトナムの「無奇跡論法」（Putnam 1975）などが議論の出発点とされる。

これらの論争に共通するのは、論理式を使った単純な定式化に対して、同じ手法で反例を積み重ね、新しい定式化を提示するというパターンである。被覆法則モデル、仮説演繹法、ネーゲル的還元などは、いずれも、問題としては昔からあるものを扱っている。そうした問題を一階述語論理などを用いて簡潔に明瞭化したものである。それに対して同じテクニックを用いて反論・反例・対案などが提示され、またそれらの反論・反例・対案に対する反論・反例・対案が出され、といったかたちで論争が進行していく（この感覚はSalmon et al. 1992など少し古めの科学哲学の入門書を読むと如実に味わうことができる）。「比較的最近の哲学者の明晰な議論を起点とした論評の応酬が産業化する」というのは科学哲学に特有の現象ではなく、ゲティア論文（Gettier 1963）を起点とする認識論の議論、ムーアの自然主義的誤謬論（Moore 1903）を起点とするメタ倫理学の議論など、分析系の哲学全般において二〇世紀後半に同様の現象が生じているように思われる。

一旦産業化した議論の中では、現実の科学について特に知識がなくとも、論理的な操作のスキルと直近の先行文献についての知識があれば論文を書くことができる。評価の視点も、現実の科学との関わりという視点ではなく、論争の中で新しい論点を出したか、それをどれだけ緻密に提出できているか、というあたりになる（須藤・伊勢田 二〇一三において具体的な論文を例にして科学哲学における評価の視点を解説した）。右にあげた中では、還元主義についての議論は現実の科学理論が事例として使われることが多かったが、その他の議論では議論のためにつくられたトイモデルが使われる。そうした議論に貢献する論文は論理的パズルの側面が強くなり、政治性・社会性は大変希薄になる。出発点となる著作自体は現実の科学との接点を十分意識していたとしても、その後の議論に必ずしもひきつがれてはいかない。

このように評価したからといって、これらの研究領域が不毛だったと考える必要はない。科学的説明、理論の還元、仮説の検証などの営みの論理的な側面について、これらの領域における研究が分析を深めてきたことも間違いのないところだろう。しかし他方で、科学的説明や科学的実在論の論争については、科学者たちに論争の内容を説明するのが困難に感じられるという奇妙な現象が起きている。これは本章の著者自身が一度実際に試してみた実感でもある（須藤・伊勢田 二〇一三）。

「個別科学の哲学」

ここまで説明した専門職業化の流れは、主に一九七〇年代から八〇年代にかけて進行した。その一つの前提として、「科学」がある程度の統一性を持った対象であり、「科学」全体について語ることに意味があるという想定があった。これに対して、物理学、生物学、化学、社会科学など、特定の領域に固有の問題を扱う科学哲学の研究が盛んになったのが、一九九〇年代以降の科学哲学の大きな趨勢である。大文字の「科学」にまつわる問題を扱うのが「一般科学哲学（general philosophy of science）」、個別の分野に特有の問題を扱うのが「個別科学の哲学（philosophy of special sciences）」と呼ばれる。

個別科学についての科学哲学的考察そのものは科学哲学の初期から存在する。たとえば相対性理論の哲学的含意はちょうどウィーン学団のメンバーが活動を始めたころに大きな話題になっていたこともあり、初期のウィーン学団の

（ということは科学哲学の）主要テーマの一つだった。

しかし、「個別科学の哲学」が一般科学哲学と対等に並列されるような集団的営みとなるにあたっては、一九八〇年代から九〇年代の生物学の哲学の進展が重要な役割を果たしたと考えられる。この時期、デヴィッド・ハルやエリオット・ソーバーらの哲学者たちは「自然選択はどのような単位・レベルで生じるか」「生物学における種とは何か」などの問題についてさまざまな立場を提案し、論争を行った（Sober 1984; Hull 1978 など）。これらの論争に特徴的なのは、論争をはじめたのはそもそも生物学者たち自身だという点、および、それにもかかわらず、問題自体としては生物学の深い知識がなくとも議論に参加できるようなシンプルな構造を持っているという点である。

「哲学者が論じてこなかった（しかし論じることのできる）話題を科学者たち自身の議論から拾い上げてきてテーマ化する」という手法はその後生物学を中心にさまざまな領域に広げられていく。さまざまな分野における「メカニズム」の概念の分析など、基礎的な概念の分析を仕事にする場合もあるし、「創発現象はいかにして可能か」「道徳性はいかにして進化し得るか」「認知における感情の役割をどう捉えるか」など、経験的な仮説と概念整理の両方の要素のある問題を研究する領域もある。量子力学の哲学も「様相解釈」と総称されるさまざまな立場の登場で新たな関心をあつめている。その分野の基礎論と哲学の境界が非常に曖昧になっている場合も多い。

個別科学の哲学の進行は、もちろん個々の哲学者が興味の赴くままに研究した結果開拓されてきたという面もあるだろうが、科学哲学という分野が戦略的にそうした研究を奨励し高く評価してきたという面も見逃せないだろう。科学哲学の専門職業化が、科学者から認知されることを目指す運動だったととらえるなら、科学哲学が個別の科学とも う一歩近づこうとすることは自然な流れだった。また、個別科学の哲学は、一般科学哲学の問題設定には縛られずに新たなアジェンダを設定してきたが、ライシュの指摘する非政治性について言えば、個別科学の哲学は一般科学哲学よりも非政治的・非社会的な傾向が強い。

個別科学の哲学は、それぞれの分野の中の問題を扱うという意味では、科学者と科学哲学者の距離は非常に近くなった。しかしその一方で、科学哲学の研究テーマは他の哲学分野とも異質になり、それどころか科学哲学の内部の諸分野間での問題の共有や意思疎通も難しくなってきている。分野としての科学哲学の統合性は失われつつある。このトレンドが進むなら、科学哲学の専門職業化は、科学哲学が分野としては解体し、個別科学に発展的に吸収されていくという将来も見える。その場合、現在のように哲学科の中で科学哲学を教えることはあまり意味をなさなくなり、そうした専攻の存在自体が次第に消滅していくことだろう。

しかし、科学哲学が対象とする科学と一定の距離を持つからこそ果たすことができる役割というものもあるのではないだろうか。そのような立場からは、むしろ現在の科学哲学というまとまりを維持することに積極的な意味を見出すことができるだろう。

三　科学哲学における社会性・政治性の再構築

社会派科学哲学の可能性

科学哲学が冷戦期に（冷戦そのものが原因であろうとなかろうと）実践性を失ったというライシュの分析はそれ自体としては歴史的事実の記述である。しかし、そうした分析の含意として、冷戦のイデオロギー対立が終わった現代において、科学哲学は再び「社会参加」への指向性を取り戻すべきではないか、という問題提起は当然あるだろう。

まず確認しておく必要があるのは、冷戦期を全体として見渡せば、科学哲学にも直接・間接に社会との接点があったということである。第一に思いつくのは、創造科学論争をはじめとする、いわゆる疑似科学と社会の関わりに対する科学哲学の関与である。「創造科学」は聖書を文字通りに受け取るという前提で行われる「科学」を指し、ノアの大洪水についての研究や進化論否定論などを含む。キリスト教原理主義者たちがこれを公立学校で教える法律を成立させ、宗教教育にあたるかどうかが裁判で争われた。その中で、科学哲学者のマイケル・ルースはアーカンソー州の裁判でいくつかの基準を挙げて「創造科学」は科学ではないと証言した。その後も何人もの科学哲学者がこの問題について発言しており、科学哲学と社会の大きな接点となっている（伊勢田 二〇一一 a）。

もう一つ思いつくのは、相対主義的科学論批判という間接的な形での社会的な議論への参加である。一九七〇年代から八〇年代にかけての科学知識社会学をはじめとする相対主義的な科学論は、社会運動としての科学批判と間違いなく連動していたし、コリンズのようにそれを明示的に述べるものもいた。科学哲学の中にはファイヤアーベントのようにその動きに同調するものもいたが、多くはむしろ科学知識社会学批判の側に与した。代表的なのがラウダンのブルーアに対するコメントであり、ラウダンはブルーアのストロング・プログラムが「疑似科学」ではないかと指摘するなど手厳しい（Laudan 1981）。これは、科学哲学そのものが社会的な問題に関与したとは言えないかもしれないが、相対主義的科学論の影響を牽制する間接的な影響を与えたと言えるだろう。ただし、これらの科学哲学者の取り組みは、いわば「余技」として、本来の科学哲学の研究とは別に行われたという面が強い。

その後、科学哲学の「社会参加」は多様性とコミットメントを増している。シュレーダー・フレチェットが先鞭をつけた「リスク」の科学哲学は科学哲学の進むべき方向の一つを示しているだろう。彼女の『リスクと合理性』は科学哲学における彼女の主著であるとともに、科学技術社会論的問題への科学哲学への関わり方の一つの模範例を与えている（Shrader-Frechette 1991）。その他、科学教育における「科学の本質（ＮＯＳ）」の諸項目の検討や、法廷における科学的証拠の利用に関する証拠法の検討など、科学哲学が社会性を帯びることができる話題は多岐にわたる（Matthews 2012; Haack 2005）。一九八〇年代の創造科学論争は現在では知的設計説をめぐる論争へと形を変えているが、これなどはもはや科学哲学の定番の話題の一つという様相を示している。

科学哲学の重点が個別科学の哲学へ移ってきたことに対する評価が分かれるのと同じく、科学哲学が社会的な発言を行うようになることについても賛否両方の立場がありうるだろう。科学哲学がせっかく尊敬される専門分野としての地位を勝ち取ってきたことを重視する立場からは、社会問題に科学哲学者が関わることで専門職業としての評判を落とすことへの懸念が当然存在するだろう。

しかし、この懸念は、それ自体、アカデミズムというものについての少し古いモデルにもとづいている可能性がある。確かに価値中立性は長らく科学を科学たらしめる重要な要素と考えられてきた。多くの研究分野が、価値中立的な研究手法を確立することで科学の一分野としての地位を獲得してきた。他方、科学哲学に限らず、アカデミズムというもののあり方はこの半世紀ほどで大きく変わっている。アクション・リサーチと呼ばれる研究領域を中心として、アカデミックであることと、社会性を持ち特定の価値観へコミットすることを両立させる研究手法も徐々にではあるが認知されてきている。科学哲学が社会参加することとアカデミズムの中に地位をしめる一つの専門分野としての性格を持つことはけっして矛盾はしない。

アクション・リサーチのような動きはまた、専門職業としての科学の性格の変化とも結びついているかもしれない。専門職業とはどういうものかということについては社会学においてさまざまな分析がなされてきている。多くの専門職業は、社会的に重要なサービスを提供することで専門職業としての地位を得ている。専門職としての科学者は、その中でも、いわば直接のサービスを提供しないことによって社会的なニーズを満たすという逆説的な性格を持つ専門職業である。しかし、科学と社会の関わりが多様化するとともに、科学者という専門職のあるべき姿のイメージも様変わりし、科学者についても社会的責任や説明責任が求められるようになってきた。

ひるがえって科学哲学を考えたとき、科学哲学と社会の関わりは科学全般と同じく多様化している。しかし、科学哲学の知名度・認知度が低いこともあって、今のところはそれほど社会から説明責任を求められるということはないだろう。しかし、社会的な責任は、別に与えられることを待っている必要はなく、自ら求めに行ってもよい。多くの専門職業がそうやって専門職業としての地位を獲得していった。科学哲学にとっても、社会との関わりを定義し直す時期がきているかもしれない。

人を対象とする研究の哲学

それでは、科学の専門性やアカデミズムについてのこうした認識の変化を踏まえて、もう少し積極的に、科学哲学が社会参加する専門分野となることのイメージを提示できないだろうか。これにはさまざまな方向性がありうるが、一つのテストケースとして、「人を対象とする研究の哲学」という切り口を検討する。この問題意識からの科学哲学的な研究はすでに存在しているが、それをこのような形で分野として提示することはこれまで行われてこなかった。そのため、以下で提示するのは、未だ存在しない分野の見取り図という形になる。この分野の哲学的考察が特に社会性を持つのは、以下で見ていくように、研究倫理と認識論が相互に影響しあう問題領域だからである。

科学の多様性はさまざまな形で哲学的考察の対象となってきているが、人間や人間の営みを対象とする諸領域（医学をはじめ人間を対象とする生命系諸科学、行動系科学、社会科学全般など）は、人間が関わらない領域に比べて独自の（しかもある程度共通の）問題をかかえることが多い。そうした問題の中には、社会的な帰結を持つと同時に、科学哲学がある程度視点や論点を提供できるものも含まれている。さらに言えば、文系・理系の枠をこえてさまざまな分野の基礎論を通覧することができるのは、科学哲学という分野に特有の強みでもある。そうした論点を積極的に取り上げることは、社会派の科学哲学の一つの方法となるだろう。

「人を対象とする研究」といってもさまざまな側面がある。まず、保護されるべき価値ある存在としての人を対象とするために、研究の手法や内容にさまざまな制限が課せられる。第二に、研究を理解し反応する存在としての人を対象とすることから、研究の進め方や成果の公開のしかたに工夫が必要になる場合がある。第三に、世界を解釈する存在としての人を研究する場合、その解釈の内容自体が研究対象ともなりうる（Taylor 1971 のイメージする「人間の科学」の重要な側面はここにある）。第四に、人には、単純に法則化できない複雑な存在としての側面もある。そうした対象を扱う際には単純な法則で記述できる対象とは異なるアプローチが必要となる（いわゆる質的研究に注目が集まるのもこの流れにそったものであろう）。第五に、第四の点とも関連して、人について研究する場合、そもそも一般的なパターンではなく個別の出来事自体が興味の対象となることが多い。そして第六に、研究者も人であるということは、研究対象が研究者を兼ねることもありうる。社会活動の面を持つ参加型アクション・リサーチが研究の新しいスタイルとして登場するのもこの特徴ゆえであるし、さらには精神障害を持つ人たち自身が自らを観察し、「研究」の概念の再定義を迫るような「当事者研究」といった取り組みもある（武田 二〇一五、石原 二〇一三）。これらの特徴は相互に関連しあう。たとえば、世界を解釈できる存在であるからこそ、研究も理解できるし、研究主体ともなれるし、特別な価値の一部もその能力から発する。

当然ながら、これらの特徴は、必ずしも人に限定されるものではない。保護されるべき価値ある対象は人の他にも、ヒト由来試料（献体、受精卵、ES細胞など）、動物、自然環境、文化財などさまざまなものが考えられる。研究を理解し反応する存在もまた人だけではなく、実験動物の一部もそこに含まれるだろう。人による世界の解釈を研究対象とする場合、人の解釈が加わる人の営みや人工物、場合によっては自然物の研究でも、そうした解釈内容が重要な研究関心の対象となることがあるだろう。単純に法則化できない複雑な存在という面では、言うまでもなくいわゆる複雑系全般が同じ性格を持つ。個別の出来事自体が興味の対象となるのは、地質学や生物系統学でも起きる現象である。最後の、研究者自体が研究対象でもありうるという点だけは人以外のものに拡張される可能性が今のところ薄いが、研究する人工知能などが今後出てきたとき、そこで同じ問題が生じるかもしれない。

大事なのは、こうした多様な隣接領域があるからといって、人を対象とする研究の哲学というテーマ設定が意味がないということにはならないということである。たとえば価値ある存在としての人を対象とする研究の方法論について考えることは、ヒト由来試料や文化財を対象とした研究の方法論について考える上で参考になる論点を含むだろう。もちろん「社会的価値の高いものの研究」を統一的に考えることで見えてくるものもあるだろうが、その一般化の前に、まず人を対象とする研究、というレベルで話を一般化し、研究することが重要だろう。

「人を対象とする研究の哲学」のイメージをつかんでもらうために、個別の論点にもう少しふみこんでみよう。まず、こうした分野で研究倫理的な面と研究方法論的な面が表裏一体の関係にあることについての研究は一つのテーマとなりうるだろう。人は保護されるべき対象であるがゆえに方法論への縛りは大きい。人を対象とする「科学的研究」は他の分野の「科学的研究」の基準を満たす必要はあるだろうか。それとも、研究内容の重大さに応じて「科学的」と認められる方法論も変わるのだろうか。

たとえば、第二次大戦中に七三一部隊が行った実験は、捕虜に対して非人道的な感染実験や凍傷実験などを含むことで国際的に非難される。このような実験が現在の研究倫理上許容されないことは言うまでもない。しかし、一旦行われてしまった実験の結果を利用するかどうかということになると、論点はもう少し微妙になる。ベーニヒハウゼンは、そうした非人道的データについて、無制限の使用許可、無条件の使用禁止、条件付き使用許可の三つの選択肢がありうると論じ、データの科学的価値に疑いがない、引用の際にはつねに倫理的非難を書き加える、代替的な情報源がないといった条件が満たされるなら、条件付き使用許可という選択肢もありうるという考え方を示した（Bärnighausen 2010。ただし、現状では実験状況の細部について疑義が残ることなどいくつかの理由のため、ベーニヒハウゼン自身は七三一部隊由来のデータについては原則使用禁止という態度をとることが妥当だと考える）。

他方、社会科学系では研究倫理にもとる研究から得られたデータの扱いについて、はるかに許容的な態度が取られているように思われる。たとえばミルグラムの有名な服従実験(Milgram 1963)は、実験意図を明かさずに実験を行っているという意味でインフォームド・コンセントのルールにも違反しているし、事後的にインフォームド・コンセントが得られたとしても被験者に大きなストレスを与え、後にも心理的なダメージを残す可能性が否定できない(すでに同時代にBaumrind 1964によってそうした指摘がなされていた)。現在ではこの実験に対して倫理委員会は許可を与えないであろう。しかし、にもかかわらず(というよりもだからこそ)、服従実験は非常に頻繁に言及される、代表的な心理実験となっている。

ミルグラムの実験のような極端な例でなくとも、社会科学・心理学系の研究では、医学系の研究で必須となっているインフォームド・コンセントが難しい場合がある(Bryman 2004)。たとえばエスノグラフィー系の研究では、出会う人すべてに同意書をとることはできないだろう。また、心理学系の実験では、事前に実験意図を明かすと実験そのものがうまくいかなくなるため、事後説明によって同意をとるしかない場合もある。この場合、選択肢としては、インフォームド・コンセントのルールを厳格に受け止めてエスノグラフィーや実験意図を隠した実験をできなくする(文献研究などもっと間接的な手段を使った研究に移行させる)か、研究倫理基準の側を若干ゆるめて現行の方法論を倫理的にも許容するか、といった選択が考えられる。後者の選択肢は、ランダム化臨床試験のインフォームド・コンセントをめぐる議論の延長線上で考えることもできるだろう。

人を対象とする研究の倫理と方法論のからみあいは、研究の与える影響という面でも生じる。人は研究を理解する存在であるがゆえに、研究結果を知ることでその影響を受ける。場合によっては、銀行の危機を予測したために本当に銀行がとりつけ騒ぎで危機に陥る、小麦の値段の暴落を予測したためにかえって暴落が食い止められるなど、予言の自己成就や自己否定と呼ばれる現象も生じる(Merton 1968; Buck 1963)。研究が社会に影響を与えるのはもちろん人を対象とする研究に限らないが、その影響が研究そのものの信憑性にも影響する点が、自己成就や自己否定のシナリオにおいては特異である。影響の大きさによっては、そもそも何を予測として公表するかということ自体が問題となりうる。

また、人を対象とする研究においては、基礎科学と応用科学、研究と医療、研究と社会運動といった区別が非常にあいまいになってくる。こうした両面性を持つ研究の方法論はまだそれほどきちんと整理されているわけではない。さらには、そうした応用性の高さにともなって、いわゆるトランスサイエンス、すなわち科学の言葉で問うことはできるが科学の方法で答えることができない問いも、人を対象とする研究では増えてくる。トランスサイエンスの問題については、科学技術社会論などそれを専門として扱う分野が存在するが、研究につねにトランスサイエンスの問題がついてまわるような研究領域の場合、トランスサイエンスの扱い方自体を内在化するような形での研究と応用の方法論的整理も必要だろう。

人を対象とする研究と現実の複雑な相互作用にさらにメスを入れるのがハッキングの「人間種(human kinds)」やそのループ効果についての分析である(Hacking 1995)。人間種とは、われわれがその原因や効果について興味を持つような人や行動のカテゴリーで、児童虐待や多重人格障害などが例として挙がる。人間種については、カテゴリーが作られることでそのカテゴリーの人や行動が増えたり、あるいは本人や周囲の行動が変わったりすることをハッキングは指摘する(これがループ効果である)。つまり、予測の内容だけでなく、どのような概念枠組みを使って研究するかということ自体が研究対象に重大な影響を持ちうるわけである。ここでも、研究者の方法論と研究倫理のせめぎあいが生じる。

以上のような事例から言えるのは、人を対象とする研究では、認識論的に適切な方法論の選択の問題は、何が許容されるかという研究倫理の問題と複雑にからみあい、どこまでが認識論でどこまでが倫理と切り分けるのは非常に難しいということである。さらに言えば、その倫理は研究者たちが自ら決めればよいという性格のものではなく、社会的な意思決定も必要である。

一般論として倫理が問題となるような対象についての正しい研究方法はどうやって考えるべきだろうか。本章でこの点を深めることはできないが、「外からの制約モデル」と「個別交渉モデル」を区別することができるだろう。外からの制約モデルとは、事前に「被験者に対してやってはいけないこと」「使ってはいけないデータ」(あるいは人間種が問題となる場合には)「使ってはいけない概念枠組み」などを社会が決め、その範囲内でもっとも信頼のできる研究手法を研究者が選択するというモデルである。個別交渉モデルは、個々の研究について、得られる成果の価値とその手法で侵害される価値を比べ、学術的価値と倫理的価値をもっともよく両立する方法論を選択するという考え方である。実際には、人を対象とする研究の倫理的側面は多様であり、これらのモデルやその他のさまざまなモデルを併用しながら、最善の方法をさぐっていくことになるだろう。こうした倫理・社会的側面と一体になった方法論は、その研究分野の専門家に科学哲学、科学技術倫理学、科学技術社会論などの分野が協力する形で組み上げていく必要があるだろう。

科学合理主義と科学相対主義の間で

人を対象とする研究の哲学であれ、あるいは他の社会性を持つ分野であれ、科学哲学が社会的な問題について関わる上で、相対主義的な言説に対してどのようなスタンスをとるかは大きな問題となる。その点について最後に言及したい。

科学についての社会的言説において繰り返し登場するのが、現在正統的な科学として科学者共同体に受け入れられているものが、他の非正統的な意見と一線を画するような合理性をそなえたものだと考えるのか、それともそれもさまざまな意見の一つとして相対化するのか、という問題である。前者を科学合理主義、後者を科学相対主義と呼ぶことにしよう。

本節冒頭「社会派科学哲学の可能性」で触れた創造科学論争へのルースの関わり方やラウダンのブルーアへのコメントにもあらわれるように、科学をめぐる論争において科学哲学はどちらかといえば科学合理主義の立場を支持してきた。創造科学のように科学の方法論を尊重しない分野が「科学」を自称するときには科学の方法との違いを強調し、科学の社会性を指摘して科学的知識の権威を落とそうという試みが行われるときには、社会性の存在は科学の合理性と両立すると論じてきた。

しかし、科学哲学というもののアジェンダを考えたとき、けっして科学合理主義だけが唯一の選択肢というわけではない。科学者が自らの分野や研究成果について公衆に向けて語るとき、信頼性や確実性を誇張して述べてしまうことがある。そういうときに、科学哲学という分野からは、科学的方法論の限界を指摘し、不確実性や懐疑の余地に目を向けるような役割ができるだろう。

また、科学に分類できないような営みでも、あらゆる点で科学に劣るわけではない。たとえば民間療法などのいわゆる代替医療の方が生命科学に基づく正統的な医療よりもわれわれの精神的なニーズをよく満たすということはありうる。そういうときに、科学的医療の利点と弱点、代替医療の利点と弱点を比較し最善の選択肢を選んでいくときに、科学哲学的な視点は不可欠であろう。

さらに言えば、狭い意味で「科学」に分類できないような探究の営みでも、それなりの方法論があり合理的であるということは十分ありうる。哲学自体、そうした分野であろうとしているはずであるし、本節前項「人を対象とする研究の哲学」で挙げた「当事者研究」も、科学にはならないとしても、その「研究」のイメージにそった合理性はありうるだろう。ここで、一般科学哲学の最盛期に提案されてきたさまざまなモデルは、世界について探究する営み全般にあてはめられるような一般的な内容のものが多く、科学に限らない探究活動全般の方法論の考察に活かすことができるだろう。つまり、科学哲学から探究活動の哲学（philosophy of inquiring activity）への拡大の可能性が見えてくる（伊勢田 二〇一三）。「人を対象とする研究の哲学」という言い方をする際も、「科学」に分類される研究とそうでない研究を横断するような対象領域を念頭においている。

他方、「科学」に分類されない合理的な探究活動の存在を認めたうえでも、一種の質保証としての「科学」というラベルを維持することは必要かもしれない（伊勢田 二〇一一bでこの可能性について考察した）。科学合理主義は行きすぎれば科学信仰ともなるが、逆に科学相対主義を進めすぎるなら、過去数百年に積み上げられてきた知的な遺産を投げ捨てることにもなる。科学と呼ばれる営みの利点と弱点をきちんと見極め、利点が大きいところで効果的に科学の成果を利用するためには、その利点を持つものがはっきり区別されている方がいいだろうし、科学の弱点がリスク要因になるような文脈で注意をはらうためにも、同じラベルは有用である。科学哲学において科学とそうでないものの「境界設定」は現在それほど人気の高い研究領域というわけではないが、実は社会派の科学哲学において新たな重要性を獲得しつつある問題とも言えるだろう。

四 まとめ

本章では、まず、近年のライシュらの研究を手がかりにしながら、当初社会性・政治性の高い運動であったウィーン学団の科学哲学が、非政治化していくさまを追った。次に、専門職業化した科学哲学が現在までどのような道をたどってきたかを、「自足的パズル解決」や「個別科学の哲学」といった観点で整理した。最後に、社会派科学哲学の復権という観点から、いまだ明確な形を持たない分野としての「人を対象とする研究の哲学」の姿を素描した。ポスト冷戦時代において、科学を対象として研究するということがどういうことか考える上で、本章が一つのヒントとなれば幸いである。

注

（1） この分析には異なる見方がいくつか提案されている（Edger 2009）。

参照文献

石原孝二編 二〇一三、『当事者研究の研究』医学書院。

伊勢田哲治 二〇〇七、「科学哲学」、飯田隆編『哲学の歴史 第一一巻 論理・数学・言語』中央公論新社、四九三―五三〇頁。

伊勢田哲治 二〇一一a、「疑似科学問題」、戸田山和久・出口康夫編『応用哲学を学ぶ人のために』世界思想社、二一―一六頁。

伊勢田哲治 二〇一一b、「科学の拡大と科学哲学の使い道」、菊池誠他『もうダマされないための「科学」講義』光文社新書。

伊勢田哲治 二〇一三、「認識論の社会化と非認識的価値」『哲學』六四号、九―二四頁。

須藤靖・伊勢田哲治 二〇一三、『科学を語るとはどういうことか――科学者、哲学者にモノ申す』河出書房新社。

武田丈 二〇一五、『参加型アクションリサーチ（ＣＢＰＲ）の理論と実践――社会変革のための研究方法論』世界思想社。

Bärnighausen, T. 2010, "Data generated in Japan's biowarfare experiments on human victims in China, 1932–1945, and the ethics of using them," J. Nie et al. eds. *Japan's Wartime Medical Atrocities: Comparative Inquiries in Science, History, and Ethics*, Routledge, pp. 81–105.

Baumrind, D. 1964, "Some thoughts on the ethics of research: After reading Milgram's 'behavioral study of obedience'," *American Psychologist* 19, pp. 421–423.

Bryman, A. 2004, *Social Research Methods*, second edition, Oxford University Press.

Buck, R. C. 1963, "Reflexive Predications," *Philosophy of Science* 30, pp. 359–369.

Cat, J.; Cartwright, N. and Chang, H. 1996, "Otto Neurath: Politics and the Unity of Science," Galison, P. and Stump, D. J. eds. *The Disunity of Science: Boundaries, Contents, and Power*, Stanford University Press, pp. 347–369.

Edger, S. 2009, "Logical empiricism, politics and professionalism," *Science and Education* 18(2): pp. 177–189.

Feyerabend, P. 1978, *Science in a Free Society*, New Left Books.

Friedman, M. 1996, "Overcoming Metaphysics: Carnap and Heidegger," Giere and Richardson eds. 1996, pp. 45–79.

Galison, P. 1996, "Constructing Modernism: The Cultural Location of Aufbau," Giere and Richardson eds. 1996, pp. 17–44.

Gettier, E. L. 1963, "Is Justified True Belief Knowledge?," *Analysis* 23, pp. 121–123.

Giere, R. N. and Richardson, A. W. eds. 1996, *Origins of Logical Empiricism*, Minnesota Studies in the Philosophy of Science, vol. XVI. University of Minnesota Press.

Goodman, N. 1955, *Fact, Fiction, and Forecast*, Harvard University Press.

Haack, S. 2005, "Trial and error: the supreme court's philosophy of science," *American Journal of Public Health* 95, S66–S73.

Hacking, I. 1995, "Looping effects of human kind," Sperber, D. et al. eds. *Causal Cognition: A Multidisciplinary Debate*, Clarendon Press, pp. 351–383.

Hempel, C. 1945, "Studies in the Logic of Confirmation," *Mind* 54, pp. 1–26, 97–121.

Hempel, C. 1965, *Aspects of Scientific Explanation and Other Essays in the Philosophy of Science*, Free Press.

Hull, D. 1978, "A Matter of Individuality," *Philosophy of Science* 45, pp. 335–360.

Kadane, J. 1986, "Progress Toward a more ethical method for clinical trials," *The Journal of Medicine and Philosophy* 11 (4): pp. 385–404.

Kuhn, T. S. 1962, *The Structure of Scientific Revolutions*, University of Chicago Press.

Kuhn, T. S. 1970, *The Structure of Scientific Revolutions*, second edition, University of Chicago Press.

Laudan, L. 1981, "The Pseudo-Science of Science?," *Philosophy of the Social Sciences* 11, pp. 173–198.

Malisoff, W. M. 1934, "What is philosophy of science?," *Philosophy of Science* 1, pp. 1–4.

Malisoff, W. M. 1946, "A science of the people, by the people and for the people," *Philosophy of Science* 13, pp. 166–169.

Matthews, M. R. 2012, "Changing the focus: from Nature of Science (NOS) to Features of Science (FOS)," Khine, M. S. ed. *Advances in Nature of Science Research: Concepts and Methodologies*, Springer, pp. 3–26.

Merton, R. K. 1968, *Social Theory and Social Structure*, enlarged edition, Collier Macmillan.

Milgram, S. 1963, "Behavioral Study of Obedience," *Journal of Abnormal and Social Psychology* 67, pp. 371–378.

Moore, G. E. 1903, *Principia Ethica*, Dover.

Nagel, E. 1961, *The Structure of Science: Problems in the Logic of Scientific Explanation*, Harcourt, Brace & World.

Neurath, O. 1936 [1983], "Encyclopedia as 'model'," translated in Neurath 1983, pp. 145–158.

Neurath, O. 1937 [1983], "Unified science and its encyclopedia," reprinted in Neurath 1983, pp. 172–182.
Neurath, O. 1946 [1983], "The orchestration of the sciences by the encyclopedism of logical empiricism," reprinted in Neurath 1983, pp. 230–242.
Neurath, O. 1983, *Philosophical Papers: 1913–1946*, edited and translated by R. S. Cohen and M. Neurath, Reidel.
Putnam, H. 1975, *Mathematics, Matter and Method: Philosophical Papers*, volume 1, Cambridge University Press.
Quine, W. V. O. 1951, "Two Dogmas of Empiricism," *Philosophical Review* 60, pp. 20–43.
Quine, W. V. O. 1953, *From a Logical Point of View*, Harvard University Press.
Reichenbach, H. 1951, *The Rise of Scientific Philosophy*, University of California Press.
Reisch, G. A. 2005, *How the Cold War Transformed Philosophy of Science: To the Icy Slopes of Logic*, Cambridge University Press.
Salmon, M. et al. 1992, *Introduction to the Philosophy of Science*, Prentice Hall.
Shrader-Frechette, K. S. 1991, *Risk and Rationality: Philosophical Foundations for Populist Reform*, University of California Press.
Sober, E. 1984, *The Nature of Selection: Evolutionary Theory in Philosophical Focus*, The MIT Press.
Taylor, C. 1971, "Interpretation and the sciences of man," *The Review of Metaphysics* 25, pp. 3–51.

URL（いずれも最終閲覧日二〇一六年一〇月一七日）

① Woodward, J. 2014, "Scientific Explanation," Stanford Encyclopedia of Philosophy, http://plato.stanford.edu/entries/scientific-explanation/
② Crupi, V. 2015, "Confirmation," Stanford Encyclopedia of Philosophy, http://plato.stanford.edu/entries/confirmation/
③ Van Riel, R. and Van Gulick, R. 2014, "Scientific Reduction," Stanford Encyclopedia of Philosophy, http://plato.stanford.edu/entries/scientific-reduction/
④ Cat, J. 2014, "Otto Neurath," Stanford Encyclopedia of Philosophy, http://plato.stanford.edu/entries/neurath/

2　技術観のゆらぎと技術をめぐる倫理

直江清隆

はじめに

技術は私たちの生活のあり方と深いつながりを持っている。様々な分野で進展する人工知能などのＩＴ関連技術やナノテクなどの革新素材をはじめ、技術革新がマスコミの話題にのぼらない日はない。より身近なところに目を向けると、私たちは携帯端末で情報検索し人とコミュニケーションをとり、自動車や鉄道で人や物資を移動させ、エネルギーを用いて室内の照明や温度調整を行い、体調がすぐれなければ医療機器や医薬品のお世話になる。数々の災害において私たちは、こうした技術と生活とのつながりがいかに深く多岐にわたっていて、それがひとたび断たれるとどうなるかを経験させられた。このつながりは今後さらに複雑化していくであろう。

他方、技術とのつながりが新たな問題を生むこともよく知られている。例えば、福島第一原発の事故は技術のリスクに関する意思決定の困難さを私たちに突きつけた。生殖補助医療技術は不妊で悩む人たちに子供をもつ機会を与えると同時に家族関係に対する私たちの見方の変更をも迫っている。人工知能が今後どのような問題をもたらすかについてはこれから様々な議論がなされよう。このように技術と生活とのつながりが複雑になるにつれ、解決すべきより多くの、そしてより複雑な倫理的、法的、社会的な問題がそこに内包されていくことになる。技術的に可能なあるべき社会の姿を想定して革新的な技術開発を行い、それを社会実装していくというだけでは、豊かな社会を実現できるという保証はないのである。

技術と生活や社会とのつながりをどのように考え、評価するかという際に問われることになるのは、技術をそもそもいかなるものとみなすかである。ひと昔前までの一般的な通念としては、技術とのつながりを肯定的に捉えるにせよ否定的に捉えるにせよ、技術は「中立性」と「進歩」というメルクマールで理解することが多かった。すなわち、このような見方のひとつをごく単純にして言うならば、技術はなにものかに対するたんなる手段であって、それ自体としては善でも悪でもない、価値中立的なものなのであり、実際には様々な使い方をされつつも、技術に内的な論理にしたがって発展・高度化するというのである。あるいは、批判的な捉え方をする人たちの中には、技術というシステムが私たちのコントロールを超えて発展する〝リバイアサン〟になっているとする主張も根強く残っている。いずれにせよ、こうした捉え方は技術がいかなる営みであるのかに立ち入っていない見方と言える。この点を意識的に受け止め、技術に関する概念的な把握を進めてきたのが、後に説明する「経験論的転回」を遂げて以降の技術哲学である。

本章では以下、技術哲学の議論を確認した上で、技術が私たちの「よき状態（well-being）」にいかに寄与しうるかという、広い意味での「倫理」に議論を進めることとする。

一　技術と科学

「科学技術」という官僚語

技術について立ち入る前に、若干の整理を行っておこう。

まず、「科学技術」という言葉である。私たちはふだん何気なく科学技術という言葉を使っている。この言葉は科学と技術とがなにか連続的で一体のもので、役に立つものなのだというイメージを喚起させる。奇妙なことに科学技術にピタリと対応する欧米語は見当たらない。techno-science や scientific technology という言葉をあえて使う場合もあるが、けっして科学技術のように一般的なものではない。強いて言えば science and technology が科学技術に相当するであろうが、科学と技術という別個のものをつなぎ合わせた感がある。

そもそも、科学技術と言うとき、この科学と技術がいかなるつながりであるのかはあいまいである。こうした欧米語とのずれやあいまいさが生じた原因は、「科学技術」という日本語が官僚の手で造語された政治用語であることにある。この言葉は第二次世界大戦に向けた技術立国と総動員体制の確立の時局のなかで技術官僚たちにより造語される。「科学技術新体制確立要綱」（一九四一）の決定、科学技術の新体制確立を目的とする「技術院」の設置（一九四二）というのが一連の流れであるが、その後、占領期を経て「科学技術庁」の誕生によって人々の間に定着したものだという。「科学技術」という新語が造られる背景には、明治期に日本に「科学」が導入されて以来、功利的な科学観が支配的だったことが指摘される（金子 二〇一三、二九一頁以下）。

こうした経緯もあるので、ここでは科学技術という用語を括弧に入れることにしよう。とりわけこの言葉は、先の and が、基礎と応用の関係を表しているという理解を導きがちである。だが、そこには検討の余地がある。たしかに工学教育の基礎課程に自然科学が置かれている。しかし、理学部で扱うような基礎研究と工学などにおける理論研究や応用研究とを、基礎‐応用の図式で捉えることにはいくつも疑念が呈されてきた。

第一は、ヨーロッパにおける伝統の違いである。伝統的に科学が知の体系の一部をなす系統だったものであったのに対し、技術はそうした体系の外にあって、体系性に欠けるものであった。「科学」はギリシア以来、自由市民の学問研究として営まれてきた。科学 sciences という言葉も広く知識を意味するラテン語の scientia に由来し、一七世紀ごろから現在の意味をもちはじめたといわれる。ニュートンの『自然哲学の数学原理』（一六八七）という標題が示しているように、「科学」はときとして「哲学（philosophy）」ともしばしば互換的に用いられる理論的営みを指していた。これに対して、「技術」はもともとは奴隷や職人の伝統に属する。技術を表す言葉も「つくる」に由来する「テクネー（technē）」や「わざ」「技芸」を意味する「アート（art）」であり、経験に基づいてものごとを巧みにこなすことを意味していた。また、technē と logos の合成語である「テクノロジー（technology）」という語は、一八世紀後半に「自然加工についての学」という意味で使われ（J. Beckmann）、科学に支えられた技術が出現した一九世紀半ば以降、今日のような意味合いで用いられるようになったものである。はじめから工学的な学問が輸入され、技術者に比較的高い地位が認められた日本とは違い、ヨーロッパではこうした区分が一九世紀まで学問の配置状況を支配しており、技術者にとっては長らく地位向上が懸案であった。第二次世界大戦の科学動員以降、科学と技術が融合的になったとはいえ、そもそも両者が異なった伝統にたつことは押さえておいてよい。

また第二に、現代の科学化された技術に注目する場合であっても、安易に基礎‐応用図式を当てはめてよいわけではないことがある。科学的データの再現性、数学性などは経験を制御してデータ化する測定装置や実験機器を製作、コントロールする技術によっており、工学の基礎に自然科学があるという意味で「技術における自然科学」があるのと同様に、科学の基礎にも技術があるともいえる。それゆえ、こうした「自然科学における技術」（ヤニッヒ 二〇〇四、二〇五頁以下）を考えると、科学が独立変数で技術が従属変数だと一方的に言うことは困難であろう。

第三に、「応用」と言うことで技術の領域の独自性を捉え損なうという議論がなされている。かつて「応用説」の一人である科学哲学者マリオ・ブンゲは、技術（テクノロジー）を前科学的な技芸と区別し、技芸が現場での経験から得られた規則の一般化にとどまるのに対し、技術は科学的に基礎付けられた規則を研究する応用科学であるとした。「実質的な技術理論は、本質的に、科学理論を現実に近い状況に対して応用したものである」とする（Bunge 1967）。

ブンゲは、技術における諸規則は科学法則から論理的に導き出されるものであって、「純粋」であるかどうかはさておくとして、科学と技術は知識としては同質であるとみなす。しかし、例えば工学において人工物を設計する場合には、世界の特徴を理解することではなく、実際的な問題の解決にはたらくよう物理的世界を変容することが目指される。最終的なプランがリリースされるまでには科学の場合とは違った多層的な工程が介在するわけだし、工学における理論やモデルの妥当性は「何が中でおきているか」より、「何が始まり」「何が結果するか」といった有用性にしたがっている。このような点をもとに、ヴィンセンティは「工学は科学を適用するが、応用科学ではない」(Vincenti 1990)と主張する。さらに、実際の技術的設計では、人間のニーズに適合するための最適化の技術というだけでなく、様々な参加者の考え方や利害の違いやそのネゴシエーションや合意が織り込まれることを強調する論者もいる(直江二〇〇八、一八九頁以下を参照)。そうすると、技術を科学の応用と捉える見方はいかにも視野が狭いことが明らかになってこよう。それゆえ、科学が理論的な合理性にしたがうのに対し、技術は実践的な合理性にしたがうという言い方もなされることになる。

こうした事情があるため、以下においては「科学技術」という言い方は避け、必要なときは「科学・技術」と表記しつつ、「技術」についての理解を目指すことにしたい。

科学・技術と技術革新

しかし、「科学技術」という言い方についてここでいま少し言及することにしよう。

いま見たように、科学と技術をただちに同一視したり、後者を前者の応用としたりしえないにせよ、科学と技術の相互浸透が進んだ現状に鑑みると、科学技術という言い方には一定の利点がある。かつてマートンは科学者共同体のエートスとして、科学的真理は公に共有され、科学者の個人的性格や社会的地位とは無関係で、利害を超越して用いられねばならず、またその証明には系統だった批判がなされねばならないとして四つを挙げた（マートン　一九六一、五〇六頁以下）。この公有性（Communalism）・普遍性（Universalism）・無私性（Disinterestedness）・組織的懐疑主義（Organized Skepticism）はＣＵＤＯＳとも呼ばれるが、一定の理想的な科学観、科学者観を表している。今日でも学術誌のピアレビュー・システムは概ねこれらをもとにしていると言えるかもしれない。この理念に対しては、論文生産を至上目的とする科学の旧来の活動様式がひな形となっていて、研究が国家や軍事、資本主義的な経済構造に取り込まれて営まれるようになった現在では、研究の成果が特許となることが公有性と相容れないといったように、ノルムとして適切でないとする批判がある。むしろ所有的（Proprietary）・局所的（Local）・権威主義的（Authoritarian）・請負的（Commissioned）・専門的（Expert）といったエートス（ＰＬＡＣＥ）の方が規範としてふさわしいとするのである（ザイマン　二〇〇六）。それゆえ、こうした科学的活動の変化を勘案するならば、科学技術という概念を用いることで、中立な科学と技術とを二分法的に裁断しない捉え方が促される利点がある。

他方、科学技術という捉え方は、今日、イノベーションと直結させられる傾向があることも見逃しえない。イノベーション（innovation）は、「技術革新」と訳されることも多い。例えば、政府の「科学技術イノベーション総合戦略」（二〇一三）においては、「科学技術イノベーションは、経済成長の原動力、活力の源泉であり、社会の在り方を飛躍的に変え、社会のパラダイムシフトを引き起こす力をも持つ」とされ、科学技術とイノベーションを結合した「科学技術イノベーション」という言葉を用いて経済成長と社会変革の要をなすものとして科学技術中心の見方が提示されている（内閣府　二〇一三、二頁）。しかし、イノベーションはもともと新しさの導入、革新を意味する言葉であって、現在の意味で最初に用いたとされるシュムペーターにしても、新しい財貨、生産方法、販路、原料の供給源、組織の導入や実現を意味する広く社会的なものを考えていた（シュムペーター　一九七七、一八三頁）[(1)]。これは、新しい生産方式にしても、「けっして科学的に新しい発見にもとづく必要はない」とされていることからも明らかである。ドラッカーも同様に、社会的イノベーションを認め、「イノベーションとは、技術というよりも経済や社会に関わる用語である」とする(ドラッカー 一九八五、五二頁)。それゆえ、産業に対する技術の波及効果が大きくなるにつれ、イノベーションを技術に還元する傾向は欧米でも強くなるが、基本的に言って「技術革新」は technical innovation ないし technological innovation としてイノベーションの一部をなすと言ってよい。

科学技術がイノベーションと直結ないし等置される際の危険には、まず、問題に対する「技術的な問題解決(technological fix)」にどうしても傾きがちなことがある。「技術的な問題解決」とは、物理学者のワインバーグが提出した概念であり、社会的な問題に対処するのに従来のように政治、法律、組織といった社会的手続きによるような困難なことはせず、もっぱら技術を用いるものであり、その結果、社会行動をほとんどあるいは全く変更しないような、社会問題の解決手段のことである(Weinberg 1997)。顕在的ないし潜在的な社会的要請に対して社会的な手段を用いることなくもっぱら技術的なイノベーションによって解決を図ろうとすることも、同じようなことである。「技術的な問題解決」が、背後にある問題の核心に切り込まないでたんにテクニカルな解決を図る場合には、もとの問題の代わりに新たな問題をつくり出すこともありうるのである。

また、科学技術とイノベーションを直結させることで、イノベーションに直接に関連するかどうかにかかわらず、科学や技術のあらゆる領域がイノベーションに向けて徴用される道が容易に開かれることになる。科学技術という捉え方のもとで科学と技術を一体とみなすことで、イノベーションへの寄与を基準として評価されることが正当化されるのである。それは、かつて技術官僚たちによって目指された、科学技術の新体制確立の現代版とでも言うことができるかもしれない。とりあえずここでは、その妥当性については議論の余地が少なからずあることを指摘しておくことにしたい。このように、科学技術という概念の自明さ、使い勝手の良さに、私たちは引きずられがちである。この点は十分に警戒してかかる必要がある。その上で、以下においては、「技術」をいかに捉えるかについての技術哲学の議論の検討に移ることにしよう。

二　技術論と技術哲学

技術論・技術哲学の諸相

技術に関する哲学的議論というと、ハイデガーの『技術への問い』や三木清の『技術哲学』のことを思い浮かべる人は多い。とりわけ、ハイデガーの技術論は挑戦的で、福島第一原発事故後にたびたび援用されたりもした。すなわち、技術の本質がたんなる道具というあり方にあるのではないことを看取った上で、技術の存在論的な理解が試みられる。その際、それまでの技術(例えば風車)と区別される近代技術の特徴が、様々な人工物、エネルギー源や素材となる自然物、さらには労働力となる人間もが「役立つもの」として用立てられることになるゲシュテル(Gestell, 徴発性)に見いだされることになる、というのである。ハイデガーの議論は、文明や世界のあり方を大局的に眺めている。だが、ゲシュテルをメルクマールに近代技術を一括りにする試みはきめが粗い。私たちは存在論的議論の手前で、技術のなかにまで分け入ってより微細で経験的な場面から技術のあり方を具体的に分析していくことにする。

議論の相対化を図るため、技術に関する従来の哲学的考察をまず簡単に眺めておこう。

技術哲学の第一の相は、一九世紀以降、技術畑出身の哲学者らによって技術の本質について哲学的考察や歴史的考察がなされる。ミッチャムはこうした動向を「工学者的技術哲学」と呼ぶ(Mitcham 1994)。例えば、最初に技術哲学に関する著作を著したカップは、道具は人間の身体の機能や形状を無意識的に「投影」した人工物であると考える見方を提示する。ハンマーは手の打つという機能の延長であり、お椀は手のひらを丸めて掬うという機能の延長であるという具合である。こうして、道具や機械を有機的身体の表現とみなすことで、機械と有機体との連続性を際だたせる見方が生まれる。技術とは人間の意欲に対して物体的形態を与えるすべてのものだとするアイトもそうであるが、総じて、人間精神における「創造」や「発明」のはたらきを重視し、テクネーとテクノロジーに決定的な切断面を見いだされない傾向を共有する。三木清の技術哲学も、こうした人間学的な技術哲学の伝統に属する。

これに対して、技術哲学の第二の相は第二次世界大戦後にはじまる。ミッチャムはこれを「人文学的技術哲学」と呼ぶが、ヤスパース、ハイデガーらの哲学者、エリュール『技術社会』(一九五四)、ホルクハイマー『理性の腐蝕』(一九四七)らによって、技術と社会との関連に対して文明批評的な批判が繰り広げられる。例えばヤスパースは、つぎのように述べている。「機械化のもたらすのが、機械的な相互結合や計算可能性、確実性の絶対的優位であるのは明らかである。(中略)人間そのものが目的に適合するよう加工されるべき原料の一つとなる。かつては全体の内実であり、意義であったもの、すなわち人間が手段となり、人間性の隠蔽が許容されるばかりか促進される」(一九五〇)(ヤスパース　一九六四)。これらの論者に共通するのは、技術社会の進展を機械化、しかも自動機械をモデルに理解するという点である。こうした同時代的動向を念頭に、彼らはそこから選択の自動化、自己拡大、単一化、技術相互の必然的結合といった「技術の自律性」が導きだされ、技術の自立化や「目的の手段への転化」が必然的な傾向として見いだされることになる。技術は人間性なり、理性なりに対立する外的なものと捉えられる。ハイデガーの技術論も、こうした潮流のうちに理解することができる。

一九六〇年代末以降、日本においても海外においても、公害問題、原発問題など、技術と社会に関する喫緊の問題に対して文明批評的なレベルでの科学批判、技術批判が激しく行われた。そのなかで、既存の科学・技術に対抗するものとして、オルターナティブ・テクノロジーの運動が展開されたことなどはあらためて指摘しておきたい。その主張は多様であるが、例えばマイク・クーリーは、自動化に伴う機械システムからの人間の排除に対して、伝統的な手工業の基礎を反映した、人間的なテクノロジーを主張する。すなわち、自動制御機械の導入により「旋盤や平削りのような現場での、もっとも高度な技能を持ち、満足でき、創造的である労働が、（中略）その技能を奪われ、一二歳並のものにされてしまう」とし、これを「技能を取り巻く社会的・文化的価値や、技能が獲得される手段の破壊」と捉えている（クーリー 一九八九、二〇一頁）。そこには、手と結びついた文化的な価値の破壊と同時に、労働者の管理の拡大と直結する政治的意味が含まれており、この傾向の行き着く先に完全自動化があるのだとする。こうした熟練の消滅への危機感は、戦後直後の日本で武谷三男が主観的で個人的な「技能」の技術化、客観化を主張する見地をとったのと、ちょうど反対であるのは興味深い点である（武谷 一九六八、一三九頁）。

技術哲学の第三の相は、一九八〇年代に第二の相（とりわけエリュールの技術論）への批判の形ではじまる。「技術の自律性」や社会に対する「技術決定論」といった前提的理解に対して批判が向けられ、エンジニアをはじめとする様々な人々の営為のなかで技術について議論されることになる。この方向転換は「経験論的転回」といわれ、ウィナー『鯨と原子炉』（一九八六）、アイディ『技術と生活世界』（一九九〇）、フィーンバーグ『技術への問い』（一九九九）などが代表である。第二の相においては、技術は人間性や理性の外に置かれたが、そのことはとりもなおさず、技術に対する批判も技術の外からなされねばならないことを意味する。技術が自律的なものであるならば、民主的なものであれ何であれ、技術を制御可能なものとするようなことは不可能になってしまう。「技術」というブラックボックスを開け、人と人との営みの中で考察しつつ、技術に対する態度変更の可能性を検討するというのが、この相の特徴である。

現在の技術哲学の見地からするならば、この第三の相の技術哲学はいまだアカデミズム内で技術や社会について反省的把握を目指す「反省的技術哲学」にとどまるのであって、よりよい技術の創造に関与する「構築的技術哲学」まですすまないという指摘もなされるが[2]（Brey 2016）、この相の技術哲学がその後の発展のための概念装置を準備したことは間違いない。そこでつぎに、現在の動向を紹介する代わりに、筆者なりの視点を交え、「技術の自律性」や「技術決定論」への批判に立ち入ることにしよう[3]。

技術と人間的営為

技術を行為という視点から見たとき、技術は手段を用いて所与の目的の達成をはかる目的合理的行為の一つであるという理解がなされ、技術的な人工物はこの手段に関わるのだと捉えられる。批判の糸口として、よく知られた事例を用いつつ、まずこの手段説を見直すことから始めよう。

技術の使用という場面に着目したとき、技術が介在することで人間‐技術‐世界という関係に変化が生じる。人工物と身体とが一体化し、人工物を見たり触ったりするのではなく、人工物を「介して」何かを捉えるようになる。アイディはこれを「身体化関係(embodiment relation)」と呼ぶ(Ihde 1990, とくに pp. 72ff.)。例えば、私たちがキーボードを用いて文字を書くとき、キーボードの配列を身につけ、両手で打ち込む一定の身体技法(タイピング・スタイル)をとっている。キーボードを使いこなすことで文章作成の速度ははるかに向上し、話し言葉に近い感覚で書き言葉の文章を創り出すことができるようになる。ブラインド・タッチに慣れてしまうと、新しいキーボード配列が導入されたりすると、それがどれほど優れたものであっても、混乱を来してしまう。

ところで、アメリカ式のキーボードの配列は左上からQWERTYと並んでいるが、よく知られているように、この配列は人の指の形状や動作などを考慮してより敏速にタイピングできるように工夫された結果なのではない。むしろその理由は歴史的にみられた機械的制約によるものである。一五〇年ほど前にレミントン社がタイプライターにこの配列を採用した際には、iやeのような使用頻度の高いバーが互いに絡み合わないようにするという仕様上の理由があった。もちろん、現在のコンピュータにバーなど存在しないし、人間工学的に見てもQWERTYが最適の配列とはいえない。にもかかわらずいまだにQWERTY配列が優勢なのは、一定の身体技法を身につけた人々には新しいキーボードはかえって「非効率的」で、新しいキーボードに合った身体技法に組み替えるためには多大な労力と費用を要するからである。先に見たように、クーリーは自動化に伴う機械システムからの人間の排除を批判したが、キーボードのような近代的な技術にも身体性は関与しており、M・ポランニーの言葉を借りれば、私たちは道具のなかに「棲み入る」のである。そして、キーボードの場合には、このことが技術の発展の方向を左右しているのである。

キーボードの場合は直接に身体化が関係するのであったが、旋盤などの場合にも類似したことを言うことができる。旋盤で実際に作業した体験をした福山弘は、自らの体験をもとに、「設備補完技能」ということを提示している。旋盤のような自動機械での人間の役割は、「次も同じになる」ように機構を監視し、機械のお守りをするという、「補完」にある。どれほど高度な技術であっても、運用し稼働するにあたっては人間の手による補完が不可欠なのである。福山は「技能の排除が技能を求める」と述べるが、自動化によって、自動機械を監視しお守りをするという新たな技能が必要になるのであり、この新たな技能はまた、自動化される以前の技能が変容されたものなのである（福山 一九九八、五二頁以下）[4]。それゆえ、自動化を顧慮に入れたとしても、技術は「純粋な奉仕と支配の間を運動し、人間の一方的な自律性も技術の純粋な自律性もともに疑わしいものにするような協働作用」（Waldenfels 1990, S. 146f.）であると考えられる。

さて、キーボードや旋盤の例で技術が身体技法と離れてあるのではないことが示された。しかし、これらの例は人工物を介して身体と世界が直接・間接に触れるものであり、それゆえ、世界との身体的な関係のみが問題であるかのようにも思われよう。私たちの見るところ、身体技法も一つの文化的様式であって、それ自身がハビトゥスを形成するのみならず、これまでの文化を内在させたものでもある。この点を明らかにするのが第二の事例である。それは、バイカーによる一九世紀後半のイギリスにおける自転車の例である。

バイカーは、一九世紀における自転車は、当初、前輪が極端に大きいハイホイール型ないしペニー・ファージングと呼ばれるタイプのものであったが、後に前後輪がほぼ同じ大きさのセイフティ型と呼ばれるタイプのものが発明され、ある時期には両方が併存する形でみられたとする。後者が最終的に勝利を収めることになるが、それは機能や効率の点で前者を凌駕していたためではない。前者はスポーツ用でスピードにすぐれ、後者は日常用で安定性にすぐれていたというように、同じ技術に対して複数の異なる解釈があったのである。後者が勝利したのは、その乗りやすさがヴィクトリア朝の時代に女性の社会進出につながったという、当時の文化的要因にあったとされる(Bijker 1997)。この例は社会構成主義の視点から「解釈の柔軟性(interpretative flexibility)」と呼ばれるが、私たちにとって重要なのは、ただ自転車をこぐという抽象的な身体動作ではなく、スカートをはいた女性が乗るという文化的要因を帯びた身体技法が決定的だった点である。一定の文化圏のなかでそれを用いる人々が人工物をどう捉えるかということが、制作物をどう設計するかということにも影響するわけである。一方で、技術にいかなる意味を認めるかという解釈は、製作された物の選択にかかわるだけでなく、製作過程それ自体にとっても構成的であり、その過程を媒介するということになる。他方、ペダルに裾が絡まないような機能的な女性の服装がこれに伴って生まれ、女性らしい服装を求めるそれまでの文化(ないし社会のあり方)に変化が生じることになる。

さらに、ここで一歩踏み込んで考えるならば、第二の事例は、認知的なレベルにとどまらず、技術が文化的及び社会的なレベルで意味を内在させ、同時に文化及び社会そのものを変化させる媒体であることを示唆している。そうだとすれば、文化的及び社会的な意味は、そのつどの技術のあり方にとって構成的なのである。このことは技術の「中立性」という通念の見直しを迫るものである。

技術の中立性というとき、技術が自律的で、独立変数として社会を規定するということが前提となっている。技術が真空空間ではなく、文化的・社会的ネットワークのなかで営まれ、媒体となるものである以上、技術的合理性や効率性だけで発展するわけではないことは、少し立ち入ってみると当たり前のことである。しかし、技術がネットワークの媒体になるといっても、そのプロセスが私たちに顕わになっているわけではない。人工物の機能連関に関して言えば、複雑多岐な中間過程は多くの場合、使用者にとって入力と出力以外、内部構造が分からないブラックボックスになっている。同様に社会的、歴史的連関に関しても、第二の例で見たように、ある技術が支配的なものとして確立すると、それまで存していた多様な解釈は覆い隠され、その技術以外の可能性は進歩の一段階の試行錯誤とみなされることになる。こうして遡及的に、技術の発展が単線的発展として描き出されるのである。

ところで、第二の事例では女性の社会進出と服装の女性らしさが問題になった。これらは文化的であると同時に、社会的、政治的な問題でもある。そこで、一足飛びに議論を進めることになるが、ここから一歩進むならば、「技術の政治性」というテーマに到着することになる。かりにニーズに応える形で女性が乗りやすい自転車を作ったとすれば、ある一定の社会状況の下では、その自転車は女性の社会進出という価値を内蔵させることになる。これは、バリアフリー設計が登場した背景として、それまで日常的で自明なものであった建物や機械の設計が障害者や高齢者の社会参加を排除するはたらきをしていることが自覚されるようになったことと同様である。バリアフリー設計には障害者や高齢者の社会参加という価値が内蔵されていると言うことができる。こうしたことから、最近では、人工物の設計の各段階において様々な価値に配慮するという意味で「価値感受的な設計（value-sensitive design: ＶＳＤ）」という言い方もなされている。

技術の政治性というと、原発を設置するかどうか、どこに設置するかというような問題だと思われるかもしれない。しかし、そうした次元だけではなく、人工物そのものやその設計に組み込まれているミクロな次元でのポリティックスがある。技術的な人工物も、法律や制度のような人工物と同様に、それ自体が政治的な重要さを持っており、ミクロな政治性を内蔵させているのである。ウィナーはこの点について「われわれが技術と呼ぶものは世界に秩序をつくる方法である。技術的な装置やシステムは、人間の活動に極めて多様な形で秩序を与える可能性をもっており、いったん導入されると、後にくる選択を強く拘束してしまう傾向をもつ。（中略）この意味で、技術は何世代も続く公的秩序の枠組みを確立する立法行為や政治的な土台作りと類似している」(Winner 1986, p. 28f.)と述べている。彼の言い方をそのまま用いるならば、人工物を設計し、イノベーションを図る行為はある種の立法行為や政治的な土台作りなのだということになる。文字通りの政治の場合には、そうしたことに関わる意思決定は、少なくとも建前上は市民の手で議会を経て民主的に行われることになっている。技術の場合には、いったいだれがいかなる仕方で意思決定に関わるのであろうか。この点はつぎの節で扱う問題となる。

このようにみてくると、技術が関わるのは科学と比べてはるかに多様な場面であり、技術には価値や人と人との関係がきわめて複雑なかたちで関わっていることが明らかになってくる。「科学技術」という括りかたで科学と連続的に捉えられるのは技術の一面にすぎない。いままで身体論、解釈学、労働論、設計論、工学の科学哲学、社会的合意論などを垣間見てきたが、「技術」という営みの広がりに応じて、技術の様々な場面をそれぞれ主戦場とする多様な技術論、技術哲学が本来必要であろう。そのことを自覚しつつ、次節では設計の問題を軸に議論を進めることにする。

三　人工物の設計と倫理

人間中心的デザインと参加

私たちは技術開発がしばしば新たな倫理的な問題を生むことを知っている。だが、前節での第二の相に見られたのは、それとは違った謂うところの近代技術そのものに伏在する倫理的な問題であった。ハイデガーはそれを存在論的な問題としたが、私たちはより偶然的な、設計の問題として理解することも可能だと考える。例えばクーリーは機械システムから人間が排除されることを指摘したが、それは人間に合ったやり方で人工物のシステムが設計されるのではなく、機械に人間が適合させられるやり方がとられ、人間がシステムの中に位置づけられていなかったことに対する告発と考えられるのである。近年ではこうした考え方の転回は、「技術中心的デザイン（technology-centered design: TCD）」から「人間中心的デザイン（human-centered design: HCD）」への転回として特徴付けられている。ここでの「デザイン」がたんなる装飾のことではなく、「設計」とほぼ同義である点は注意を要する。人間中心的デザインとは、ごく簡単に言って、人間の身体的・認知的特性、利用環境、使用状況などを考慮して人工物を設計することである。以前の技術中心的デザインでは、あとから翻って考えると保存すべきだった様々な性質が考慮に入れられずに切り捨てられ、技術的手段にあわせられて人工物を構築してしまっていたこと[5]に対する反省がそこにはある。

ここでマクロな場面に目を移しておくならば、フィーンバーグはこれまで技術的合理性と呼ばれてきたものを、「技術コード」という概念を用いて説明している。彼の言う「技術コード」は、一般に人工物が社会的要因を組み入れるしかたを表す概念である。例えば、規制も人工物に組み込まれ、人工物が何であるかを定義する技術コードになり得る。今日、シートベルトを備えていなかったり、排気ガス規制をクリアしていなかったりする自動車は、どれほど馬力にすぐれていても、自動車とはみなされない。排気ガス規制の導入にはメーカーからかなり強い抵抗があったが、自動車の定義にいったん組み込まれてしまうと自明なものとなってしまい、コストは当然なものとみなされる。また、古典的な例を挙げれば、生産現場への組立ラインの導入は、脱熟練化や一定テンポでの労働というかたちで、労働者にある種の労働規律を強制するものであった。しかし、組立ラインは生産性と利益を増大させるため、特定の社会的文脈においては技術進歩として現れることになった。フィーンバーグはつぎのように述べている。「技術の体制には、技術者によって純粋に技術的な言語や実践のかたちで表現される多くの社会的要因が組み込まれている。重要な社会的な価値の直接的な反映と解釈するのがもっともよいと思われるような技術の体制の側面のことを、技術の「技術コード」とよぶ」（フィーンバーグ 二〇〇四、一二八頁以下）。技術コードは、人工物に与えられる社会的な意味にしたがって厳密な技術用語でその対象を定義するが、ふつうは自明なものになっていて目に見えることはない。

技術的合理性に関しては、この合理性が言うような純粋な機能と効率性だけによって実際に技術を構成することは不可能である。それは一つの抽象にすぎない。しかし、技術的合理性は近代資本主義社会の基礎構造に一貫して見られる特徴でもある。第二の相の論者たちにおいては近代技術そのものの「本質」とされ、また、「技術中心的デザイン」においては実際に主導的な理念とみなされてきた。フィーンバーグは、「技術的合理性」は普遍的なものではなく資本主義に特殊なものであるとし、「技術の文化によって内在化された最も根本的な社会的命法を表すと解釈するのが妥当であろう」と述べている（フィーンバーグ 二〇〇四、二三八頁）。具体的な定義をなすものではないが、根本的な命法として、他の技術コードと同様に、これも一つの技術コードなのである。

さて、ふたたびミクロな議論に戻るならば、このようにして技術中心的デザインから離れ、人工物を人間に適合させる人間中心的デザインに転じたとしよう。現在のイノベーションに方向付けられた技術でも、いましがた挙げた人間の身体的・認知的特性、利用環境、使用状況などは考慮され、ニーズを組み入れた設計が提唱されていよう。だが、それだけでは十分ではない。人間中心的デザインは、使用する人間の「ための」ものであるばかりではなく、使用する人間「の」ものであるという点が重要である。例えばカルデラほかは、学生たちが経験する「人間中心的」デザインをつぎの七つの段階に分類する（Cardella et al. 2012, pp. 14ff.）。それは、①技術中心的デザイン、②ユーザーへのサービス、③情報源としてのユーザー、④ユーザーのニーズへの配慮、⑤デザインの文脈的理解、⑥ステークホルダの視点を反映するべく彼らの参加を約束するデザイン、⑦共感型デザインである。例えば障害者のための器具を設計する場合、いかなる特性が重要になるかは当事者を交えないで技術者が外から分析し配慮するだけでは十分ではない。最後の共感型デザインとは人間中心的というときの最高次の段階であって、設計者がユーザーに配慮するだけでなく、エンドユーザーがデザインの過程に能動的に参加し、デザインされる製品が彼らのニーズに合っているか、使い易さはどうかを確認する助けを彼ら自身がするようなデザイン手法のことである。このように、人間中心的デザインと言うときには、人工物を間に挟んでの設計者とユーザーとの対話構造が重要になるのである。

人工物の機能と価値

ここで、人工物の設計に議論を進めることにしよう。「価値感受的な設計」という概念にさきほど言及したが、これは、人工物の設計にあたって価値が配慮され、人工物に組み込まれることを言うものである。それゆえ、人工物の設計をいかに捉えるかが「価値感受的な設計」を理解するための前提となる。

私たちは人工物が一定の機能をもつという言い方をする。しかし、この「モノが機能をもつ」ということが何を意味するかは難しい問題である。一方で、人工物は人間の活動がないと何の機能ももたない受動的な領域にある存在である。座るという機能を離れて見れば、イスは一個の物理的対象にすぎない。しかし他方、イスがイスとしての機能を果たすのはそれが人間－技術－連関に置かれているからである。そこには設計する人間の抱く目的が決定的な役割を果たしている。例えば、学校前の道路にバンプがあるとしよう。事象Aにおいては、このバンプは子供を守るために作られたものである。ところが事象Bにおいては、このバンプはもともと学校前の道路にあった自然のバンプである。AもBも物理的外観は酷似しており、車を減速させ「子供が車のスピードから守られる」という点でも同じである。しかし、Aにおけるバンプは人工物としての機能を持ち、道徳的価値がある。これに対して、Bにおけるバンプは偶然にバンプの機能を果たしているだけであり、道徳的価値は認められない。（もちろん、Bのバンプを削り取る行為は非道徳的であろうが、それはBを別の事象に作り替えるという別個の行為が問われているのであって、Bのバンプの機能や道徳的価値とは無関係である。）違いは「子供を守るため」という目的の有無にある。

こうした点を捉えて、クローズらは「人工物の志向性」論を展開する。一般に設計者やエンジニアが関心を持つのは、事物が何であるかということではなく、目標を達成し、機能するためには、事物はどのようなものでなければならないかということである。設計の過程において設計者は、①人工物にある機能を持たせることを意図し、②事物に関わる科学的知識および技術的知識に基づいて製作される人工物の物理的構造を決定する。そして③こうした知識のおかげで、設計者はこのようにして決定された物理的構造を持つ人工物がなぜその機能を果たしうるかを説明することができる、とされる。このようにして人工物に知識が埋め込まれる過程を考えると、人工物の機能は人間の設計者が意図する目的を指示し、人工物の道徳的な価値は人間が置く目的の道徳的な価値に由来するということになるというのである(van de Poel & Kroes 2014; Kroes 2012)。

いま、バンプという単純な人工物を例にしたが、すでに見てきたように人工物が機能をもつという際、たんに「作動する」ということでは十分ではない。社会的・文化的世界に置かれた人工物については、人間の身体的・認知的特性などの要件や、安定性、長期性などのほか、安全性や環境への負荷のなさといった要件が満たされていなければならない。こうした社会・文化的要件は人工物の機能や意義にとって構成的である。また、人間の設計者の目的と言うときには、設計者は単数でないのはもちろん、目的の設定にあたってのユーザーとの間の対話が含まれうるということは、言うまでもないであろう。

しかし、この議論では、人工物の機能は設計する人間の意図(志向性)を前提として存在する一方で、この設計者の目的と人工物の機能とのつながりは歴史、状況を超えて存在するとされるが、これに対しては一定の留保が必要であろう。第一に考慮されるべきは、様々なレベルでの予期せざる結果や副作用である。人工物を製作し、使用することにより、物理的・意味的に様々な結果が生じてくるが、その中で何が受け入れ可能な結果で何が深刻なアノマリーであるか、あるいは何が作用で何が副作用であるかという価値評価は、その技術を取り巻くそのつどの技術的・社会的地平の中でなされ、やがて設計に反映されることになる[6]。

また、人工物が完全に規定されているということはなく、様々な不確実性や不完全性がそこに含まれている。完全に衝突に耐えうる自動車がない（装甲車でもないかぎり）にもかかわらず、私たちは一定の要件を満たした自動車を日々使用しているように、技術的人工物に求められるのは様々な要求の間での妥協であり、「しかるべき」「相当の」確実性である。また、人工物はすべての状況で一義的な使い方がされるわけではなく、現実に使用する場面になると、「誤使用(misuse)」の可能性やそれにしたがわない人の存在があり得る。それが人工物をどのようなものと捉えるかということに変化を与え、進化の方向に影響を及ぼしていくこともたびたびである。それゆえ、人工物が設計者の意図を超えてしまうという問題がある。

この点は、文学作品における作者の意図の問題と類似している。ここで、インガルデンが芸術作品について提示した対象の「空白(Lücke)」ないし「無規定箇所(Unbestimmtheitsstelle)」が参考になる(Ingarden 1960, S. 261)。インガルデンによれば、芸術作品は、技術的人工物と同様に、物理的な基礎を背景にして現象するが、鑑賞者との相互交渉のうちで美的対象としての構成が問題となる。芸術作品は、①全面的に一義的に規定されているかどうか、②諸規定が合流して一個の具体的統一をなしているかどうか、③個別的なものであるかどうかという点で、物理的実在とは本質的に異なっている。例えば、「人間」と言っただけではそれが「机」ではないことは分かるが、それがいかなる人間であるかは不明である。かりに「年取った人間」と言ったとしても、若干の無規定箇所は埋められても、なお無数の無規定箇所が残っている。こうしたように、芸術作品はつねに原理的に未完さを含んでおり、たえず鑑賞者による補完を求めざるを得ないというのである。理由は多少異なるが、技術的人工物にも同じことがあてはまる。

技術的な人工物の場合、芸術作品のような一回的な完結性をもつものではなく、たいていは進化・発展ということを問題にする余地をもっている。そうした場合、設計者、制作者と使用者は、人工物をはさんで弁証法的な関係に立つことになる。たしかに人工物は人間による目的の設定からはじまる。しかし、人工物の機能や価値が「何」であるかは設計者の手で一義的に定められるのではなく、使用者の側が参加する対話のなかで、再定義され、よりよい製品への進化へとつながっていくのである。こうした対話は、たんに技術的機能がはたらくかどうかの因果的確証ではなく、文化的、社会的確証であり、価値的な確証でもある。設計者もこの社会的媒介のなかにいて、その方向付けに専門家である設計者という立場から参与するのである。

「責任あるイノベーション」の責任

最後に、以上を踏まえながら、技術を中心とするイノベーションについての一つのアプローチを取り上げることにする。それはＥＵ委員会で推進されている「責任ある研究および技術革新（Responsible Research and Innovation: ＲＲＩ）」である。ＥＵ委員会の定義によれば、「ＲＲＩとは、社会的アクターが、研究とイノベーションのプロセスの全プロセスにおいて過程と結果とを、ＥＵ社会の価値、ニーズ、期待について、よりよく調整するために協働することを意味する」（ＵＲＬ①）とされる。あるいは、よく使われるショームベルクの定義では、「社会的アクターとイノベーションを図る者とが、（科学や技術の進歩を社会に適切に組み入れうるようにするために）イノベーションのプロセスやそこから生みだされた製品がもつ（倫理的な）受容可能性、持続可能性、社会的望ましさを目的にして相互に反応（responsive）し合う、透明で相互的なプロセス」（Schomberg 2014, p. 39）のことだとされる。

ここで「責任」ということが言われているので補足するならば、まずそれは所謂「前向き責任」に関わるものと理解される。一般に責任とは、ある一定の出来事に関して、それを結果させた行為者に行為（不作為）が帰着させられ、そのうえに非難、賞賛の判断がなされるようなことを指すものと理解されている。これは「後ろ向き（backward）」責任と呼ばれ、結果が予見可能であったかどうかが一つのポイントとなる。これに対して、いま起こりつつある出来事やこれから起きる出来事に関して行為者が負う「前向き（forward）」責任もある。前もって配慮する責任や役割責任などがそれで、「事前の配慮責任」とも呼ばれる。ここでは後者の意味での責任が問題なのであろうが、事前の配慮がなされず悪い結果を招いたときには、「前向き」が反転して「後ろ向き」責任を問われることになる(フォージ 二〇一三、レンク 二〇〇三)。

責任(responsibility)とは、また、ショームベルクの定義でも明確に示されているように、原義である「応答(response)」の意義を生かし、互いに応答しあう(responsive)ことを意味している。ここでは研究やイノベーションをめぐって、参加するないし参加すべき多くの人々が互いに関わりあうプロセスのことが考えられている。応答性(responsiveness)という概念は企業倫理で用いられる言葉でもあり、例えば、フォードピント事件の際にフォード社が社会のニーズに対して鈍磨した応答性しかもたなかったことが決定的だった、というように用いられる(Vaughn 1998; Ackerman & Bauer 1976)。(似たようなことは、日本の原発事故についても言えよう。)ＥＵ委員会は、以前にも「責任あるナノ科学およびナノテクノロジーの研究に関する行動規範」(二〇〇八)を提出し、「ナノ科学およびナノテクノロジーの研究活動は一般の人々に理解できるものでなければならない。こうした活動は基本的人権を尊重し、そのデザイン、実行、普及、そして使用の際に個人や社会の幸福(well-being)のために行われなければならない」としている(European Commission 2008)。この両方に共通しているのは、こうしたイノベーションのプロセスやその製品として、安全をはじめとする共同体で共有された価値にしたがっていて受け入れ可能で、持続可能な発展に寄与し、生活の質や人々の平等にかなっているという意味で、望ましいものが目指されるということである(Grunwald 2014)。

ＲＲＩの主要なテーマの一つは、これまで論じてきた「価値感受的な設計」であり、相互の応答と同時に、価値を現実世界に埋め込むような介入をする責任が言われることになる。これは技術に関する倫理的アプローチの一つだと考えられる。また、政策的なテーマの一つとしては、「新興の技術に対する倫理的アセスメント(Ethical assessment of new and emerging technologies)」がある。ナノテクに関する行動規範にもみられるように、持続可能性や予防性などの価値に照らして新たな技術の倫理的意義についての評価が行われることになる。全体としてみるならば、ＲＲＩのアプローチは、トップダウン型のイノベーションによって豊かな社会を構想する従来型のアプローチよりも、これまで見てきた技術哲学の見地から、有望な実験であるように思われる。しかし、二点ほど疑念を呈して稿を閉じることとしたい。

第一は、原子力のような既存の技術に対してどの程度の有効性をもつかである。核燃料システムや原子炉の設計に組み込むべき価値として、タエビとクルースターマンは、安全性（健康に対する有害な影響）、安全保障（原子力施設、核物質、貯蔵、輸送に対する行動からの防御）、持続可能性（未来世代の要求実現を傷つけることなく、現在世代が要求を実現する能力）、環境に対する優しさ（環境への放射性物質の流出と人や環境への影響）、資源の永続性、経済的実行可能性（社会の一般的な幸福（well-being）の保護）、世代間正義を挙げ、そのうち安全性、安全保障、持続可能性、経済的実行可能性の四つを主要な価値に数えている（Taebi & Kloosterman 2015, pp. 805ff.）。しかし、彼らは、これらの価値のすべてを満たすことはできず、第四世代原子炉においても必ず価値のトレードオフが生じることを指摘する。「原子力工学においてはこれまで安全性が主導的価値であった。価値感受的設計は設計過程において前もって（proactively）様々な価値のバランスをとることを目指している」というのが彼らの結論である。原子力施設も人工物であることに変わりないから、こうした議論は当然成り立ちうる。原子力は国家大で安全保障が絡む技術であるため、どこまでプロセスや産物に透明性が確保されるのか疑問が残らざるをえない。また、一旦事故が起こるとこのすべての価値に関しても止めどのない影響を及ぼす。「予防性」にも関わるが、リスクに対してどのような評価を下すのかについて、一般的な議論を超えた議論が必要であるように思われる。

これと関連して、いま一つは、参加者は、どのようなことをもって「よい」と判断するのかという、価値基準に関わる問いである。それは参加という民主主義的な「形式」の問題ではなく、合意形成の基準という、より実質的な議論に関わるものである。とりわけ、自然の自律性、他者性をどう位置づけて責任をめぐる議論に盛り込むかが難問であるように思われる。[7] その一つの手がかりとして「責任あるスチュワードシップ(Responsible Stewardship)」を取り上げておきたい。スチュワードとは、管財人や執事、航空機などのスチュワード(キャビン・アテンダント)のことであり、人間を自然に関する管理やケアを委ねられたスチュワードとみなす一種の比喩である。すなわち、責任あるスチュワードシップは、家に関わる管理を地球全体やその一部にまで拡大し、スチュワードの役割を人類や現在世代、組織、機関、土地所有者などに求めるものである(Attfield 2014)[8]。ハンス・ヨナスが『責任という原理』において、人間以外の自然に対する人間の責任について語ったこと(ヨナス 二〇〇〇、一四頁以下)を思い出していただいてもよいであろう。

責任あるスチュワードシップは人間の責任を明らかにする議論である。しかし、それは様々な検討課題を抱えている。例えば、①人間がスチュワードであることはだれに委託されたものであるのか(神学バージョン)、市民、地域共同体、将来世代を含む人類によってなのか(世俗バージョン)。②自然に対して介入し管理するのか(管理パラダイム)、それともケアするのか(ケア・パラダイム)、がそれである。暫定的に、「世俗バージョン」かつ「ケア・パラダイム」をとることは可能であろうが、するとさらに問題が生じてくる。例えば、かりにケアだとしてそうしたケアはいかにして、どんな根拠で可能なのか。また、かりに管理だとすると、森林や沼沢地を農地や牧草地に変えることも含まれよう。すると、人間による変容によって自然は他者性を奪われ人間のものとなってしまうが、それでは環境倫理学で言う人類中心主義(anthropocentrism)と違わないのではないか、などである。あるいは、より根本的な問いとして③人間をスチュワードとみなすことは、人間の自発性や自由を制限することになるのではないか、などなどがある。

技術の進展は、様々な発展の方向性という点でも、新たなリスクの発生やリスクの分配の倫理をはじめ、様々な倫理的な問題の解決という点でも、責任ある対応を必要としてきている。「責任あるスチュワードシップ」の概念は、技術者や科学者の共同体に対して、あるいは意思決定に参加するその他の人々に対して、責任のありかを示唆してくれている。最後の問いが示している、スチュワードシップが人間の自発性や自由を制限するということは、まさしく、責任の根拠がかりに人間の尊厳にあるにしても、人間はカント的な絶対的に自律的な主体ではありがたいことを示している。人間は一方で自然や他の存在に対する責任を負い、ケア・パラダイムにおいては自然に対してケアをする責任をもつ。他方でこの責任は、世俗バージョンの場合には、市民、地域共同体、将来世代を含む人類から付託されたものである。私たちの自由は、責任の振り向け先である自然を含む他者と、付託元である共同体などとによって制限された自由である。つまり、私たちには避けがたく物質的、技術的に状況づけられているのであって、この関わりの端的に外的に立つことにはできないのである。イノベーションに光が当てられる昨今ではあるが、技術に内なる批判はいかにして、いかなる根拠にもとづいて可能なのか、そしていかにして技術や社会によき状態(well-being)をもたらしうるのか、「責任あるスチュワードシップ」からさらに進んで、こうした点をより具体的に規定していくことが、技術哲学の新たな転回のなかで問われているのである。

注

(1) イノベーションの概念については、入江 二〇〇二を参考にした。
(2) ただし、この点については、哲学者は反省し分析する立場に立つのか、実際に規範的な立場をとるのかといった疑問も多々出されている。
(3) 技術論の様々な立場の類型についてここでは立ち入ることができないが、フィーンバーグ 二〇〇四、序章を参照。
(4) CADを用いた設計における直観の意義については、ファーガソン 一九九五、五四頁以下。
(5) ウィナーはこうした倒錯した事態を「逆適応」と呼んでいる(Winner 1986, p. 174)。
(6) 卑近な例としては、テナーが「復讐効果」と呼んだ現象として、タイプライターで使われていたキーボードがコンピュータのより早く打てる軽いキーに置き換わることにより、オペレータの間に「反復運動過多症」が広がってしまったという例や、ロータールのタバコのおかげで喫煙本数がかえって増え、肺ガンのリスクが増してしまった例がある(Tenner 1996)。

（7）　この点については、直江 二〇一五での試論を参照していただければ幸いである。

（8）　コルッシは「責任あるスチュワードシップ」の例としてつぎのような主張を挙げている。「「尊厳」は、人間に由来するあらゆるものだけもつ高遠な道徳的地位である。……人間の尊厳をもつことはある不変の道徳的義務をもつことである。こうした義務としては、他のすべての人間の扱いに関しては、生命、自由、人々の安全の保持の義務が、動物や自然に関しては、「スチュワードシップ」の責任がある」(William Cheshire)。あるいは、「人間環境に対する保護や改善は、人間の生命を保護し、その質と条件を保証すること、また、人間の尊厳や人間の価値を守るために必須な諸条件や人間の人格性の発展を確保することという、絶対的な必要(vital need)に直接に由来する」(Pathak)、などである(Colussi 2014, p. 67f.)。

参照文献

入江信一郎 二〇〇二、「「イノベーション」概念の再検討――「社会変革行動」から「新技術」への還元とその問題点」『マーケティングジャーナル』二一(四)。
金子務 二〇一三、「日本における「科学技術」概念の成立」鈴木貞美・劉建輝編『東アジアにおける知的交流――キイ・コンセプトの再検討』国際日本文化研究センター。
クーリー、マイク 一九八九、『人間復興のテクノロジー』里深文彦監訳、御茶の水書房。
ザイマン、J 二〇〇六、『科学の真実』東辻千枝子訳、吉岡書店。
シュムペーター 一九七七、『経済発展の理論(上)』塩野谷祐一・中山伊知郎・東畑精一訳、岩波文庫。
武谷三男 一九六八、「技術論」『武谷三男著作集1』勁草書房。
ドラッカー、P・F 一九八五、『イノベーションと企業家精神』上田惇生・佐々木実智男訳、ダイヤモンド社。
内閣府 二〇一三、「科学技術イノベーション総合戦略――新次元日本創造への挑戦」平成二五年六月七日閣議決定。
直江清隆 二〇〇八、「宇宙技術の価値」『科学／技術の哲学』(岩波講座哲学9)岩波書店。
直江清隆 二〇一五、「自然という「他者」と技術的行為」座小田豊編『自然観の変遷と人間の運命』東北大学出版会。
ファーガソン、E・S 一九九五、『技術屋の心眼』藤原良樹他訳、平凡社。
フィーンバーグ、アンドリュー 二〇〇四、『技術への問い』直江清隆訳、岩波書店。
フォージ、ジョン 二〇一三、『科学者の責任――哲学的探究』佐藤透・渡邉嘉男訳、産業図書。
福山弘 一九九八、『量産工場の技能論』日本プラントメンテナンス協会。

マートン、ロバート 一九六一、『社会理論と社会構造』森東吾他訳、みすず書房。

ヤスパース、カール 一九六四、『歴史の起源と目標』(「ヤスパース選集」九)重田英世訳、理想社。

ヤニッヒ、ペーター 二〇〇四、『制作行為と認識の限界』河本英夫・直江清隆訳、国文社。

ヨナス、ハンス 二〇〇〇、『責任という原理』加藤尚武監訳、東信堂。

レンク、ハンス 二〇〇三、『テクノシステム時代の人間の責任と良心 現代応用倫理学入門』山本達・盛永審一郎訳、東信堂。

Ackerman, R. & Bauer, R. 1976, *Corporate Social Responsiveness*, Prentice-Hall Company.

Attfield, Robin 2014, *Environmental ethics: an overview for the twenty-first century*, 2nd ed., Polity.

Bijker, Wiebe E. 1997, *Of bicycles, bakelites, and bulbs: Toward a theory of sociotechnical change*, MIT Press.

Brey, Phillip 2016, "Constructive Philosophy of Technology and Responsible Innovation," Maaten Franssen, Pieter Vermaas, Peter Kroes & Anthonie Meijers eds., *Philosophy of Technology after Empirical Turn*, Springer.

Bunge, Mario 1967, "Technology as Applied Science," *Technology and Culture* 3.

Cardella, M. E.; Zoltowski, C. B. & Oakes, W. 2012, "Developing Human-Centered Design Practice and Perspectives through Service-Learning," P. Bailie & E. Riley eds., *Engineering and Social Justice*, Purdue University Press.

Colussi, Ilaria Anna 2014, "The Role of Responsible Stewardship in Nanotechnology and Synthetic Biology," S. Arnaldi et al. eds., *Responsibility in Nanotechnology Development*, Springer.

European Commission 2008, *Commission recommendation of 07102/2008 on a code of conduct for responsible nanosciences and nanotechnologies research*, European Commission.

Grunwald, Armin 2014, "Technology Assessment for Responsible Innovation," Jeroen van den Hoven et al. eds., *Responsible Innovation* 1, Springer.

Ihde, Don 1990, *Technology and the Lifeworld*, Indiana University Press.

Ingarden, Roman 1960, *Das literalische Kunstwerk*, 2. Aufl., Tübingen.(ローマン・インガルデン『文学的芸術作品』瀧内槇雄・細井雄介訳、勁草書房、一九八二年)

Kroes, Peter 2012, *Technical Artifacts: Creation of Mind and Matters*, Springer.

Mitcham, Carl 1994, *Thinking through Technology: the path between engineering and philosophy*, University of Chicago Press.

Schomberg, René 2014, "The Quest for the 'Right' Impacts of Science and Technology: A Framework for Responsible Research and Innovation," Jeroen van den Hoven et al. eds., *Responsible Innovation* 1, Springer.

Taebi, B. & Kloosterman, J. L. 2015, "Design for Value in Nuclear Technology," Jeroen van den Hoven, Pieter E. Vermaas & Ibo van de Poel eds., *Handbook of ethics, values, and technological design*, Springer Reference.

Tenner, Edward 1996, *Why Things Bite Back?: Technology and the Revenge of Unintended Consequences*, Vintage.

van de Poel, Ibo & Kroes, Peter 2014, "From Moral Agent to Moral Factors: The Structural Ethics Approach," Peter Kroes & Peter-Paul Verbeek eds., *The Moral Status of Technical Artefacts*, Springer.

Vaughn, Diana 1998, "Rational Choice, Situated Action, and Social Control of Organizations," *Law & Society Review* Vol. 32-1.

Vincenti, Walter G. 1990, *What Engineers Know and How They Know It*, Johns Hopkins University Press.

Waldenfels, Bernhard 1990, Reichweite der Technik, *Der Stachel des Fremden*, Suhrkamp.

Weinberg, Alvin M. 1997, "Can Technology Replace Social Engineering?," *Nuclear Reactions: Science and Trans-Science*, American Institute of Physics.

Winner, Langdon 1986, *Whale and Reactor*, University of Chicago Press.（ラングドン・ウィナー『鯨と原子炉』吉岡斉・若松征男訳、紀伊國屋書店、二〇〇〇年）

URL（最終閲覧日二〇一七年一月一七日）

① European Commission 2012, "Responsible research and innovation," European Commission publications office. http://ec.europa.eu/research/science-society/document_library/pdf_06/responsible-research-and-innovation-leaflet_en.pdf

3 「有用な科学」とイノベーションの概念史

隠岐さや香

はじめに

「イノベーション」とは一体何であろうか。科学の研究はそれとどのような関係があるのか。これが二〇世紀の半ばであれば話は簡単だった。当時、基礎科学を基盤とする「技術革新」による経済発展というリニアモデルが広く信じられていたからである。そして、この「技術革新」は「イノベーション」と基本的に同じ意味で理解されていた。東西冷戦の時代背景の下、高度な科学理論の発展がおのずと軍事産業を含めた応用研究と新しい技術を産み、社会全体を少しずつ変えていくという考え方が自然に受け入れられていたのである。それゆえ、科学自体の発展のために行われる科学研究、すなわち、「科学のための科学」も「何の役に立つか」と問われることなく自動的に「技術革新」を通じ社会に恩恵をもたらすものとして理解されていた。

だが、冷戦期も終わり頃になると「イノベーション」は「技術革新」とは違うらしいということがいわれるようになった。一九九〇年代後半になると、日本語の行政文書においても英語の innovation は「技術革新」と訳されなくなり、「イノベーション」というカタカナ語が取って代わっている(有賀・亀井 二〇一四、二五一―四一頁)。リニアモデルも批判され、「科学のための科学」は無前提な政策的投資の対象でなくなりはじめた[1]。代わりに注目されたのがライフサイエンスや情報工学など、市場におけるアウトプットが比較的予想しやすい応用的な分野である。そして、二一世紀に入ると「科学技術政策」ではなく「科学技術イノベーション政策」が語られるようになった。科学と技術に加えて、イノベーションが半ば自律した政策的投資対象とみなされはじめたのである。

この変化が一体何であり、どのように起きたのか。その結果として社会の中での科学の役割はどのように変化したのか。それを理解するためには、一度、英語圏の innovation という概念と向き合ってみる必要がある。というのも、実は近年の研究から、英語の innovation という語の定義自体が二〇世紀を通じて大きく変化したことがわかっているのだ。すなわち、二〇世紀半ばには「技術革新」の意味で理解可能であった innovation が、二一世紀にはより強く市場での成功を意識した概念となり、技術の問題はその一部でしかなくなってしまった。ゆえに日本語でも翻訳の問題が生じたというのである。

本章では、英語の innovation 概念の歴史的な変遷を辿ることを通じて、科学とイノベーションの関係について考察する。そのために二〇世紀以降を扱うのではなく、敢えて古代における innovation の語源まで遡り、そこから現代まで俯瞰するという手法をとる。何故このように迂遠なことをするかというと、数百年、千年という長期的視野に立った方が、innovation という語が時代を超えて有する特徴がかえって明確になり、それにより、二一世紀の我々が直面している課題もより明らかになると考えるからである。

我々は科学がかつてのような聖域ではなくなろうとする時代に立ち会っている。科学は社会に対する説明責任やコミュニケーションを無視できなくなったし、科学の発展とイノベーションとの間に単純な連続性も期待できなくなった。また、innovation 概念の変化は、自然科学と技術の関係のみならず、人文社会科学（いわゆる文系）と科学・技術の関係をも変えようとしている。二〇世紀の文脈ではよくも悪くもやはり独自の「聖域」にあった人文社会科学に対しても、近年、理工系との連携が推奨されるようになり、イノベーションの現場と関わることを熱く期待する声があがっているのである。特に欧米ではたとえば社会学や人類学、哲学といった領域が、人間と社会に関わる科学的な研究や、それを活かした製品・サービス開発の現場と関わることを期待される状況が定着しつつある。本章はこのような時代の一断面をも提示することになるだろう。

一　歴史的概念としての「イノベーション(innovation)」

古代から近代まで

本節ではまず、innovation 概念についての語源的な起源も踏まえて考察する。英語およびフランス語などの innovation という語の由来になったのは、ラテン語の *innovatio* であるが、その更なる起源は紀元前五世紀の古代ギリシア語における *kainotomia* まで遡る。この語は単純に、思考や概念のレベルにおいて「既に確立された秩序に変化をもたらす」ことだけを意味しており、特に肯定的な意味も否定的な意味もなかった。また、技術の問題ではなく哲学や法、政治、歴史など広い領域において使用され、創造性やオリジナリティの問題とも関わりがなかった。ラテン語の *innovatio* は、*kainotomia* からの翻訳により派生したものであるが、古代末期、紀元三世紀から四世紀において、とりわけ詩や宗教的著作に出現するようになる。そして一二世紀から一四世紀にかけて、*innovatio* がイタリア語やフランス語に取り入れられ、innovation およびその派生語として使われるようになった(Godin 2015, ch. 2)。

近代科学の黎明期でもある一六世紀から一八世紀は初期近代と呼ばれる時代であるが、興味深いことに、この頃になると innovation は明確に否定的な意味を帯びる。その語の使用される対象は法や政治、文学、経済、芸術まで多岐にわたったが、科学的な議論での使用は少なく、むしろ宗教論争などにおいて頻出したようだ。たとえば、一六二〇年代に英国王チャールズ一世は、宗教や法を innovate、すなわち強引に変えようとしているとして議会よりしばしば非難されてきた。この国王はピューリタン革命と呼ばれる内乱を招き、最終的には一六四九年に処刑されたことでも知られる。

少し前の時期に英国の哲学者で政治家でもあったフランシス・ベーコンは、国家による技術の振興に積極的な立場を取っていたが、突然何事かを変えることについては分野を問わず慎重な姿勢を示し、次のように述べている。

> 大革新〔innovation〕を行っているものは、時間そのものの例に倣うとよいだろう。それはどんどん新しくなる〔innovateする〕わけだが、しかし静かに、そして徐々にするのでほとんど気づかれない。〔中略〕変化を引き起こすのは、改良のふりをした変化への欲望ではなく、改良しようとする意志であるように気をつけておくとよい。そして最後に、新奇なことは拒絶されてはならないが、疑惑の的であるようにするのがよい。(Bacon [1625]1971)[2]

彼によれば、神は常に新たな時間を作り出しているが、その変化は人間には気づかれることがない。そのような変革のあり方こそが理想のinnovationであるが、人間には難しい。そして人間が起こそうとする急激な変化はむしろ害悪となる危険があるので、警戒心をすてない方がよいというのである。このように初期近代においてinnovationは基本的に警戒の的となり、論争的もしくは否定的な意味で用いられることが多かった。それは政治であれ宗教であれ、「既存の秩序を覆す」こと自体が問題視されたからに他ならない。なお、前記では既存の和訳を尊重してinnovationに「大革新」の語をあてたが、既にその表現に肯定的な要素が含まれており、一七世紀前半に共有されていたニュアンスを正確に伝えているとは限らないことをことわっておく。

一七世紀というのは、自然科学が社会の中でも有用なものとはみなされず、国家による支援の必要も認識されていなかった時代である。また、古代を頂点に文明も学問も衰退し、後世の人々は古代人を超えることができないという見方が一般的であった。前述のベーコンは科学や技術に携わる集団のための組織を作り、それを国家が支援するべきであると説いた人物であるが、このような主張は当時としては例外的なものであった。一八世紀半ば以降には工業化の第一段階、すなわち「産業革命」が起きるが、これも自然科学の力を殆ど借りていない。蒸気機関の発展、繊維産業の機械化といった変化は主に職人層の創意工夫によりもたらされたものである。ただし、学者達がその効果や仕組みを後追いで研究することによりはじめて、熱力学など産業に応用可能な科学研究が育つこととなった。

一八世紀末から一九世紀にかけては、科学理論が産業技術に直接のインパクトを与えるようになる時代であるが、この時期から次第に、innovation が肯定的な意味を持つ概念へと転換していく。その端緒の一つは、米国独立戦争やフランス革命など一八世紀末に西洋諸国を襲った政治的変動により、「急激な変化」自体が必ずしも否定的にみられなくなったことがあるだろう。だがそれに加えて、この時期、古代を乗り越えて文明が「進歩」していくという発想が広く共有されるに至ったことは大きい。たとえば一八世紀後半を生きた思想家のコンドルセは、人類が適切に「理性(reason)」を用い、科学を発展させることで人間社会および人間精神そのものを「進歩(progress)」させていくとする進歩思想を展開した。コンドルセ自身は innovation という言葉を用いることはなかったのだが、同時代に出版された各種の文献からは、innovation が「理性」や「進歩」、および「独創性(originality)」などの概念と結びつき、次第に肯定的な意味で用いられるようになっていく様子が窺える。特にそれが主に「発明(invention)」と同等の意味で使われ、医学や化学など自然科学の応用的な分野での独創的な発見を評価する際に用いられる回数は増えたといわれる。ただし、一九世紀を通じて、innovation は肯定的な意味と同じくらい「急激で不都合な変化」という否定的な意味も持ち続けていたのである(Godin 2015, ch. 8, 10)。

「技術革新」とリニアモデル(一九五〇―七〇年代)

innovationがいわゆる「技術革新」の意味を帯びるようになるのは二〇世紀半ばのことである。この時代にはじめて、それはtechnological innovation(技術的なイノベーション)という連語として普及し、次第にinnovation単体が「技術革新」の意味を持つようになった。従来だとinnovationは特別にテクノロジーと結びつけては考えられてこなかったのだが、それが変化したのである。

もちろんその前史はある。二〇世紀初頭から人類学や社会学、歴史学(特に技術史)、経済学などにおいて「技術変革(technological change)」に対する考察が進んでいた。主にその考察対象として取り上げられたのは、工業生産過程に応用されるようになった技術的発明のあり方である。ただしこの段階では、「技術変革」論においてinnovationの語はさほど使われていなかったし、科学的発見に基づく発明や技術の革新がなされる過程自体についての関心も薄かった。「技術変革」論における関心事は、もっぱら、ある所与の発明が工業化における生産手段の機械化をどのように進展させ、生産力や雇用、失業率などを含めた景気動向のあり方をどのように変化させたかを数量的に検証することに集中していたのだ(Godin 2015, pp. 342, 402)。それが一九五〇年代から六〇年代になると、この「技術変革」論を継承しつつも、「変革(change)」の語ではなく、technological innovationという連語の使われる頻度が増大する。そして前述の通り次第に、innovation単独でも技術、それも科学と密接に結びついた「技術革新」を含意する語とみなされるようになってしまうのである。

「技術革新」としてのtechnological innovationを論じる書籍も二〇世紀半ばから増大していった。興味深いのは、その言及例が一九五〇年代であると、しばしば、原子力技術や産業の機械化(オートメーション)といった特定の技術や、それによる経済発展というストーリーを前提としていることである。(3) また、当時の日本のように、近代化の途上とされた国の経済成長における技術革新の役割も関心が持たれたテーマであった。(4)

冒頭で触れたように、日本の行政文書が innovation に「技術革新」の訳語をあてだすのもこの一九五〇年代のことである。特に影響力を持ったのは昭和三一(一九五六)年度版『経済白書』であったようだ。同書は米国の産業界が目先の利潤追求を超えた見通しを持ち工場設備投資を行っていることを論じたあと、次のように述べている。

このような投資活動の原動力となる技術の進歩とは原子力の平和的利用とオートメイションによって代表される技術革新(イノベーション)である。技術の革新によって景気の長期的上昇の趨勢がもたらされるということは、既に歴史的な先例がある。

ここでは原子力の平和的利用、すなわち原子力発電構想と産業の自動機械化が、代表的な「技術革新＝イノベーション」とみなされており、これは先に述べた同時期における英語圏の論調をそのまま輸入している。また同書は、この「技術革新」が歴史的な長期的景気上昇をもたらした過去の事例として、一八世紀末の蒸気機関、一九世紀中頃の鉄道普及、一九世紀末から二〇世紀初頭の電気の普及、および化学工業の発展、自動車や航空機などをあげているが、これも英米の当時の議論を踏まえている。原子力発電と「オートメイション」は、技術による歴史的な発展の次の段階を作り出すものとして位置付けられていたのである。そこにあるのは技術が社会の変化を先導するという、いわゆる技術決定論モデルであり、また、基礎科学と先端技術開発が直線的に捉えられたリニアモデルの発想も窺える。なお、技術史家の星野芳郎は一九五八年に「技術の変革とかいう言葉は、私たち技術史家もしばしばつかうが、「技術革新」という用語はつかったことがない」と述べており、当初は「技術革新」も日本語としては奇妙とみなされていたことがわかる(星野 一九五八、一頁)。

一九六〇年代以降になると、「技術革新」の語は定着したが、その典型例とみなされる技術的対象自体は移り変わりをみせる。たとえば原子力は一九六〇年代末には技術革新の代表とみなされなくなり、昭和四七（一九七二）年度版『科学技術白書』になると環境科学技術やライフサイエンスといった領域が代わりにその代表として指摘されている。その後、同白書では鉄鋼や自動車、半導体といった個別具体的な対象への言及に加え、情報・電子系科学技術、物質・材料系科学技術、そしてライフサイエンスなどが主要な「技術革新」の期待される領域として取り上げられていく（有賀・亀井 二〇一四、三三―三六頁）。

拡がりゆく「イノベーション」の領野と市場化（一九七〇―二〇〇〇年代）

一九五〇年代以降、日本では「技術革新」を意味するものとして普及した innovation 概念であったが、欧米では冷戦体制が動揺をみせる一九七〇年代以降、早くもその定義が変化していく。背景にあったのは、英国のクリストファー・フリーマンなど欧州のネオ・シュンペーター学派の経済学者を中心とする「イノベーション研究（innovation studies）」のアプローチだった。この学派は早い段階からビッグサイエンス型基礎科学や軍産複合体への研究投資の効率性を疑問視して、日本も含めた多様な事例を検証しつつ、国ごとに望ましい科学と技術革新のあり方とを模索していた。その結果フリーマンらは、科学研究の応用や市場化の問題を政策的な関心の中核に据えて、費用対効果の観点から研究開発プロジェクトの評価を行うという方向に政策転換を促すことになる。すなわち、ビッグサイエンスとそれが生む巨大技術による経済の発展というリニアモデル的な発想から完全に離れ、消費者のニーズや社会を意識した研究・技術開発のための政策を重視するようになったのである（Bengt-Åke 2013, ch. 2; 姜 二〇〇八、一六八頁）。

科学技術史研究者ブノワ・ゴダンは、このフリーマンおよびイノベーション研究を歴史的に検証した上で、次の二つの方向性を認めている。それは第一に、イノベーションを商業化と関連づけて論じる傾向を推し進めた。すなわち、フリーマン以降、イノベーションが製品の発明（invention）から市場を通じた普及に至るまでの過程として捉えられるようになったのである。第二に、それは政策的問題としてイノベーションを捉えることを促した。何故なら、フリーマンらの理論では、従来なら科学者に任されていた公的資金による研究開発体制の内容についても、イノベーションの過程に関わるものとして考慮が必要になったからである。また、彼らは企業を発明の受容者としてではなく発明を行う主体として捉えようとしたため、企業の存在を踏まえた研究開発制度設計を行う必要があった。このように、フリーマンらのアプローチはイノベーションを市場経済と政策の問題として捉え直す役割を果たしたのである。

この「イノベーション研究」学派の影響力は大きく、結果として一九世紀末から存在していた人類学や経済学諸分野における他学派の議論は忘却された形となった。たとえば、二〇世紀前半の「技術変革」論では、機械化による失業の問題など、社会的な課題に焦点が当たっていたのだが、そのような関心はイノベーション問題との結びつきを弱めた。また、その過程で遡及的にシュンペーターをあらゆるイノベーションについての研究の「父」としてみなす学術伝統が作りだされたという。そして欧州では、ＯＥＣＤの政策リポートも含めた一九六〇年代から七〇年代の政策的議論において、フリーマンら英国経済学者の議論が多大な影響を与えるようになったのである(Godin 2015, pp. 403-428)。

二〇〇〇年代に入ると、innovation 概念の定義はますます拡がりを見せた。たとえば二〇〇五年にＯＥＣＤが発表した『オスロ・マニュアル』においては、組織的な変化をもたらすものや、マーケティングにおけるイノベーションといった概念が包含されている。並行して民間セクター、とりわけ先進国の中小企業では、二〇〇〇年代以降、「オープン・イノベーション(ＯＩ)」といった概念を掲げ、組織内部もしくは外部の多様なアクターと協働・連携することで新しい発想や価値を追求したり、並行してそれを容易にする組織改革を促したりする態度が目立つようになった。また、同時代的な流れとしては、公的セクターですらも、公共的な制度改革の問題を射程に入れた「社会イノベーション(Social innovation)」の語を掲げる動きがある。⑤

ＯＩと対比されるのは、二〇世紀に主流だったような、自前もしくは系列の企業内研究所に投資して製品開発を行う「閉じた」プロセスであり、ＯＩの提唱者達はその従来的なモデルを「クローズド・イノベーション（ＣＩ）」と呼んでいる。そしてＣＩに対比させる形で、ＯＩにおいては系列を超えた企業間の緩やかな連携や、企業と大学の協働などのいわゆる産学連携がおおいに奨励される（Chesbrough 2003, pp. 21-24）。ＯＩの潮流は、発展著しい先端的科学の追求が困難になった私企業と、公的な研究資金により行われた大学での研究成果が市場で活用されることを求めた政府の意図とが折り合う形で生じたといえる⑹。

産学連携に際し、イノベーションの現場と学問諸分野の関わりにも変化が見られる。理工系のみならず人文社会系や芸術・デザインの分野まで含めた領域が、分野横断的にイノベーションのプロセスに関わることが求められるようになりつつあるのだ。事実、前述のＯＩが実践される組織においては、サービス業と製造業の垣根を越えた協働、デジタル化、製品やサービスの個人化などが起きるため、特定分野の深い専門知を必要とした従来的な大量生産の巨大製造業や、そのための設備とは異なるノウハウが求められる。すなわち、様々な領域の知識を適切に駆使しながらターゲットとなる顧客層のライフスタイルや価値観、およびニーズの多様性をつかむことが鍵とされるので、浅くとも多種多様な諸分野との連携が求められるのである（Ramirez-Portilla 2016）。

政策的な次元でも、イノベーション創出のために多分野を横断するような知見が求められている。たとえば欧州は、変化する社会に対応した新しい知識や社会的・技術的問題解決の手段を生み出すために必要なものとして人文社会科学を捉え、科学技術およびイノベーション政策である「ホライズン二〇二〇」の中に位置付けている。それと並行して、「責任ある研究とイノベーション（ＲＲＩ：Responsible Research and Innovation）」の取り組みのように、社会的な視点から科学とイノベーションを統御し、持続可能で包摂的なあり方を追求することも重要な課題とみなされている。イノベーションの創出と統御の双方において人文社会科学との関わりが前提とされていることがわかる（European

Commission 2015)。

このように、二〇世紀末以降、innovationという語の定義と用法は変容を遂げた。そのため、先に言及したように、翻訳を介して同概念を受容することになる日本語の世界もその変化と無関係ではいられなかった。たとえば『科学技術白書』においては、平成一四(二〇〇二)年度版から「技術革新」と「イノベーション」は同じ意味ではないとして使い分けが始まっている。そして平成二〇(二〇〇八)年度版になると「広く社会のシステムや制度をも含めて新たな価値を生み出し、社会的に大きな変化を起こす」ことを「イノベーション」であると定義しているのである(有賀・亀井 二〇一四、三八頁)。

ただし、歴史を通じて変わっていない要素もある。第一に、innovationは常に不連続的で唐突な変化を意味していた。第二に、それは突然の変化に伴い引き起こされる何らかの強い感情を扱っていた。その感情のあり方が否定的な方向に振れていたのが初期近代であったとすれば、二〇世紀以降は一貫して熱狂的ともいえるほどの肯定的な感情と結びついている。そして冷戦の終了を受けた二一世紀の現代社会では、更にイノベーションの領野が拡がりをみせた。そこでイノベーションはもはや、「魔法の杖」のようにあらゆる分野と関わり成果をもたらすことを待望される何かに変貌しているのである。

二 「イノベーション」と多分野協働の現在

際限なく語義が拡大し続け、ますます理解が困難になるinnovation概念であるが、よくも悪くもそれが魔法のように人々を魅了し、多様な領域の知を巻き込んでいく新しい局面について、もう少し具体的に記述してみたい。先述したとおり、二一世紀においては理工系と人文社会科学も含めた多分野協働型の「イノベーション」が掲げられ、一つの特徴となっている。だが、これは欧米でも主に二〇〇〇年代後半に顕著となった動きであるため、一般的にはまだ充分に認知されていないことも多い。

そこで以下では、いささか恣意的にはなるが、二一世紀、とりわけ二〇一〇年代に入ってから、イノベーションが人文社会科学系とも関わる形で展開され、注目されている典型的事例を扱うことにする。その一つは「デザイン思考(design thinking)」の方法論およびその教育活動の展開であり、もう一つは「ジェンダー分析的視点を取り入れたイノベーション」の事例である。

「デザイン思考」にみるイノベーションと多分野協働

「デザイン思考」は工学系の研究開発領域と商業セクターを軸としつつ、イノベーションプロセスに多種多様な分野を巻き込もうとするアプローチであり、前述のＯＩに親和的な方法論の一つとして知られる。もとはAppleやＩＢＭ、Googleなど先端的技術を扱う多国籍企業で採用されたことで知られ、ビジネス・スクールなどを中心に複数の教育プログラムが展開していた。そして二〇〇〇年代後半以降になると、欧州や日本をはじめとする諸国の産学連携奨励政策において強く意識されるようになった。特に有名なのは米スタンフォード大学のd. school(正式名はHasso Plattner Institute of Design)などの取り組みである(岡他 二〇〇九)(7)。

この「デザイン思考」は、従来的なディシプリン別のシステムエンジニアリングの発想に対し、客観よりも主観を重視した視点や、分析的であるよりは総合的な議論、そして創造性に不可欠なディシプリンの枠を超えた発想といった要素を付け加えようとするものである。関わる人の属性、得意分野の多様性が大きいほど、相互のコミュニケーションは一般的に困難となるが、その困難を乗り越えるための手法を提供することで対話が促進され、旧来にない飛び抜けた発想が生まれる。それが「デザイン思考」を提唱する側の基本的な主張である。ゆえにその方法論においては、専門領域ならびに年齢、性別、文化、国籍も多様な集団を集めたチームビルディングを実現し、かつ多様なエンドユーザーとのやりとりを円滑にするために、アート・デザイン分野との協働が重視される。また、統計や心理学、行動経済学に加え、文化人類学などの知見も適宜用いられる。

その方法実践の詳細な紹介はここでは控えるが、典型的な取り組みは次の通りである。まず「デザイン思考」分野に一定程度通じたファシリテーターが養成される。彼女もしくは彼は、多様なメンバーから成る構成員をチームにして対話させ、ワークショップを通じて新規な発想を導くことを使命とする。その際にまず重視されるのは、チーム構成員のジェンダーバランスや、学歴や年齢、分野のばらつきなどであるが、ワークショップの目的によっては特定地域の住民など制限条件を設けることもある（たとえば「まちづくり」など）。次に重要なのは対話を促進する雰囲気作りである。ファシリテーターはそのために様々な視覚的工夫や小道具（付箋、ホワイトボードから笑いを誘うガジェットに至るまで）を用いたり、作業スケジュールや会場の空間配置を緻密に調整したりするが、一番重要なのは、適宜対話の中に入り、解釈や概念整理を助けることである。

デザイン思考の手法で特徴的なのは、対話への細やかな配慮に加えて、「どのような問いや解決法があるか」を考えるに際し、それぞれ「発散（できる限り発想を広げる）」と「収束（多様な考えをまとめていく）」という二つのフェーズが強く意識されることである。そして得られた解決法や試作品はフィールド（たとえば路上など）で試し、そのフィードバックからまた最初の「問い」を考え直すといった循環的な作業の繰り返しが重視される（Meinel et al. 2011, pp. 24-25; 前野 二〇一四、八―二〇頁）[8]。

このように人文社会科学系の知見も含めた学際性がみられる「デザイン思考」であるが、d.school 関係者が「エンジニアと科学者をイノベーターにする」（Meinel et al. 2011, p. 5）ことを目標として掲げていることからもわかるように、基本的にそれが理工系分野を重視しているのも事実である。「デザイン思考」の教育プログラムが理想とするのは、研究の現場とアントレプレナーシップ（起業家精神）を隣接的に捉えられる状況の実現であり、そのために科学・技術研究開発の早い段階から、多様な分野・属性の人々と活発に相互対話を行えるような理工系人材の育成が目指されている。

理工系の教育・研究の現場で「デザイン」のキーワードが可視性を高めていることは、今日の科学研究・技術開発の現場に働く力学のあり方を理解する上で示唆的でもある。英語の design には「あるものがどのように作動し、またはどのような姿をとったり、使われたりするかを設計するプロセス」の意味があり、とりわけ学術的な文脈では「システム」や「プロセス」の設計に関わる語である。そして、「デザイン思考」が典型的に力を発揮するとされるのは、特定の属性や文化（たとえば男性、ヨーロッパ系など）を持つ専門家集団に、他の属性や文化を持つ人々と協働させて、自らが囚われていた思考プロセスから外に出ることを促すといった場面である。すなわち、その場合の「デザイン思考」はまさに研究開発が行われる場とそのプロセスを設計しようとするものであり、ファシリテーターは異なるタイプの人々から成る構成員達の対話が円滑に進むよう、精緻な設計と下準備を行う。そしてこのファシリテーターは外部から来た「デザイン思考」の専門家の可能性もあるが、特定の研究者が自分の所属する研究室のためにファシリテーターとして育成され、他の構成員に刺激を与えたり、学生を教育する任にあたったりする場合もある。

科学研究とイノベーションが接する領域で、「デザイン」の問題が意識されるというのは、従来的な専門教育が前提としてきた理工系の研究者像に別の要素を付加することでもある。「デザイン思考」の習熟者に典型的であるように、そこで求められるのは単なる学際性ではない。問われているのはいわば、ファシリテーターとして、ある種の環境をまるごと設計し、そこに人々を包摂して強制力を用いずに管理する能力である。そこで彼女もしくは彼が行う作業は、人々が知識を作り出すための環境とそのプロセス自体を、物質的側面、理念的側面、人材の配置に至るまで設計・構築することである。そしてそれは、時と場合によっては、特定専門領域による研究テーマ設定のため、知識生産に先立って行われるものともなりうるのである。

従って、これまでの記述を踏まえるなら、二一世紀的な「イノベーション」の現場では、主に理工系研究者と企業関係者が上述の意味での「デザイン」の能力を獲得し、諸領域の専門家や一般市民、他の企業関係者を束ねて協働する、といった構図が理想とされていることになる。もちろんその「協働」は水平的な関係で、強制や上下関係は存在しないのが前提である。だが、ファシリテーターには、環境の設計を通じて全体を導くことが求められているのも事実なのだ。このような状況に、「ファシリテーターになりうる者＝設計者」と「なりえない者」を分断する一種の新しい格差問題の発生を予感することもできるだろう。一方で、「ファシリテーター」には潜在的に誰でもなりうる。ゆえに、むしろそれは民主的で、専門家支配では得られないような、集合知の発揮を促す手法と捉えることもできるかもしれない。いずれの論点も今後検討が必要と思われる。

「ジェンダー分析的視点を取り入れたイノベーション」と社会的目標

次に紹介するのは「ジェンダー分析的視点を取り入れたイノベーション(GI：Gendered innovations)」の事例である。GIはスタンフォード大学の研究者と、イノベーション参画へのジェンダー平等を掲げる欧州の政策とが交錯するところで展開している(9)。

GIの目標は人文社会科学系で多く用いられてきたジェンダー分析の手法を「創造性、新しいアイデア、新しいサービスと新しいテクノロジーを刺激するため、そしてそれにより世界中の女性と男性の人生をよりよくするため」に、「科学、医療、エンジニアリング、環境」の領域で用いることにある。もとはd. schoolのあるスタンフォード大学で、科学史家ロンダ・シービンガーなどを中心とするグループが二〇〇〇年代から提唱し、ワークショップなどを通じて実践を促していたのだが、二〇一一年になると欧州委員会(European Commission)のプロジェクトとなった。そしてシービンガーを含め北米および欧州から六〇名が専門家部会「ジェンダーを通じたイノベーション(Innovation Through Gender)」として報告書を作成し、「ホライズン二〇二〇」の枠組みでも継続課題となっている(Schiebinger & Schraudner 2011, pp. 155, 158; European Commission 2013, p. 41)。また、ワークショップや教育プログラムにおける d. school との連携も見られる(ＵＲＬ①)。

性差(difference of sex)とは、妊娠出産の身体機能や性染色体といった生物学的な性(sex)の違いの問題と、性別分業や「男らしさ」「女らしさ」など、いわゆる文化的、社会的な性であるジェンダー(gender)概念が絡む複雑な問題である。そのため、これまで「性」の問題については自然科学が、「ジェンダー」の問題については人文社会科学が扱う傾向が強かったのだが、ＧＩはその分離状態の解消を目指している。ＧＩの取り組みがなされる領域も人社・理工を超えて分野横断的であり、基礎科学、情報科学、工学および技術開発、環境、食品栄養、医療衛生、交通など多岐にわたっている(European Commission 2013, p. 11)。

シービンガーらによれば、ＧＩは一九八〇年代から本格化した研究開発の場でのジェンダー不平等是正を目指す取り組みの延長線上にある。ただ、従来の取り組みが既存の研究開発やイノベーションの現場(先進国の男性に多く占められている)への女性の参加を促すことや、そのために必要とされる施策(たとえば育児休業や労働時間のあり方など)を行うことにあるとすれば、ＧＩにおいて目指されているのは更にその先を行くことである。すなわち、ジェンダー分析の視点から「科学とは、イノベーションとはそもそもどうあるべきか」という問いを研究・開発の現場にぶつけて、従来的な価値観からは思いつかないような研究テーマや、新しい課題の発掘を導こうとしているのである(Schiebinger & Schraudner 2011, pp. 155–158; Schiebinger 2014, pp. 2–5)。

シービンガーらがＧＩの実践例として取り上げている具体的な取り組みは多岐にわたるが、大まかには次の二つのアプローチがとられている[10]。第一に、基礎科学研究から応用研究、技術開発、イノベーションのプロセスに至るまで無意識のうちに男性の身体が規範として捉えられてきた伝統を見直すこと。この伝統においては女性の身体がしばしば規範からの逸脱として捉えられてきたため、男性身体を用いたモデルが肉体的な性差の問題を無視して過度に一般化されてきたのである。たとえばつい近年まで、医薬品の治験から車のシートベルトなどに至るまで平均的な男性の身体が基準とされ、女性の健康や生命を損ないかねない状況が残されていた。これに対しＧＩ的取り組みとして女性や妊婦、子どもなど、多様なモデルを加えることがなされた。また、基礎科学の領域では、ＥＳ細胞、ｉＰＳ細胞などの幹細胞研究において基本的に細胞の染色体レベルの性は無視されてきたが、近年、その点を見直した実験デザインが採用されはじめている。

第二のアプローチは、家庭での役割や社会経済的な立場などの文化的な要因によるジェンダー差が、生まれつきの性差と混同されたり、もしくは性差が充分なエビデンスや資料なしに過剰に主張されたりしないようつとめることである。第一のアプローチがいわば「性差を無視すること」の問題であったとすれば、第二のそれは「性差を強調しすぎること」の問題である。一見相反する主張が行われているようにみえるかもしれないが、これは従来の視点が、女性身体に「男性身体モデル」を押しつけて性差のある部分を過度に無視する一方で、それとは別の差異が根拠なく強調されていたということに由来する。古典的に有名なのは男女の知性や嗜好の違いを強調することであろう。たとえば、そのような先入観によりゲームや情報機器開発は「男性向け」のものとみなされてしまっている。しかしＧＩではその種の思い込みを排することで、情報機器やゲーム開発のための新しい市場を開拓する可能性が示唆されている。

この二点を踏まえたアプローチにおいては、従来的な科学研究のディシプリン分業の面のみならず、研究の目標設定や意義付けという面においても、従来にはない変化が生じている例がみられる。その具体例として、途上国女性のための抗ＨＩＶ薬研究開発の例を紹介したい。同事例では応用研究における目標設定を変えることで、女性研究者の活躍と、途上国の女性が使用しやすいＨＩＶ感染予防薬開発という二重の社会的課題に一定の成功を収めている。

開発の主体となったのはカリフォルニア大学のＡ・スゼリという研究者のチームである。彼らは、ＨＩＶ感染者比率が高いサハラ砂漠以南アフリカ地域の女性のＨＩＶ感染を防ぐような医薬品の開発を行った。扱う地域の特性ゆえ、課題は必然的に人文社会科学、自然科学・技術をまたいだ複合的なものとなった。まず、同地域では女性が男性に対して従属的な地位にあり、性交渉における発言権が非常に低いという社会的背景があった。また、発展途上国であるため各個人にとって高額な医薬品の入手が限られているという問題があった。男性側の拒否にあいやすいコンドームや、高価になりやすい女性向けコンドームなどの手段を用いての感染防止が現実的でなかったのである。そこでスゼリらのチームは、現地女性が置かれたこの困難な状況下で、パートナーの妨害を受けずに効果的にＨＩＶ感染を防ぐことを可能とする手段を探求した。

ところで彼のラボは、もともと応用物性物理学を専門としていたが、この事例に取り組む前に、扱う研究プロジェクトの優先目標を生物・医療工学領域にシフトさせていた。それにより、医療器具や治療を評価するために使用可能な数量的モデルを作ることのできるチームとなっていたのである。以前はモノを対象に数理モデルを扱っていたのが、人や生物を対象とする数理モデル開発に方向転換していたというわけだ。そのため彼らはこの難題を、抗ＨＩＶ薬を用いるための膣内挿入ジェル開発という応用物性工学的問題として解決することができた。彼らがそれまで有していた物性物理の応用問題解決手法を用いれば、薬剤を含んで効果的に膣内を覆い、本人が起立しても重力で剝がれ落ちないような溶剤の開発が可能だったのである。そして、工学分野にはもともと女性の参加が少ないことで知られるにもかかわらず、この事例においては女性研究者・技術者の活躍が多く見られたという。すなわち、雇用や昇進の性差別廃止といった従来的なジェンダー平等施策では達成できないレベルで女性の関与が認められたのである。

スゼリらの事例を「テーマを女性寄りにしたから女性が増えた」と理解するのではＧＩの本義を理解できていないことになる。そうではなく、そもそもあるプロジェクトに女性の参加が少ない理由は、それが「男性的」文化に深く埋め込まれすぎているからと捉える視点が必要となるのだ。そしてイノベーションという観点からすれば、ある研究テーマやそれを担うチームが「男性的」文化に浸かりすぎている状況は、ある種の視点の欠落、想定外な新しい発想をもたらすには不利な条件の存在を意味する。もちろん、男女の別だけが問題なわけではない。性別よりも「東洋系、中流階級」など特定の属性が問題となる場合もあるだろう。また、想定外の発想を求めるにあたり、異性愛者の男女ばかりをチーム構成員として想定するのも問題かも知れない。事実、シービンガーらのＧＩに対しては、それがまだ男女二元論的な視点に留まっていること、そしていずれは性的少数者の存在も前提とした視点を取り込んでいく必要があるとの主張がなされている(Bloom 2013, p. 125)。

おわりに――イノベーションと加速する社会

innovation 概念は、科学がその有用性を認知されるようになった一八―一九世紀頃から肯定的な意味を持ちはじめ、二〇世紀半ばには「技術革新」としての意味に変化した。その時、科学は原子力やその応用的な諸分野という、当時の先端的であった科学の専門知識を背景に、「上から」技術革新を率いるものとして、その有用性を自明視されていた。しかし二〇世紀末以降、英語圏でも日本語圏でも innovation はその意味を変貌させ、そこで市場の動向や組織のマネジメントなどが強く意識されるようになった。結果として二〇〇〇年代以降の「イノベーション」は以前に比べ、科学の動向からの自律性を高めた概念となっている。それは科学の理論発展をどのように応用や技術に結びつけるかというリニアな発想から離れ、どれだけ幅広い分野やセクターと連携し、多様な人々の視点を組み込んでいけるかという、「つながり」や「拡がり」の競争を伴う概念と化した。その結果、「技術革新」において前提とされていた、科学的知識と技術の「作り手」と一般人である「受け手」の間の分断は、今日の「イノベーション」においては昔より曖昧になっている。その意味ではイノベーション自体が、間違いなく、かつてよりは民主的なものになったといえる。

ただし、科学はかつてのような聖域ではなくなったが、イノベーションにおいて科学の重要性が低下したわけでもない。たとえばＯＩやそのアプローチの一つであるデザイン思考においても、イノベーションの中核として念頭に置かれているのは理工系の研究開発である。その上で、基礎研究も含めた理工系研究の現場とアントレプレナーシップを近づけることや、必要に応じた人文社会科学の巻き込みなどが推奨されているのである。

多様なセクター、分野の巻き込みに伴い、イノベーションは異質な価値観がせめぎ合う領域とも化した。そこにおいては、一方で多様性や社会的包摂、持続可能性など本来なら非常に長期的な視野を要する理念が、他方からは新しいサービスや製品の開発を通じた市場競争という短期的な課題が突きつけられている。理工系研究者の側からみれば、それは競争の複雑化を意味する。短期的な市場での受容と社会のニーズの双方を踏まえて、研究プロジェクトの方向性や、人材配置のあり方を転換するような行動力が以前よりも期待されるようになったからである。たとえば前述のＧＩにおいて、スゼリらは応用物理学から生物・医療工学に研究領域を移し、人文社会科学系研究者と協力しながら、アフリカ地域における女性のＨＩＶ感染問題に取り組んだ。その様子は、さながら知の総力戦といった様相すら呈している。

科学・技術を中心に、あらゆる領域の専門知を駆使して多様なアクターが協働する環境を作り出し、そこでの創造性を制御すること。そして知の総力戦において速度を保つこと。先進諸国で、このような戦いを前提とした「科学技術とイノベーション政策」に巨額の資金が投じられる時代に我々は生きている。それは幾つかの条件さえ揃えば、斬新で、民主的で、効果的な問題解決の手段を社会に与えるものであろう。だが、果たしてあらゆる社会、あらゆる問題にとってそれは有効なのかという問いは、まだ残されている。

事実、このような状況に危うさを感じ、警鐘を鳴らす人々もいる。前述のゴダンは、英語の innovation 概念においてその意味が際限なく拡大し、結果として「イノベーションがあらゆる社会経済的問題の万能薬とされてしまった」ことを問題視している。彼によれば、イノベーションが社会貢献などの文脈で言及される場合、過度にユートピア的な言説に傾き、現実の社会問題に長期的に取り組む姿勢からかけ離れがちな傾向があるという(Godin 2015, p. 437)。

また、社会全体が被る影響という観点にたてば、あらゆる領域でイノベーションを推し進めようとする姿勢自体の倫理性を問うこともできる。ドイツの社会学者・哲学者のハートムート・ローザは科学と技術、そしてイノベーションが引き起こす変化の速度を問題視し、社会における摩擦を減らすためにも、変化を「減速」させる取り組みの必要性を主張している。彼によれば、近代化のプロセスの重要な要素に、情報の伝達速度、文化が変化する速度、そして技術の変化する速度などの「加速化」があったが、二〇世紀末以降、その加速化がある閾値を超え、変化の加速を望む人と望まない人、推進する人と取り残される人との分断が生まれ、価値観の衝突や、格差の問題を助長しているという。彼がとりわけ問題視するのは、たとえば科学・技術によるイノベーションが、民主主義の意思決定速度を超えた形で社会の変化を促進してしまうような状況である(Rosa 2015, pp. 84, 471; Girel 2015)。

前述したように、innovation の語には一貫して「不連続な変化」という意味があった。従って、イノベーションを促進する政策とは、意図して社会に絶え間ない変化を求める政策ということになる。変化を完全に否定はしないまでも、その行く末に対して過度な楽観視も危ういだろう。どの程度の変化が私たちの社会にとって望ましいものであるのか、同時に考えていく必要はないだろうか。絶え間ない変化があるならば、絶え間ない思考もまた求められている。

＊ 本章の執筆にあたり、三重大学名誉教授小川眞里子氏および名古屋大学教授長尾伸一氏に有益な助言を頂いた(肩書きは当

時)。

＊　本章は文部科学省科学研究費補助金基盤研究（C）「日本およびフランスの高等教育改革に関する比較研究」(課題番号26381129)による研究成果の一部である。

注

（1）ただしリニアモデルに適合的な例が消滅したわけではない(佐野 二〇一五)。
（2）訳書(渡辺 一九八三、一一二―一一三頁)を参照しつつ本文の趣旨に即して適宜改訳している。
（3）Google Ngram を用いた調査による。
（4）たとえば Baranson 1960, p. 154。近年の研究によれば、アメリカは日本を「資本主義の学校」と位置付け、当時まだ発展途上国であった日本が共産化するのを阻止するべく、経済成長のための支援やＧＥなど民間企業を介しての原子力発電技術供与を行ったという(土屋 二〇一三、七一頁)。
（5）ゴダンによれば、「社会イノベーション」という用語法自体は二〇世紀初頭に一時期、社会革命の意味で用いられていたらしいのだが、二一世紀のそれは違う文脈で出現している。
（6）ただし、日本ではＣＩのモデルに依然として親和性が高い企業が多く、欧州ほどＯＩが採用されていないとの評価もある(真鍋・安本 二〇一〇)。
（7）欧州のイノベーション政策との関わりについてはたとえば Cox & Rigby 2013, ch. 12。
（8）この箇所を記述するにあたり参考となったのは各参照文献に加え、二〇一三年度に文部科学省の大学等シーズ・ニーズ創出強化支援事業を通じ、自らがＷＳを企画したことが大きい。特に講師である慶應義塾大学の石橋金徳助教には行動実践面で多くの助言を頂いた。また、広島大学ＵＲＡの大西憲幸氏および同大学の宮本雅臣氏にはＷＳ設計の面で多大な助力を頂いた(いずれも肩書きは当時)。
（9）日本語の文献での紹介は二〇一六年現在、医学系の一部の専門論文を除き、殆ど見当たらない状況である。ＧＩという略称の使用および「ジェンダー分析的視点を取り入れたイノベーション」という日本語表記については、翻訳者・お茶の水女子大学非常勤講師の高橋さきの氏に助言を頂いた。
（10）以下は主に European Commission 2013 を参考にしているが、適宜 Schiebinger 2014 も用いている。

参照文献

有賀暢迪・亀井修 二〇一四、「科学技術白書に見る「技術革新」の意味合いの変遷」*Bulletin of the National Museum of Nature and Science*, Series E, vol. 37.

岡瑞起・田村大・堀井秀之 二〇〇九、「解説 デザイン思考に基づいたイノベーション教育——北米の最新動向」『情報処理』Vol. 50, No. 12.

佐野正博 二〇一五、「イノベーション概念の歴史的＝理論的整理」『学術の動向』第二〇巻第一一号。

姜娟 二〇〇八、「「イノベーション政策」の概念変化に関する考察」『研究 技術 計画』Vol. 23, No. 3.

土屋由香 二〇一三、「アイゼンハワー政権期におけるアメリカ民間企業の原子力発電事業への参入」加藤哲郎・井川充雄編『原子力と冷戦 日本とアジアの原発導入』花伝社。

内閣府『経済白書』一九五六年度版。

星野芳郎 一九五八、『技術革新』岩波新書。

前野隆司編著 二〇一四、『システム×デザイン思考で世界を変える』日経ＢＰ社。

真鍋誠司・安本雅典 二〇一〇、「オープン・イノベーションの諸相」『研究 技術 計画』Vol. 25, No. 1.

Bacon, Francis [1625] 1971, "Of Innovation," *The Essays*, Reprint of the 1625 ed. Published by H. Barret and R.Whittaker, Scholar Press.（『ベーコン随想集』渡辺義雄訳、岩波文庫、一九八三年）

Baranson, Jack 1960, "National Programs for Science and Technology in the Underdeveloped Areas," *Bulletin of the Atomic Scientists*, Vol. XVI, No. 5.

Bengt-Åke, Lundvall 2013, "Innovation Studies: A Personal Interpretation of 'The State of the Art'," *Innovation Studies: Evolution & Future Challenges*, J. Fagerbert, G. R. Maratin, and E. S. Andersen eds., Oxford University Press.

Bloom, Kimberly 2013, "Review of a Gendered Innovation: Can a Website Sell the Benefits of Sex & Gender to Scientists?," *Women's Health and Urban Life*, Vol. 12(1).

Chesbrough, H. 2003, *Open innovation: The new imperative for creating and profiting from technology*, Harvard Business Press.

Cox, D. and Rigby, J. ed. 2013, *Innovation Policy Challenges for the 21st Century*, Routledge.

European Commission 2013, *Gendered Innovations: How Gender Analysis Contribute to Research*, Publications Office of the

European Union.
European Commission 2015, *Integration of Social Sciences and Humanities in Horizon 2020: Participants, Budget and Disciplines*, Publications Office of the European Union.
Girel, Mathias 2015, "Progrès et méliorisme: l'enquête et les publics," *Raison Présente*, no. 194.
Godin, Benoît 2015, *Innovation Contested: The Idea of Innovation Over the Centuries*, Routledge.
Meinel, C., Leifer, L. Larry, and Platter, H. 2011, *Design Thinking: Understand-Improve-Apply*, Springer.
Ramirez-Portilla, Andres 2016, *The Unexpected Implications of Opening Up Innovation: A Multi-Perspective Study of the Role of Open Innovation Practices in Mature Industries*, Doctoral Thesis, KTH Royal Institute of Technology and Politecnico di Milano.
Rosa, Hartmut 2015, *Social Acceleration: A New Theory of Modernity*, Columbia University Press.
Schiebinger, L. and Schraudner, M. 2011, "Interdisciplinary Approaches to Achieving Gendered Innovations in Science, Medicine, and Engineering," *Interdisciplinary Science Review*, Vol. 36, No. 2, June.
Schiebinger, Londa 2014, "Gendered innovations: harnessing the creative power of sex and gender analysis to discover new ideas and develop new technologies," *Triple Helix*, 1: 9.

ＵＲＬ（最終閲覧日二〇一六年一一月二五日）

① http://genderedinnovations.stanford.edu/innovations-in-design/about.html

Ⅱ　科学／技術をめぐる諸課題

4　ポスト冷戦期日本の科学技術政策

綾部広則

はじめに

ポスト冷戦という表現は誤解を招きかねない表現である。あたかも冷戦の終結を境に科学技術政策が一変したかのような印象を与えるからである。確かに一九八九年のベルリンの壁崩壊、九〇年の東西ドイツ統一、九一年のソ連の崩壊といった一連の事態を契機に大規模な軍民転換が起こったことをみれば、冷戦の終結を契機に科学技術政策が大きな変化を余儀なくされたことは間違いない。

しかしもう少し視野を拡大してみれば——つまり科学技術政策を科学技術と社会という関係を含めてみれば(1)——変化の起点は一九六〇年代末に遡ることができる。アポロ計画の成功によりソ連とのミサイルギャップを克服した米国では安全保障という国際政治的課題が後退し、代わって国内問題に人々の関心が集まった。また相次ぐ戦争へのコミットにより科学者や技術者のあいだでも科学技術が人々の幸福に貢献するよりかは、むしろ不幸に加担しているのではないかと考えられるようになった。日本でも公害反対運動など人々の異議申し立て活動が活発化するとともに、科学技術文明に対する見直しの気運が高まった。こうして誰の、何のための科学技術かが厳しく問われるようになった。それにより、それまでのように単に科学技術を振興しさえすればバラ色の未来が開けるといった素朴な考え方は後退し、科学技術政策においても科学技術の社会的影響力を考えることが必要不可欠だと考えられるようになった。

このように科学技術政策を科学技術と社会という広い文脈で考えれば、その転換点は一九六〇年代末から七〇年代に求めることができる。したがって、一九九〇年前後の冷戦の終結を境に科学技術政策が初めて変わったかのような印象を与えるポスト冷戦という表現はミスリードとなるきらいがある。

とはいえそれらはもっぱら思想的な面での変化であり、それが直ちに現実の政策を大きく変えたわけではなかった。こうした状況に変化が現れ始めるのは、ポスト冷戦期に入る頃からである。この頃になると科学技術の社会的影響力を意識した科学技術政策が模索されるようになった。ただし、そこで意識された社会的影響力とは、経済社会への影響力であった。つまり科学技術をテコに経済社会をいかに活性化するかという観点で科学技術の社会的影響力が考えられるようになったのである。こうなるのも無理からぬことである。なぜならこの時期には、冷戦のくびきから解き放たれた欧米先進国が日本の独壇場であった民生技術分野に本格的に参入し始め、民生分野における国際競争が激化したからである。「失われた〇〇年」と呼ばれるほど日本の経済成長が低迷したこともある。こうして日本では科学技術が経済社会の活性化の切り札とみなされ、それに資する科学技術のあり方が模索されるようになった。一九九〇年代は大学や研究機関などの知識生産拠点へのヒト・モノ・カネの量的投資拡大政策がとられたが、しかしそれで不十分とみるや、二〇〇〇年に入る頃から知識生産拠点に対して改革という名のメスが入れられるようになった。

ではこうしたポスト冷戦期の科学技術政策は科学技術にどのような影響を及ぼしつつあるのか。以下、まずはその様子を素描することから始めたい。

一　冷戦時代の科学技術政策

冷戦型科学技術体制の誕生

周知のように一九四五年八月に日本が終戦を迎えて早くも半年後の四六年三月にはウィンストン・チャーチル前英国首相による鉄のカーテン演説、翌年三月にはトルーマン・ドクトリンが表明されるなど、第二次世界大戦の終結からさして時を経ずして冷戦が深化した。それにともない東西両陣営とも巨額の研究開発投資を軍事関連分野に振り向けていった。なかでも一九五七年一〇月のソ連による人工衛星スプートニク1号の打ち上げは米国に大きな衝撃を与えた。これが契機となって米国では、アポロ計画の立ち上げにつながった。そして一九六九年に人類初の月面着陸を成功させるまで、多額の研究開発費——六〇年から七三年までのトータルで約二〇〇億ドル（URL②）——がつぎ込まれ、米国の全研究開発投資総額に占める官民の負担割合は官が優勢の状態となった（ちなみに現在の官民負担割合はおよそ二対八である）。こうした冷戦によって駆動された科学技術体制のことを本章では冷戦型科学技術体制と呼ぶ。

ところが、米国でアポロ計画が成功裏に終わった一九七〇年頃から冷戦型科学技術体制には変化が現れ始めた。[2]そうなった背景として、まず国際的には、米ソ間での雪解けムード（デタント）が進展したことがあげられる。一九七二年にはニクソン米大統領がソ連を訪問しブレジネフ書記長と会談を行い、戦略兵器制限交渉（SALT Ⅰ）がまとまった。デタントによって冷戦構造が即座に崩壊したわけではなかったが、両国間での緊張緩和が一定程度進んだことは冷戦型科学技術体制を弱体化させる大きな要因となった。

冷戦型科学技術体制がぐらついたもう一つの理由は、反戦運動が盛り上がったことであった。アポロ計画やベトナム戦争など相次ぐ戦争へのコミットにより、大学や研究機関の財政は潤い、マサチューセッツ工科大学やスタンフォード大学といったいわゆる研究大学は、それぞれ東海岸の国防総省(Pentagon East)、西海岸の国防総省(Pentagon West)(Leslie 1993, pp. 235-249)と揶揄されるまでに成長したものの、一方で、それに対する批判も高まりをみせた。こうして大学で軍事関連の研究を大っぴらに行うことは困難となり、産官学複合体の一角をなす学セクターが離脱を余儀なくされた。

ところが多額の国防費に依存していた米国の研究大学ではその不足分を補わなければ立ち行かない(3)。こうして産官学複合体から離脱した大学は、外部資金獲得のために産業界との連携を深めることになった(4)。一方、それまでリニアモデル的な発想から中央研究所をつくって基礎研究から一貫して研究開発を行っていた産業界も、財政的余裕がなくなったため大学との連携を深めた。米国で産学連携が一九八〇年代初頭から始まった背景にはこうした産学の利害が一致する状況があった。

しかしながら産業界のなかでも軍需産業は、産官学複合体から離脱することは困難であり、アポロ計画終了後は、むしろその腐敗が目立つようになってきた。ハイテク製品は性能の向上につれて価格が低下するが、ハイテク兵器は価格が上昇する傾向が強まり、二〇四〇年には米国は年間に戦闘機を一機しか買えなくなるという試算さえ現れた。

こうしたことになったのは、軍需産業に対する手厚い政府の保護策があったからである。そうした保護策が誕生する背景には、一九三〇年代の軍需産業批判の高まりがあった。たとえば一九三四年から始まった軍需産業特別調査委員会(通称ナイ委員会)では、第一次世界大戦中に軍需産業が暴利を貪ったことに対するかなり急進的な批判がなされ、軍需産業は「死の商人」として批難された。こうした国内での根強い批判によって第二次世界大戦前夜まで、米国の軍需産業は積極的に政府に軍事協力を行うことがはばかられる状況が続いた。一方、政府にしてみれば、第二次世界大戦の足音が近づく状況では、軍需産業からの協力は不可欠である。ところが軍需産業は国内の批判もあって二の足を踏んでいる。そうであるならば、軍需産業にとって有利な体制を敷いてはどうか。こうしてコストプラス方式、交渉による契約授受、ＧＯＣＯ(Government Owned, Contractor Operated) 方式など産業界に有利な体制がつくられたのである。しかもこうした体制がつくられたのが、真珠湾攻撃の前夜だったことも幸いした。仮に米国が参戦した後であれば、危機的事態ということで強制的な協力体制となったかもしれない。

こうした体制は第二次世界大戦終了とともに一旦、その役目を終えたものの、冷戦が深まるとともに再び復活を遂げることとなった。第二次世界大戦中に開発されたジェットエンジンやコンピュータなどは民生市場における潜在的需要はあったものの、製品化までにはまだ大きな投資リスクがあったからである。したがって産業界としては、政府支援は好都合であった。一方、政府としても冷戦を乗り切るためには産業界の協力は欠かせない。こうして産官の利害がかみ合い、戦前につくられたシステムが復活することになったのである。

ところがこれらの方策は冷戦の緊張感があった時代には有効に機能したとしても、それが緩むとむしろ悪く作用するようになる。それがアポロ計画の成功によってソ連とのミサイルギャップを克服した一九七〇年代に表面化したのであった。そして一九八〇年代半ばには財政赤字に加えて軍需産業の腐敗が米国の最重要課題の一つとしてみなされるまでとなった。しかしまだ冷戦構造は崩壊に至っていなかったため、改革が本格的に始まるのは、一九九〇年代、すなわち冷戦の終結を俟たねばならなかった。

冷戦型科学技術体制の日本への影響

冷戦型科学技術体制は日本にも少なからず影響を及ぼしてきた。一九五〇年に勃発した朝鮮戦争によって日本は経済発展の糸口をつかみ、こうした国際情勢を受けて五二年頃になると日本国内でも再軍備の試みがなされたように、日本の科学技術が冷戦と無縁であったわけではなかった。しかしながら、周知のようにその後の日本の科学技術政策のトレンドは民生技術を中心とした展開を遂げた。一九五〇年代半ばから六〇年代にかけては高度経済成長を成し遂げ、それに応じて理工系大学も大幅に拡大することになる（詳しくは荒井 一九九五）。欧米諸国の関心が冷戦に集中しているすきに、日本は民生技術によって漁夫の利を得た格好となった。

こうして一九八〇年代には、史上初めて日本が科学技術で注目を浴びることになった。『ジャパン・アズ・ナンバーワン』（Vogel 1979）や『通産省と日本の奇跡』（Johnson 1982）など日本を礼賛する書籍が現れたのはそうした評価の現れであった。こうして日本国内では欧米へのキャッチアップの時代は終わり、世界のフロントランナーに立ったという意識が広まった。

ただし世界のフロントランナーに立てば、自力で新しい科学技術の種を探索していかなければならない。従来は欧米に進んだ科学技術がありそれを導入・改良すればよかったが、もはやそうしたキャッチアップの方法は通用しない。これが一九八〇年代に日本で基礎研究の重視が叫ばれるようになった一つの理由である。それは一九五〇年代から繰り返し説かれてきた自主技術開発路線を基礎研究という名前で実現するものであった（詳しくは阿曽沼 一九九九、塚原 一九九九 a、塚原 一九九九 b）。

また、日本が科学技術の世界でフロントランナーに立つということは欧米先進諸国からみれば、競争相手が増えたことを意味した。事実、それまで黒字傾向だった米国の製造業製品、特にハイテク製品は、八四年以降、赤字傾向が続き、これに対して日本のハイテク製品については一貫して黒字傾向が続いていた。

こうしたことから米国では、一九八〇年代半ば以降、産業の競争力が低下してきているのではないかという懸念が高まった。一九八五年の大統領産業競争力委員会報告『グローバル競争――新しい現実（*Global competition—the new reality: Results of the President's Commission on Industrial Competitiveness*）』（通称ヤング・レポート）、八七年のレーガン大統領一般教書における競争力イニシアティブ、八九年のマサチューセッツ工科大学産業生産性調査委員会報告『メード・イン・アメリカ（*Made in America*）』（Dertouzos et al. 1989）などは、いずれも米国の競争力の低下の懸念から出たものであった。それは、日米間ではシンメトリカルアクセス問題として現れた。米国のいうシンメトリカルアクセス問題とは、おおよそ次のようなものであった。つまり、米国は新しい知識を生み出すための投資を行ってきたのに対し、日本は基礎研究への投資が少ない。その結果、日本は科学的知識の蓄積に貢献するよりは引き出すことになっている。いまやそうした不均衡は是正されるべきであり、日本は基礎研究を行っている民間企業を含む日本の研究施設へのアクセスを改善すべきであるというのが米国の主張であった（詳しくは國谷二〇一四）。

いずれにしろシンメトリカルアクセス問題は、日本では「基礎研究タダ乗り論」（猪瀬 一九九〇、三二頁）として広まり、以後、日本ではそれをいかに回避するかが課題となった。そこで国内では、民間企業の応用開発研究に比べて貧弱な日本の基礎研究投資を改善するための一環として、国立試験研究機関に対して基礎研究を充実しようという気運が高まった。これが一九八〇年代に日本で基礎研究の重視が叫ばれるようになったもう一つの理由であった。

一方、対外的には国際貢献が合言葉となった。一九八七年のベネチア・サミットにおいて日本がヒューマン・フロンティア・サイエンス・プログラム（ＨＦＳＰ）（生体機能の解明を中心とした国際共同研究プロジェクト）を提唱し、また超電導超大型粒子加速器（ＳＳＣ）計画への参加協力問題で国際貢献がしきりに唱えられたのは（一九九一年一一月に自民党が一兆三〇〇〇億円規模の国際貢献税構想を打ち出した）、こうした事情があってのことであった。

このように一九九〇年代初めまでの日本の対外政策では国際貢献が合言葉であった。ところがバブル景気がはじけ、民間企業の研究費が九二年から三年連続で前年度を下回ると日本でも危機感が出てきた。しかも冷戦の終結により、欧米の企業が民生技術にシフトし始めたことは日本の産業界にとっては競争相手が増えたことを意味した。さらにはプラザ合意以降の円高、新興国の台頭も加わった。結果的に日本はトリプルパンチを浴びる格好となったのであった。こうして対外政策の基調はしだいに国際貢献から国際競争へと変化していくことになる。

二　冷戦の終結と科学技術システム改革

バブル景気の崩壊と国際競争意識が高まるにつれ、日本では、不況時の科学技術頼みともいうべく科学技術による経済活性化への期待が高まっていった。そこで一九九〇年代にはまずヒト・モノ・カネの量的投資拡大策がとられた。しかし莫大な投資を行ったからといって経済活性化というアウトカムが得られるとは限らない。そして、実際に目立った成果が現れたわけではなかった。そこで二〇〇〇年代に入る頃から投資先である大学や研究機関に対してさまざまな改革が施されることになった。以下、そうした変化をヒト・モノ・カネの観点からやや詳しくみていくことにしたい。

量的投資拡大の時代──一九九〇年代

①　モノ──老朽化施設の修復問題から国際的に卓越した拠点の形成へ

モノの面では、まず大学の施設・設備の老朽化や狭隘化が問題視された。国立学校文教施設整備費は、戦後ほぼ順調に増加の一途をたどり、一九七九年には一五四六億円にまで達したが、新構想大学や新設医科大学、大学共同利用機関など巨額物件の整備が落ち着いた八〇年頃から急激に減少し、八六年には七八八億円とほぼ半減していた（URL③）。こうして一九九〇年代に入ると日本の国立大学は頭脳の棺桶のようなものだとする記事（遠藤　一九九一）や『大学貧乏物語』（有馬　一九九六）などが現れ、施設整備が急務であることを人々に印象づけ、国立学校文教施設整備費は、九六年に七九年の水準まで回復した（その後、二〇〇〇年頃に一時的に半減するが、第二期科学技術基本計画中に策定された国立大学等施設緊急整備五か年計画によって〇一年前後から再びもとの水準に回復した）。

大学の施設・設備の老朽化や狭隘化をめぐる議論は、このように当初は、施設設備をどう改善するかという問題であった。ところが、一九九〇年代半ば頃になると最先端の研究施設を作ることで世界中から優れた研究者を呼び寄せようというヒトとの関連で捉えられるようになっていった。一九九五年から始まったＣＯＥ（Center of Excellence）はそうした発想から生まれたものであった。こうした問題意識は施設整備の問題を越えて大学のあり方全体にまで広がり、「大学の構造改革の方針」（二〇〇一年六月）に基づき、二〇〇二年度から文部科学省の事業（研究拠点形成費等補助金）として二一世紀ＣＯＥプログラムが始まった（二〇〇七年度にはグローバルＣＯＥプログラムとして発展的に継承された）。さらに二〇〇七年からは世界規模での人材獲得競争に打ち勝つための措置として世界トップレベル研究拠点プログラム（ＷＰＩ）が始まり、基礎研究分野に一拠点当たり年間約一四億円の投資が始まった[5]。

②　ヒト――ポスドクの拡大

ヒトに関してとりわけ問題視されたのは先進諸外国に比べた大学院博士課程修了者数の少なさであった。そこでそれを補うべく、大学院博士課程修了者数の増加策が図られ、ポスドクが増加することになった[6]。

日本でポスドクへの注目は一九八四年の学術審議会答申「学術研究体制の改善のための基本的施策について」にまで遡ることができるが、増大するきっかけとなったのは、九一年一一月の大学審議会答申「大学院の量的整備について（答申）」であった。答申では二〇〇〇年の時点の社会人・留学生を含めた大学院生の数を一九九一年の少なくとも二倍程度に拡大すべきであるとする見通しが示された。一九九六年七月に策定された第一期科学技術基本計画では、「ポストドクター等一万人支援計画」として、一九九六―二〇〇〇年度の五年間でポスドクを一万人に増加させる計画が盛り込まれた。ねらい通り計画期間中にポスドクは急増し、一九九五年度の四〇〇〇人弱から二〇〇〇年度には一万人に達した（ただしこの人数にはポスドクのみならずリサーチ・アシスタントも含まれる）[7]。だが、就職先の見込みがないまま量的拡大政策をとったため、後述のようにポスドク問題が発生することになる（詳細については水月 二〇〇七、榎木 二〇一〇、綾部 二〇一四）。

③　カネ――科学技術基本法の制定と政府研究開発投資の拡大

カネについても諸外国が研究開発投資を増大させているにもかかわらず、日本は産業界に比べた政府の研究開発投資額の少なさが問題視され量的投資拡大が図られた。

日本は一九七八年頃に国全体の研究開発費が対ＧＮＰで二％を超えるなど、研究開発費の面でいわば先進国型の構造となったが、国全体の研究開発費の七、八割を産業界が占める状況が続いていた。したがって一九九二年から三年連続で民間企業の研究費が前年度を下回り、それに連動して国全体の研究費総額の伸び率が九三年度、九四年度と二年連続で前年度割れを起こすと、欧米並みに政府の研究開発投資を拡充すべきだという声が高まるのも必至だった。こうして超党派の国会議員による議員立法によって一九九五年には科学技術基本法（平成七年法律第一三〇号）が制定され、翌年から始まった科学技術基本計画（一九九六―二〇〇〇年度）では、科学技術創造立国（類似の言葉として一九八〇年代に登場した科学技術立国があるが、前述のようにそれは世界の最前線に躍り出たという自信にもとづくものであり、困った時の科学技術頼み的発想に基づく科学技術創造立国とは似て非なるものである）の掛け声のもと、五年間で総額一七兆円の政府研究開発投資がなされた。続く第二期科学技術基本計画（二〇〇一―〇五年度）では総額二一兆円に増額され、その後も二四兆円前後で推移する。それは緊縮財政下において異例の扱いであった。

科学技術システム改革の時代――二〇〇〇年代

以上のように、一九九〇年代にはもっぱらヒト・モノ・カネの量的投資拡大策が図られたが、しかしいくらインプットを増やしたからといって経済の活性化というアウトカムが得られるとは限らない。実際、二〇〇〇年代に入っても日本経済の活性化というアウトカムが誰の目にも明らかなかたちで現れたわけではなく、むしろ「失われた一〇年」といわれる状態であった。しかし政府や産業界としては、是が非でも景気回復を実現する必要があった。したがっていくら巨額の研究開発費を投じても、アウトカムが目にみえる形では出てこないならば、知識生産システムである大学や研究機関に何か問題があるのではないか。こうして科学技術システム改革という名のもと、大学や研究機関に対して改革のメスが入れられるようになったのである。

①　国立大学・国立試験研究機関の法人化

そのなかで最大の改革は、国立大学と国立試験研究機関（以下、国研）の法人化であった。周知のように明治以来、日本の国立大学と国研は国家行政組織の一部に組み込まれていたが、二〇〇一年にまず国研が独立行政法人化され（なお、二〇一五年四月に産業技術総合研究所や理化学研究所など三一の国研は国立研究開発法人となった。さらに二〇一六年一〇月には、産業技術総合研究所、理化学研究所、物質・材料研究機構の三法人が特定国立研究開発法人に格上げされた）、〇四年には国立大学も国立大学法人として国家行政組織から切り離された。国研のなかにはごく一部国家行政組織として残ったものもあったが、国立大学はすべて国家行政組織から切り離された。あわせて公立試験研究機関のなかにも法人化されるケースが相次いだ。

法人化は「肥大化・硬直化し、制度疲労のおびただしい戦後型行政システムを根本的に改め、（中略）簡素にして効率的かつ透明な政府を実現する」（URL⑤）ことを目的として一九九六年から始まった行政改革（いわゆる橋本行革）の一環として行われたものであった。当初は政府最大の現業部門である郵政三事業（郵便、郵便貯金、簡易生命保険の三事業）が削減のターゲットとなったが、関係者の抵抗が強いことが分かると次に国立大学が狙われた。当時の国立大学の教職員数は、郵政三事業の約半分程度の人員（一三万五〇〇〇人）に過ぎなかったが（URL⑥⑦）、これをエージェンシーとして政府部門から切り離せば、二五％程度の定数削減が可能になるからであった（天野 二〇〇四、一九六―一九七頁）。

法人化は産業界の利害とも一致するものであった。日本の大手企業のなかには自ら中央研究所を設置し、基礎研究から応用・開発研究まで一貫して研究開発を行うところがあり、一九八〇年代後半には第二次中央研究所ブーム（URL⑧）あるいは第二次研究所設立ブーム（科学技術庁 一九八八、一一頁）と呼ばれる状態さえ生じていた（第一次ブームは一九六一年がピーク（中山 一九九五））。

しかしバブル経済の崩壊と国際競争の激化によって民間企業にはそうした余裕はしだいになくなりつつあった。応用や開発研究と比べて基礎研究は投資の成果が現れるとは限らないからであるが、とはいえ基礎研究から完全に手を引くわけにもいかない。そこで考え出されたのが基礎研究に近い部分を大学にアウトソーシングする、またはアライアンスを組むという方策であった。

こうして日本でも産学連携への期待が高まっていった。一九九九年には産業活力再生特別措置法（平成一一年法律第一三一号）が制定され、そのなかに米国のバイ・ドール法（Bayh-Dole Act）と同様の規定が盛り込まれた（二〇〇七年に産業技術力強化法（平成一二年法律第四四号）へ移管）。大学に対しても、一九九八年に制定された「大学等における技術に関する研究成果の民間事業者への移転の促進に関する法律」（平成一〇年法律第五二号）にもとづき、各大学に技術移転機関（TLO：Technology Licensing Organization）が設置された。一九九七年度からは国立大学教官の兼業規制の緩和も始まり、勤務時間外での兼業が認められることになった。

このようにみれば政府や産業界の意向のみで法人化が進んだかのようにみえるが、もちろん大学のなかにも官僚的不自由さからの解放を求める声もあった。たとえば二〇〇二年一一月に開かれた「第二回読売教育シンポジウム」では、大学関係者のなかからも法人化を千載一遇のチャンスとして捉える意見が出されている（読売新聞二〇〇二年一一月一九日中部版朝刊）。文部科学省も国立大学を法人化したのは「これまでの国立大学は文部科学省の内部組織であったため、大学が新しい取組をしようとするときなどに、いろいろと不都合なところがありました。〔中略〕こうした不都合な点を解消し、優れた教育や特色ある研究に各大学が工夫を凝らせるようにして、より個性豊かな魅力のある大学になっていけるようにするために、国の組織から独立した「国立大学法人」にすることとしたわけです」と説明している（URL⑨）。つまり行政のスリム化を求める政府、アウトソーシングによって科学技術による日本経済の活性化をもくろむ産業界、そして官僚的不自由さから逃れたい一部の大学関係者の三者の思惑が一致したことで法人化が成し遂げられたのであった。

②　カネ――配分方式の変更と学の従属化

法人化によって確かに、学は従来の官僚的不自由さからは一定程度解き放たれることになった。しかしながら、それは結果的に学の官に対する隷従を強化することになった。とりわけカネの面ではほぼ完全に官に牛耳られる構造となった。そのことは効率化という名のもと、運営費交付金を減らされるようになった（毎年度予算を一％ずつ減額）ことをみればよくわかる。しかも六年間の中期目標・中期計画を策定し実施状況を評価されるなど、主務官庁と国研・国立大学との関係は、さながら親から子へ小遣い銭をわたすような関係となった。

一方、研究資金が、競争的かつ重点的に配分される傾向が強まったこともこの時代の特徴である。

たとえば国立大学の研究費のおもな資金源には、教育研究基盤校費（二〇〇〇年度予算編成時までは教官当積算校費）、科学研究費補助金（以下、科研費）などの公的研究費、民間企業からの寄附金等の三つがあり、このうち教育研究基盤校費が「日常的な教育研究活動を支える資金として、研究者や研究支援者の人件費、最低限の研究費、研究基盤の整備費（施設整備費、設備費等）として支弁される」（URL⑩）ものである。

これに対して、公的研究費の代表格である科研費は、「人文・社会科学から自然科学まで全ての分野にわたり、基礎から応用までのあらゆる「学術研究」(研究者の自由な発想に基づく研究)を格段に発展させることを目的とする「競争的研究資金」であり、ピア・レビューによる審査を経て、独創的・先駆的な研究」(URL⑪)に助成されるものである。[8]

歴史的にみれば、両者はシーソーゲームの状態が続いた。一九五〇年代は科研費が増加したが、六〇年代には教官当積算校費が増加する。しかし七〇年代に入る頃から科研費が再び増加し、教官当積算校費の伸びが低下することになる。八〇年代になると教官当積算校費は横ばいとなり、単価では減少傾向が現れ始める。また科研費のなかでも一般研究が横ばいとなる一方で、特別推進研究、がん特別研究、重点領域研究などが増加することになった(詳しくは阿曽沼・金子 一九九三)。このように二〇〇〇年代以前から研究費はひろくあまねく研究者に配分するのではなく、重点的かつ競争的に配分される傾向が高まっていたが、第一期科学技術基本計画のなかで初めて競争的資金という言葉が登場し、その使用頻度は第二期、第三期と時間を追うごとに増加した(久須美 二〇一一、一〇四頁)。言葉のみならず、予算額も増加し、九〇年代半ばの一五〇〇億円から二〇〇〇年代半ばには五〇〇〇億円弱にまで達した。[9]

なお、民間企業からの寄附金等についても法人化以降、やや変化が現れている。国立大学が民間企業から受け入れる資金には、寄附金以外にも共同研究費、受託研究費などがあるが(詳細は澤田・西村 二〇〇七)、このうち特に共同研究が進展し、二〇〇三年の一二六億円から一三年には三〇六億円と、一〇年間で約二・五倍の伸びを示した。これに対して受託研究、寄附金の伸び率はそれぞれ一・三倍、一・六倍にとどまった。

しかしながら、民間企業と大学の共同研究の増加をもって産学連携が活性化したと評価するのは早計である。第一に国立大学の受入研究費において寄附金の占める割合は依然として大きく、二〇一四年度でも七〇〇億円程度に達するためである。第二に、法人化以降に大学が受け取る研究資金の増加分は、もっぱら独立行政法人からの受託研究費だったからである。それは二〇〇三年から一三年までの一〇年間で一〇五億円から九七六億円へと九倍に増加した。

同期間における民間との共同研究（公立、私立大学を含む）の増加が一五二億円から三九〇億円しかなかったことと比べれば、その伸びがいかに大きかったかがわかる（以上のデータについてはＵＲＬ⑫）。つまりカネの面で法人化以降大きく進んだのは、産学連携ではなく官学連携であり、この点からみても、競争的資金を通じた学の官に対する従属化が進んだことがわかる。

③　ヒト――人材の流動化と国際化

人材に関してもさまざまな改革が進められた。その一つが流動化であった。行政機関や民間企業のように辞令によってなかば強制的に配置転換が行われる組織ならいざ知らず、大学や研究機関では研究者本人からの自発的申し出がない限り人事異動が行われることはほとんどない（もちろん例外はある）。こうした組織に流動性をもたらす方策として考案されたのが任期制であった。任期制を導入すれば、なかば強制的に機関を超えた異動が可能となる（もちろん同一機関内での再雇用はあり得る）だけでなく、次の職を得るために業績をあげなければならない。つまり任期制は研究者の流動化促進と業績向上のための一石二鳥の方策であった。このように、大学や研究機関の流動化問題は任期制と切っても切り離せない関係がある。

日本ではかねてより他国と比較した日本の大学教員・研究者の異動回数の低さが指摘され、理化学研究所のようにフロンティア研究システムという流動的研究組織を導入（一九八六年）するケースもあったが、まだ一般的ではなかった。ところが一九九〇年代半ば以降になると大学でも任期制によって流動化を促進しようとする動きが強まった。そのきっかけとなったのは、大学審議会（一九八五年六月の臨時教育審議会第一次答申により八七年九月設立）が一九九六年一〇月に答申した「大学教員の任期制について」であり、翌年の六月に「大学の教員等の任期に関する法律」（平成九年法律第八二号）として法制化された。同法は若手のみならずシニアを含めた大学教員全体での流動化を狙ったものであったが、結果的に若手研究者がターゲットとなった(綾部 二〇一四、五四頁)(ただし近年ではシニア研究者のリストラも考えられているようである)。米国のテニュアトラック等の制度を手本に、三〇歳代半ばまでは任期を付けて競争的な環境のなかにおくということが進み、数年単位の任期で大学や研究機関を転々と渡り歩くポスドクが増加した。このように、有期雇用のポスドクの増加によって流動化の突破口が開かれた。しかしそれと引き換えに若手研究者の雇用は不安定化し、二〇〇〇年代半ばには「高学歴ワーキングプア」(水月 二〇〇七)といわれるまでになった。

他方、人材獲得競争ということがクローズアップされるにつれ、国際化がキーワードとなった。先に述べたCOEやWPIはこうした背景でつくられたものであったが、世界中から優秀な人材を獲得するためには、優秀な研究者を集めることに加え、高等教育の段階から将来有望な人材をリクルートしていかなければならない。とりわけ少子高齢化が進む日本では、必要不可欠な策であるという認識が広まるにつれ、留学生拡大化政策が進むことになった。

日本で留学生増加策が具体的な政策として登場したのは、一九八三年に中曽根康弘内閣総理大臣の指示で始まった「留学生受け入れ一〇万人計画」であった。研究者についても、一九八六年には研究交流促進法(昭和六一年法律第五七号。なお、同法は二〇〇八年をもって廃止され、研究開発力強化法(研究開発システムの改革の推進等による研究開発能力の強化及び研究開発等の効率的推進等に関する法律。平成二〇年法律第六三号)となった)が施行され、外国人が研究公務員として採用できるようになるなど(国公立大学では一九八二年九月に、国立又は公立の大学における外国人教員の任用等に関する特別措置法(昭和五七年法律第八九号。通称外国人教員法、外国人任用法)が成立)整備が進んだ。

「留学生受け入れ一〇万人計画」は、二〇〇三年に目標の一〇万人を達成したが、その後、就労目的の留学生の失踪や不法残留などの問題(受入れ数の増加にともなって質の低下に関する懸念が語られるようになったこともある)から同年一一月に審査が厳格化されたため伸び率は鈍化した。しかし国際的な人材獲得競争という認識が高まるにつれ、二〇〇七年頃から再び拡大化へと向かった。アジア・ゲートウェイ戦略会議が二〇〇七年五月にとりまとめた「アジア・ゲートウェイ構想」では、重点七分野のなかに国際人材受入・育成戦略が掲げられ、留学生政策は国際貢献のみならず国家戦略として位置づけられた。その上で、日本をアジアの高度人材ネットワークのハブとすることが日本の国家戦略上重要であるとされた（URL⑮、綾部 二〇一二）。こうして一九九九年の留学生政策懇談会において外国に対する知的国際貢献とされていた留学生政策は（URL⑯）、国益を重視した頭脳獲得競争問題へと変質を遂げることとなった。二〇〇八年の施政方針演説において福田康夫首相が留学生三〇万人計画の策定を宣言し、そのために質の高い留学生の受入れが可能な三〇大学に重点的な支援をする国際化拠点整備事業（グローバル30）プログラム（ただし実際に採択されたのは一三大学）が誕生したのはこうした背景があった（以上の経緯について詳しくはURL⑰）。

イノベーションへの着目

とはいえ、こうした一連の改革によっても、科学技術による日本経済の活性化は目立ったほど大きな進展をみせたとは言い難かった。そこで、二〇〇六年頃になるとイノベーションという言葉が科学技術政策のキーワードとして盛んに用いられるようになった。二〇〇八年には前述の研究開発力強化法の制定によりイノベーションが初めて法的に位置づけられた。

このように日本でイノベーションが科学技術政策のキーワードとして重視されるようになったのは、経済成長における技術革新の影響が意識されるようになったからであった。また、ニーズ主導型の研究開発に注目が集まったこともある。いずれにしろ海外でも二〇〇〇年代半ばに入る頃からイノベーションに注目が集まるようになっていた。先に述べたように米国では競争力に陰りがみえ始めた一九八〇年代半ば以降、競争力強化をねらったさまざまな提言が出されていたが、二〇〇〇年代半ばになると、それに加えてイノベーションを意識した提言が行われるようになった⑩。英国でも二〇〇七年六月のゴードン・ブラウン政権の発足とともに行われた省庁再編でイノベーション・大学・技能省（ＤＩＵＳ：Department of Innovation, Universities and Skills）が誕生し、科学技術イノベーション政策への取組が始まった。二〇〇七年一〇月に発表された *The Race to the Top: A Review of Government's Science and Innovation Policies*（通称セインズベリー・レビュー）の提言を踏まえ、〇八年三月にはＤＩＵＳが『イノベーション・ネイション（*Innovation Nation*）』を発表、〇九年にはＤＩＵＳとビジネス・企業・規制改革省（ＢＥＲＲ：Department for Business, Enterprise and Regulatory Reform）が統合して、新たにビジネス・イノベーション・技能省（ＢＩＳ：Department for Business, Innovation and Skills）となった。ＢＩＳが二〇一〇年に発表した『成長を目指して（*Going for Growth*）』では、「米国イノベーション戦略と同様に、経済復興・雇用創出・生活の質の向上などを目的とした施策」（文部科学省 二〇一〇、七七頁）が打ち出された。

こうした海外の動きに遅れまいと日本でも、二〇〇六年九月二九日の安倍晋三内閣総理大臣の所信表明演説で「イノベーション25」が提唱された。「イノベーション25」は、二〇二五年までを視野に入れた成長に貢献するイノベーション創造のための長期戦略指針であり（二〇〇七年六月一日に閣議決定）、これを受けてイノベーション担当大臣（高市早苗）と「イノベーション25特命室」が内閣府に設置された。イノベーション25は安倍内閣が短命に終わったことにより不発に終わったが、二〇一二年一二月に第二次安倍内閣が誕生すると一三年には科学技術イノベーション総合戦略が閣議決定事項となり、一四年五月一九日には総合科学技術会議も総合科学技術・イノベーション会議と改称された。

おわりに

科学技術イノベーション政策と科学技術政策の連続性

こうして科学技術政策はいまや科学技術イノベーション政策と呼ばれるようになった。しかしながら、科学技術政策が科学技術イノベーション政策へと装いを新たにしてもその基本的性格は従来の政策と大きく違っていないようにみえる。

確かに科学技術イノベーション政策においては、一九九〇年代のようなヒト・モノ・カネの量的投資拡大一辺倒の政策はみられない。また従来の科学技術政策と異なり、ニーズに軸足が移りつつあるといった点をみれば、科学技術政策と科学技術イノベーション政策には違いがある。

しかし、たとえば国立研究開発法人の研究所のいくつかを特定国立研究開発法人にするなど、知識生産拠点の強化によってイノベーションを創出しようとしていること、なかんずくそれをヒト・モノ・カネの量的投資拡大策ではなく、知識生産拠点の改革によって成し遂げようとしていることをみれば、科学技術イノベーション政策は、二〇〇〇年代の科学技術システム改革時代の政策ときわめて強い連続性があるといわざるを得ない。

知識生産拠点の破壊と再編

こうした連続性ゆえに、大学や研究機関といった従来の知識生産拠点は破壊と再編を余儀なくされつつある。たとえば文部科学省科学技術・学術政策研究所の調査によれば、職務時間全体に占める大学教員の研究時間の割合は二〇〇二年の四七・五%から〇八年には三六・一%に減少している(URL⑱)。また二〇〇九年度に同研究所が行った研究者の意識調査では、〇一年度と比べて「一時的な流行を追った研究」や「短期的に成果が生み出せる研究」が増加した一方で、「長期の時間をかけて実施する研究」や「計量標準、材料試験など基盤的な研究」が減少したという結果が出ている(URL⑲、五二頁)。大学では「安定的な研究資金の確保ができず、研究を発展させることが難しい(外部資金が継続して確保できないと、研究の継続が困難になるなど)」といった声が、公的研究機関では「大型プロジェクトによる任期付雇用のため、研究テーマを自由に設定できない」という声がみられる（文部科学省 二〇一四、一二〇頁）。こうした状況が影響したからか、日本の論文数は二〇〇〇年頃から減少傾向にあるという指摘もある（URL⑳）。

知識生産拠点の自由度が低下しただけではない。近年では、防衛省による安全保障技術研究推進制度の創設など、軍学連携への道が開かれようとしている。つまり、経済社会の活性化という目的に加えて、安全保障という目的がつけ加えられつつあり、これら二つの目的を実現するためのいわば科学技術動員体制の構築に向けた知識生産拠点の再編が進行しつつあるといえる。こうした状況が見えづらくなっているのは、おそらくイノベーションという誰しもポジティブなイメージを描きがちな麗句を用いているからであろう。

科学技術批判の功罪

さて、冒頭で述べたように、一九六〇年代から七〇年代にかけての科学技術批判（以下、科学技術批判）は科学技術のあり方を厳しく問うものであった。廣重の言葉を借りれば、それは「科学のコントロールの主導権を、資本や国家からわれわれの手にとりもどす」（廣重 二〇〇三、二二七頁）ことにあった。つまり、資本や国家とは手を結ぶが、市民に対しては独善的で閉鎖的な冷戦期の科学技術体制にどう風穴をあけるかが科学技術批判の課題であった。あらためて考えれば、こうした問題意識は二〇〇〇年代の科学技術システム改革時代の問題意識に相通ずるものがある。確かに両者の間には、資本や国家と手を結ぶか、市民と手を結ぶかの違いはある。だが、ともに独善的で閉鎖的な科学技術体制に対する批判という問題意識を持っていた点では共通している。その意味で批判の対象は共通していた。

ところが科学技術批判の意図とは裏腹に、科学技術の主導権は市民の手に取り戻されるどころか、むしろ資本や国家の主導権が強化されることになった。

前節までにおいて詳述したように、バブル経済の崩壊と国際競争意識が高まったポスト冷戦期の日本では、起死回生の手段として科学技術に対する過剰な期待が膨らんだ。それに呼応して、資本や国家と手を結ぶことは批判されるどころか、むしろ推奨すべきことだと考えられるようになった。いな、経済社会の活性化に資する科学技術こそが市民のための科学技術であると解釈されるまでになっている。

こうした変化に科学技術批判はどれだけ敏感であっただろうか。独善的で閉鎖的な科学技術体制という観念に固執した結果、期せずして知識生産拠点の破壊と再編に手を貸してしまっている可能性はないか。

なるほど確かにアカデミズムには改善すべき課題がある。その点では、科学技術批判の後継者たちが独善的で閉鎖的な科学技術体制に対する批判を行ってきたことには意義がある。しかしながら、科学技術をとりまく情勢の変化に敏感でなければ、当初の意図とは裏腹の帰結をもたらしかねない。一九六〇年代から七〇年代の科学技術批判の問題提起を継承しようとするならば、まずはこの点を意識することから始める必要があろう。

注

（1） 科学技術政策といえば、一般的には科学技術の振興、あるいはそれによる経済社会の活性化を目的とする政策だと考えられる場合が多い。しかし小林（URL①）によれば、科学技術政策にはそれらに加えて「公共的観点からの科学技術活動に対する規制・調整・誘導」（同前、二八頁）や「科学技術活動の悪影響からの国民の保護および科学技術政策への国民の参画」（同前、二九頁）という目的もあるという。統一的な定義はないが、小林の指摘を踏まえれば、科学技術政策には科学技術振興という目的に加えて、科学技術と社会の関係をどうするかという目的もあるといえる。

（2） 以下、本項の記述は、村山 二〇〇〇に負うところが大きい。

（3） Sapolsky 1990, p. 137 TABLE A-5 によれば、連邦政府による大学向け基礎研究費全体における国防総省の割合は、一九五八年の四四％から七五年には八％に低下したという（元データは、US House of Representatives, Committee on Science and Technology, Science Support by the Department of Defence, 99th Congress, 2nd Session, December 1986, p. 135, Table 5.2）。ただし、Sapolsky 1990, p. 134 によれば、割合が低下した要因としては、もうひとつ国立衛生研究所（NIH）および国立科学財団（NSF）の躍進もあったという。

（4）こうした状況は、アカデミック・キャピタリズム（大学資本主義）と呼ばれた。詳しくは、Slaughter and Leslie 1997をみよ。
（5）なお、こうした政策が誕生する背景として、トップ一％の論文を生み出した研究プロジェクトの方が、それ以外よりも、特許や共同研究・受託研究、ベンチャー企業設立等に結びつく比率が高いなど、イノベーション創出へ寄与する可能性が高く、しかもそうした卓越した論文は、ポスドクが筆頭になる場合が多いという指摘がある（URL④）。
（6）ポスドク（postdoc）とは、post-doctorate または post-doctoral fellow の略称である（ポスト・ドクターは和製英語）。
（7）リサーチ・アシスタント（Research Assistant）には大学院博士課程以上の学生が採用される場合が多い。
（8）なお、基盤的研究資金と競争的研究資金を組み合わせた研究資金配分制度を「デュアルサポートシステム」という（URL⑬⑭）。
（9）なお、一九九五年から二〇〇〇年までの数字については、久須美 二〇一一、一〇五頁の試算にもとづく。
（10）たとえば、競争力評議会『イノベート・アメリカ（*Innovate America*）』（通称パルミサーノ・レポート）（二〇〇四年一二月）、全米アカデミーズ（National Academies）『強まる嵐を越える（*Rising Above the Gathering Storm*）』（通称オーガスティン・レポート）（二〇〇五年一〇月）、大統領府・科学技術政策局・国家経済会議『米国イノベーション戦略（*A Strategy for American Innovation: Driving Towards Sustainable Growth and Quality Jobs*）』（二〇〇九年九月）などがあげられる。詳しくはたとえば宮田 二〇一一、五二―六〇頁をみよ。

参照文献

阿曽沼明裕 一九九九、「基礎科学をめぐる状況と政策の変化」中山茂他編『通史 日本の科学技術』第五巻Ⅱ、学陽書房。
阿曽沼明裕・金子元久 一九九三、「「教官当積算校費」と「科研費」――戦後学術政策への一視角」『教育社会学研究』五二、東洋館出版社。
天野郁夫 二〇〇四、『大学改革――秩序の崩壊と再編』東京大学出版会。
綾部広則 二〇一一、「教育研究機関の国際化」吉岡斉他編『新通史 日本の科学技術』第三巻、原書房。
綾部広則 二〇一四、「ポスドク問題――労働の観点から」『研究技術計画』二九（一）。
荒井克弘 一九九五、「マンパワー政策と理工系大学教育の拡大」中山茂他編『通史 日本の科学技術』第三巻、学陽書房。
有馬朗人 一九九六、『大学貧乏物語』東京大学出版会。

猪瀬博 一九九〇、『センター・オブ・エクセレンスの構築』日経サイエンス社。
上山隆大 二〇一〇、『アカデミック・キャピタリズムを超えて』NTT出版。
榎木英介 二〇一〇、『博士漂流時代――「余った博士」はどうなるか?』ディスカヴァー・トゥエンティワン。
遠藤正武 一九九一、「頭脳の棺桶・国立大学の荒廃――東大も京大も阪大もスラム化する」『AERA』一九九一年五月二八日。
科学技術庁 一九八八、『科学技術白書(昭和六二年版)』大蔵省印刷局。
久須美雅昭 二〇一一、「競争的資金の拡充と改革――政府と民間財団」吉岡斉他編『新通史 日本の科学技術』第三巻、原書房。
國谷実編著 二〇一四、『日米科学技術摩擦をめぐって――ジャパン・アズ・ナンバーワンだった頃』公益社団法人科学技術国際交流センター。
國谷実編著 二〇一五、『一九八〇年代の基礎研究政策――創造科学技術推進制度と科学技術振興調整費をめぐって』公益社団法人科学技術国際交流センター。
佐藤靖 二〇一一、「省庁再編と科学技術」吉岡斉他編『新通史 日本の科学技術』第一巻、原書房。
沢井実 二〇一一、『通商産業政策史 九――産業技術政策』経済産業調査会。
澤田芳郎・西村由希子 二〇〇七、「日本の産学連携」玉井克哉・宮田由紀夫編著『日本の産学連携』玉川大学出版部。
塚原修一 一九九九a、「研究開発活動の国際展開」中山茂他編『通史 日本の科学技術』第五巻I、学陽書房。
塚原修一 一九九九b、「研究開発政策の再構築に向けて」中山茂他編『通史 日本の科学技術』第五巻I、学陽書房。
内閣府 二〇〇四、『科学技術政策の論点――科学技術政策の進捗状況と今後の課題』時事画報社。
中山茂 一九九五、「企業内研究開発活動の興隆――中央研究所ブーム」中山茂他編『通史 日本の科学技術』第三巻、学陽書房。
中山茂 二〇〇六、『科学技術の国際競争力』朝日新聞社。
廣重徹 一九七三、『科学の社会史――近代日本の科学体制』中央公論社、のち二〇〇二―二〇〇三、岩波現代文庫(上下)。
水月昭道 二〇〇七、『高学歴ワーキングプア――「フリーター生産工場」としての大学院』光文社。
宮田由紀夫 二〇一一、『アメリカのイノベーション政策』昭和堂。
文部科学省 二〇一〇、『科学技術白書(平成二二年版)』ぎょうせい。
文部科学省 二〇一四、『科学技術白書(平成二六年版)』日経印刷。
村山裕三 二〇〇〇、『テクノシステム転換の戦略――産官学連携への道筋』日本放送出版協会。
Dertouzos, Michael L., Solow, Robert M. and Lester, Richard K. 1989, *Made in America: Regaining the productive edge*, MIT

Press.(依田直也訳『Made in America——アメリカ再生のための米日欧産業比較』草思社、一九九〇年)

Johnson, Chalmers 1982, *MITI and the Japanese miracle: the growth of industrial policy, 1925–1975*, Stanford University Press.(矢野俊比古監訳『通産省と日本の奇跡』TBSブリタニカ、一九八二年)

Leslie, Stuart W. 1993, *The Cold War and American Science: the military-industrial-academic complex at MIT and Stanford*, Columbia University Press.

Sapolsky, Harvey 1990, *Science and the Navy: The History of the Office of Naval Research*, Princeton University Press.

Slaughter, Sheila and Leslie, Larry L. 1997, *Academic Capitalism: Politics, Policies, and the Entrepreneurial University*, Johns Hopkins University Press.

Vogel, Ezra F. 1979, *Japan as number one: lessons for America*, Harvard University Press.(広中和歌子・木本彰子訳『ジャパン・アズ・ナンバーワン——アメリカへの教訓』TBSブリタニカ、一九七九年)

URL(いずれも最終閲覧日二〇一六年一一月二〇日)

① 小林信一 二〇一一、「科学技術政策とは何か」『科学技術政策の国際的な動向［本編］』科学技術に関する調査プロジェクト調査報告書(調査資料二〇一〇—三)、国立国会図書館調査及び立法考査局、http://www.ndl.go.jp/jp/diet/publication/document/2011/201003_02.pdf

② "Apollo Program Budget Appropriations," http://history.nasa.gov/SP-4029/Apollo_18-16_Apollo_Program_Budget_Appropriations.htm

③ 今後の国立大学等施設の整備充実に関する調査研究協力者会議 二〇〇三、『知の拠点-国立大学施設の充実について——国立大学法人の施設整備・管理運営の方針』、http://www.mext.go.jp/b_menu/shingi/chousa/shisetu/008/toushin/03071601/003/001.pdf

④ 科学技術政策研究所・一橋大学イノベーション研究センター共同研究チーム(長岡貞男・伊神正貫・江藤学・伊地知寛博)二〇一〇、『科学における知識生産プロセスの研究——日本の研究者を対象とした大規模調査からの基礎的発見事実』調査資料一九一、http://hdl.handle.net/11035/906

⑤ 行政改革会議「最終報告」(平成九年一二月三日)、http://www.kantei.go.jp/jp/gyokaku/report-final/

⑥ 内閣官房「国の行政機関の定員の推移(昭和四二年度~平成二七年度)」、http://www.cas.go.jp/jp/gaiyou/jimu/jinjikyoku/

files/000249690.pdf

⑦「郵政三事業民営化について（田中直毅氏提出資料）」（平成一五年一〇月三日第二一回経済財政諮問会議配布資料）、http://www5.cao.go.jp/keizai-shimon/minutes/2003/1003/agenda.html

⑧沢井実 二〇〇九、「産業技術政策と工業技術院の半世紀」（コラム第二六五回）、独立行政法人経済産業研究所、http://www.rieti.go.jp/jp/columns/a01_0265.html

⑨文部科学省「国立大学の法人化をめぐる一〇の疑問にお答えします！」、http://www.mext.go.jp/a_menu/koutou/houjin/03052702.htm

⑩「資料二―五 基盤的経費の確実な措置」科学技術・学術審議会基本計画特別委員会（第八回）（平成一七年二月一五日）配布資料、http://www.mext.go.jp/b_menu/shingi/gijyutu/gijyutu11/siryo/attach/1333826.htm

⑪日本学術振興会科学研究費助成事業、https://www.jsps.go.jp/j-grantsinaid

⑫文部科学省「大学等における産学連携等実施状況について」（各年度）、http://www.mext.go.jp/a_menu/shinkou/sangaku/sangakub.htm

⑬科学技術・学術審議会・学術分科会 二〇〇五、『研究の多様性を支える学術政策――大学等における学術研究推進戦略の構築と国による支援の在り方について（第一次報告）（案）』、http://www.mext.go.jp/b_menu/shingi/gijyutu/gijyutu4/toushin/1213891.htm

⑭学術審議会 一九九九、『科学技術創造立国を目指す我が国の学術研究の総合的推進について――「知的存在感のある国」を目指して（答申）』（平成一一年六月）、http://www.mext.go.jp/b_menu/shingi/old_gijyutu/gakujyutu_index/toushin/1314989.htm

⑮アジア・ゲートウェイ戦略会議 二〇〇七、『アジア・ゲートウェイ構想』（平成一九年五月一六日）、http://www.kantei.go.jp/jp/singi/asia/kousou.pdf

⑯留学生政策懇談会 一九九九、『知的国際貢献の発展と新たな留学生政策の展開を目指して――ポスト二〇〇〇年の留学生政策』（平成一一年三月二四日）、http://www.mext.go.jp/b_menu/shingi/chousa/koutou/015/toushin/990301.htm

⑰寺倉憲一 二〇〇九、「我が国における留学生受入れ政策――これまでの経緯と「留学生三〇万人計画」の策定」『レファレンス』No. 697（二〇〇九年二月）、http://www.ndl.go.jp/jp/diet/publication/refer/200902_697/069702.pdf

⑱神田由美子・富澤宏之 二〇一五、『大学等教員の職務活動の変化――「大学等におけるフルタイム換算データに関する調

査」による二〇〇二年、二〇〇八年、二〇一三年調査の三時点比較』（調査資料―二三六）、http://hdl.handle.net/11035/3027

⑲ 文部科学省科学技術・学術政策研究所 二〇一一、『科学技術の状況に係る総合的意識調査（定点調査二〇一〇）（「科学技術システムの課題に関する代表的研究者・有識者の意識定点調査」「科学技術分野の課題に関する第一線級研究者の意識定点調査」）総合報告書』NISTEP REPORT No. 146、http://hdl.handle.net/11035/663

⑳ 豊田長康 二〇一五、「運営費交付金削減による国立大学への影響・評価に関する研究――国際学術論文データベースによる論文数分析を中心として（国立大学協会政策研究所所長自主研究）」、http://www.janu.jp/report/files/2014-seisakukenkyujo-uneihi-all.pdf

5　科学／技術への民主的参加の条件

平川秀幸

一　ポスト三・一一の科学／技術と民主主義の風景

本章のテーマは「科学／技術と民主的参加」である。科学技術論（Science and Technology Studies: STS）にとって古くからあるこのテーマに、いま取組む意義を確認するために、まず「ポスト三・一一」――二〇一一年三月一一日の東北地方太平洋沖地震と、それに伴い東京電力福島第一原子力発電所事故が起きて以降――におけるこの国の民主主義と科学／技術の「風景」を振り返っておく。

問われていたのは民主主義

「民主主義ってなんだ⁉」「これだ！」二〇一五年の初夏から九月にかけて国会前や全国各地で繰り広げられた安全保障関連法案反対デモを象徴するコール・アンド・レスポンスの一節。直接問われていたのは安保法制の是非だが、それは同時にこの国の民主主義のあり方を問い、政府の政策決定のあり方、私たち自身の政治や社会との関わり方を問いなおすものでもあった。

民主主義の問題は、三・一一以降、原子力をめぐっても顕在化している。たとえば事故直後から始まり、たちまち東京や福島県だけでなく全国に広がっていった脱原発や原発再稼働反対のデモ。翌年春から夏にかけてピークに達し、二〇一二年七月二九日には国会前に二〇万人が集まったといわれている。[1] そこでも「原発いらない！」「再稼働反対！」を叫ぶ人々が掲げていたプラカードには、「勝手に決めるな」「人々の声を聞け」など、政府の意思決定の閉鎖性や非民主性を批判する言葉があった。

デモ以外にも原子力をめぐって民主主義が問われる出来事がいくつかあった。たとえば二〇一二年の夏に当時の民主党政権が開催した「エネルギー・環境の選択肢に関する国民的議論（以下、エネ環国民的議論）」のように、政府が民意を把握し、今後の国のエネルギー・環境戦略の策定に活かそうと試みた例がある。二〇三〇年の原発依存率（全電源に占める原子力発電の割合）を「〇％」、「一五％」、「二〇—二五％」のうち、どの割合にするのかに関して、パブリックコメント、全国一一都市での意見聴取会に加えて、「討論型世論調査（Deliberative Polling: 以下、DP）」まで行われたのは画期的だった。DPは米国の政治学者J・S・フィシュキンらが開発した市民参加型の討論を中心に据えた世論把握の手法で、テーマに関する資料や専門家の説明による情報提供と参加者間の討論を行い、その前後で意見や態度がどう変わるかを調べる。一九九四年に英国で初実施されて以来、日本も含めて世界各地で実施されているが、今回のものは中央政府の政策決定に公式に採用された最初の例だという（曽根他 二〇一三）。

他方で、今回の試みは、国民的議論の結果をどのような手続きで政策決定の場に接続するのかについて課題を残した。パブリックコメント、意見聴取会、DPが終わった後、結果をどのように解釈し、政策に反映させるかに関して、古川元久国家戦略担当大臣（当時）を座長として社会調査等の有識者を集めた「国民的議論に関する検証会合」が開かれたが、これは当初から計画されていたものではなかった。九万件近いパブリックコメントが集まり、九割近くが「〇％」支持だったことや、DPでも「〇％」が最多で、しかも情報提供・討論を経てその割合が増加したことを、どのように政策に反映させたらいいかが政府内で問題となり、急遽招集されたのだった（公共圏における科学技術・教育

研究拠点 二〇一四、五五頁)。代表制民主政のもとで市民参加を行う上で本質的な課題を二〇一二年の試みは提起したといえる。

見捨てられた民主主義

エネ環国民的議論が行われた背景には、当時の民主党政権が、「新しい公共」や「熟議」といった理念を掲げ、「国民の意見を非常に気にする政権」だったことが挙げられる(同前、一二頁)。それは、市民社会の政治参加に肯定的だという意味で民主的志向性が強い議員が多いというだけでなく、官僚組織への対抗力として「民意」をテコとして活用する政権運営手法をとっていたということもあったと推察される。しかし同じ民主党政権のもとでも、その後、二〇一二年末に自民党が政権に返り咲いてからはなおいっそう、本来採られるべき民主的取組みが進まなかったのが東京電力福島第一原発事故の被災者への対応である。

国際放射線防護委員会(International Commission on Radiological Protection: ＩＣＲＰ)の『原子力事故または放射線緊急事態後の長期汚染地域に居住する人々の防護に対する委員会勧告の適用』(ICRP 2009)では、効果的な防護対策を策定・実施するために、対策に関する意思決定に住民などステークホルダーが関与・参加することを推奨している。しかしながら福島第一原発事故の被災者対応では、この原則は守られていない。

たとえば長谷部(二〇一五)によれば、原発事故によって起きた事態(事故による長期避難で放置されたインフラの劣化や自然環境・生態系の放射性物質による汚染だけでなく、住居・財産・就業・地域社会など住民の生活基盤の喪失も含む)と国が進めている対策との間には大きなギャップがあり、事態をますます悪化させている。その原因の一つが、被災者・被災地が主体的に対策内容の策定過程に関与・参加するようになっていないこと、具体的には生活再建の出発点となる損害賠償において、補償の考え方や水準について被災者と損害賠償責任者が直接対話・交渉する場が存在しないことだという。

除染についても同様だ。モシニャガら（モシニャガ・十時 二〇一五）によれば、市町村が行っている除染実施計画の多くは、「地域の関係者と十分に協議することなく、福島県が発行したマニュアルに従って考案された」ものであり、「情報の共有と意思決定プロセスへの住民参加が不十分であった」ために、「除染作業には地域の実情が反映されておらず、関連する復旧・復興計画との調和も取れていなかった」という。住民など関係者との対話の代わりに、多くの行政が行っているのは「決定後、公表して正当化する（decide-announce-defend: DAD）」アプローチであるという。

もう一つ原発事故関連で民主的参加の不足が問題となったのは、「子ども・被災者支援法」（正式名「東京電力原子力事故により被災した子どもをはじめとする住民等の生活を守り支えるための被災者の生活支援等に関する施策の推進に関する法律」）の制定とその具体的施行規則となる「基本方針」の策定のプロセスである（Hirakawa & Shirabe 2015）。同法は、政府が定めた避難指示区域からの避難者だけでなく、それ以外であっても一定以上の放射線量が観測される地域（「支援対象地域」[2]）に居住し続ける者や、そこからの避難者（いわゆる「自主避難者」「区域外避難者」）も含めて支援するために、各地の自治体、弁護士会、被災者も含めた市民団体が制定を求めたものだ。これに応え、超党派の議員連盟が法案を提出、二〇一二年六月二一日の衆議院本会議で可決成立し、同月二七日に施行された。事故により広く拡散した放射性物質による放射線が人の健康に及ぼす危険について「科学的に十分に解明されていない」ことを前提として、予防原則の観点から「被災者の生活を守り支えるための被災者生活支援等施策を推進し、もって被災者の不安の解消及び安定した生活の実現に寄与すること」を目的とし（第一条）、「被曝を避ける権利」（福田・河﨑 二〇一五）を保障している。

民主主義の観点から見て、この法律にはいくつもの優れた点がある。第一に、いま述べたように、被曝をいかに避けるか、どの程度を受忍可能とするか——具体的には被災者が、支援対象地域における居住、他地域への移動、移動前の地域への帰還のいずれを選ぶか——という問題を、放射線の健康影響に関する科学的知見の「不確実性」を前提にして、科学的根拠によって決定される問題としてではなく、当事者の自己決定に委ねるべき問題として扱うことを求めている。被曝リスクの問題を、科学的・客観的な知識やデータに基づいて処理すべき問題として扱う「事実・客観性フレーム」よりも、自己決定権や意思決定の民主的正統性の問題として扱う「権利・民主性フレーム」をいっそう重視するという言い方もできる（平川 二〇一六）。さらに第五条第三項ならびに第一四条では、同法の具体的な支援内容を定める「基本方針」の策定や、第八条—第一三条が定める他の施策を策定する際に、被災者等の意見を反映させるために必要な措置をとるようそれぞれ求めている。

このように自己決定権と政策決定への参加の権利の保障を求める同法の理念を先取りするように、制定までの過程は実に民主的だった。上述のように被災者やその支援者、弁護士、自治体による要望に国会が応えたのが同法であり、制定過程においてすでに理念が体現された「「市民立法」と呼ぶにふさわしい法律であった」（同前）といえる。

しかし制定後の同法をめぐる動きは全く違った。先述のように同法第五条では、基本方針策定にあたって被災者等の意見反映のための措置をとるよう求めているが、これが十分に実行されたとは言い難い。案公表後も、二週間のパブリックコメント募集（その後、募集期間が短すぎるという被災者等からの批判を受けて一〇日だけ延長された）が行われたのと、公聴会ではなく「説明会」が、短い予告のみで福島市と東京都で開かれただけであり、後者は福島県内、近隣県、首都圏以外で生活している避難者には参加困難だった。そもそも案が公表されたのは法成立から一年二カ月以上も後の、二〇一三年八月三〇日のことであり、これだけでも被災当事者の意思の無視の程度は甚だしいといえる。結局、基本方針は、被災者にとっては非常に不満足な内容のまま、ほとんど修正されずに同年一〇月一一日に閣議決定された。法が求めた「被曝を避ける権利」の保障は極めて限定的なものとなったのである(3)。

いま考える民主的ガバナンスの課題

以上が、二〇一一年三月一一日からの約六年間、この国で目撃されてきた科学／技術をめぐる民主主義の姿だ。一方では、エネルギー・環境の選択肢に関する討論型世論調査のような先進的(あるいは野心的)な民主的参加の取組みが行われもしたが、原発事故の被災者対応では非民主的な対応ばかりが目立つ。基本的には、後者が日本社会における民主主義の現状であり、エネルギー、環境、原発事故の問題に限られたことでもないだろう。

本章の目的は、現代社会において、科学／技術が関わる諸問題に対する民主的ガバナンスはいかにして可能なのかを考えることにある。ここで「科学／技術が関わる諸問題」(以下、科学／技術関連問題)とは、それに関する意思決定の根拠として、科学／技術の専門性に基づく分析、評価、判断が必要な問題全般を指すこととし、意思決定の対象である問題そのものが科学／技術に由来するものには限らない。たとえば環境や食品安全、化学安全、その他技術的事故の「リスク」は、規制基準の策定などの意思決定の根拠にリスクに関する科学的な見積もり(リスク評価)を必要とし、科学／技術関連問題の代表格ともいえる問題である。しかし問題そのものの由来は、遺伝子組換え食品や食品添加物のように科学／技術によって生み出された人工物であるものもあれば、微生物による食中毒のリスクのように自然物のものもある。本章で言う「民主的ガバナンス」とは、問題の由来は自然的であれ人工的であれ、科学的根拠を必要とする問題に関する意思決定を、専門家や政策立案者だけに委ねず、他の多様な人々も参加する「参加的(participatory)」で「包摂的(inclusive)」なかたちで行うことを意味する。

本章では、そうした民主的意思決定に基づくガバナンスはいかにして可能なのかを、「そもそも民主的ガバナンスはなぜ必要なのか」という必要性あるいは正当性の問いに遡ったところから論じる。この問いは、科学技術論では、とくに一九七〇年代以降、散々議論されてきたものだが、先に見たように現実の社会ではまだまだアクチュアルな問いである。民主的ガバナンスの必要性・正当性は、繰り返し再確認し、問いに答えていく必要がある。

この点でとくに問題となるのは「テクノクラシー（技術官僚主義）」の論理だ。科学／技術関連問題は、関連する分野の高度な専門性なくしては理解できないことが多い。このため、社会におけるそうした問題の処理は、それら分野の専門家や、彼らの助言を受け、自らも相応の専門性を備えた行政官の判断に任せるべきだとするテクノクラシーの考え方は洋の東西を問わず根強い。仮に民主政が関わるとしても、専門家による助言やテクノクラートによる立案に基づいて、選挙で選ばれた議員が意思決定する代表制民主政だけである。たとえば徳島県の吉野川に可動堰を建設する計画の是非をめぐって二〇〇〇年一月に徳島市で行われた住民投票に対して、当時の建設大臣が、建設の是非は工学的問題であり、住民投票の対象とすることは「民主主義の誤作動だ」と批判したのは典型例だ。確かに科学／技術には、その分野の専門家でないとわからない問題がたくさんある。そうした問題について専門知識や証拠に基づかずに素人の多数決や合意で決めるとなれば、それはまさしく民主主義の誤作動に他ならないだろう。この意味で、専門性に基づく判断の必要性を説くテクノクラシーの言説には妥当性がある。古代ギリシャの旧い区別を持ち出して言えば、科学／技術関連問題に関する意思決定は「エピステーメー（真知）」に基づくべきであり、民衆の「ドクサ（臆見）」に委ねてはならないというわけだ。

このような科学／技術の専門性という「壁」を前に、いかにして「民主主義の作動」を正当化できるのか。これに答えるために本章では、専門性に基づく判断に委ねるのが当然と見える科学／技術関連問題の中にも、民主的な意思決定を必要とする「公共的問題」が内在していること、そうした問題を正当に扱うためには、問題に関する意思決定の根拠となる知識を形成するプロセスを参加的・包摂的なものにする「専門性の民主化」が必要であることを、とくにリスク問題を例に見ていくことにする。

しかしながら専門性の民主化という方法だけで、科学／技術関連問題に関する民主的ガバナンスが十分に可能になるわけではない。それを可能にするためには、どのような課題に取組まねばならないのか、科学／技術や政策決定のあり方だけでなく、民主政のあり方自体も変える必要があるのではないか。とくに二〇〇〇年以降の日本での民主的ガバナンスの取組みを踏まえつつ、最後にこの問いについて論じる。

二　科学／技術に関する民主的ガバナンスはいかに正当化されるのか

科学技術に内在する「公共的問題」と知識の「不定性」

一見極めて専門的で、科学的・技術的な知識に基づいた判断に委ねられるべきだと見られる問題であっても、専門家集団やテクノクラートに委ねるべきではない公共的問題が存在している。これが本章の第一の主張だが、では具体的には公共的問題とはどのようなものなのか。これを理解するには、まずリスク問題における科学知識の「不定性(incertitude)」の概念を理解しておくのがよい。この観点からは公共的問題とは、知識の不定性が顕著な場合、もしくは社会として受容し難い不定性が存在していると認識される場合に顕在化する問題だといえる。

不定性にはさまざまな分類方法があるが(吉澤 二〇一五、山口 二〇一二)、たとえば国際リスクガバナンス・カウンシル(International Risk Governance Council: ＩＲＧＣ)の報告書(IRGC 2005)では、「複雑性(complexity)」「不確実性(uncertainty)」「多義性(ambiguity)」の三つに分類している。

まず「複雑性」とは、問題となっている事象を構成する多数の要素間の複雑な相互作用(相乗効果や拮抗作用)や、長期の影響発現期間、個体差などが存在することによって、因果関係を特定し定量化するのに困難があるような状況を指す。「不確実性」は、因果関係をモデル化する際の複雑性の縮減が不完全または不適切な場合に見られるものである。影響に対する脆弱性の違いによる被影響者の個体差、因果関係のモデル化における系統的ないしランダムな誤差、非決定性や確率的な効果、制限のあるモデルあるいは限られた数の変数・パラメータに注目する必要から生じる対象系の境界づけの仕方(どの要因・変数を対象の範囲とするか、何を除外するか)、知識が不足または存在しないことによる無知(ignorance)によって、因果関係に関する知識に不完全さ・不確かさがある状況を指す。

最後に「多義性」は、リスク評価(被害の種類や程度とその発生確率に関する科学的分析のこと)の結果に対して、有意味かつ正当な解釈が複数生じている状態であり、「解釈的多義性(interpretative ambiguity)」と「規範的多義性(normative ambiguity)」がある。解釈的多義性は、たとえば電磁波に曝されることで人間の脳の神経活動が活発になることがリスク評価によって判ったとして、それを「有害」な反応と解釈するのかどうか、リスクは高いと解釈するのかどうかといった解釈の多様性である。他方、規範的多義性は、有害と解釈されたリスクの受容可能性(acceptability)または受忍可能性(tolerability)[4]を判断する際の価値判断に不一致・多様性があることであり、この判断は、倫理観、生の質(QOL)への影響などさまざまな観点で行われる。二つの多義性の違いをわかりやすく示すならば、リスク評価の結果として、有害性が疑われる事象(たとえば電磁波による脳神経活動の活発化)についてさまざまな証拠が得られたとき、「これらの証拠から、この事象を有害と解釈するか否か」で判断が分かれるのが解釈的多義性、「その事象が有害だとして、そのリスクを受け容れるべきか否か」で分かれるのが規範的多義性である。

ＩＲＧＣ報告書では、このような不定性の類型ごとに、リスクに関する意思決定が直面する問題を「複雑な／不確実な／多義的なリスク問題」と呼び、いずれの不定性もない場合を「単純な(simple)リスク問題」としている。ただし、これらは排他的な区別ではなく、一つのリスク問題が複数の不定性にまたがる場合もある。たとえば不確実なリスク問題では、リスクと引き換えに得られる便益と比べて、リスクが十分に低いことを示す証拠の不確実性が大きい場合には、リスク論の伝統的問いである「どれだけ安全なら十分に安全か(How safe is safe enough?)」に代えて、「主要な関係者たちは、所定の便益と引き換えに、どれくらいの不確実性や無知を受け容れる意志があるのか」(IRGC 2005, p. 52)が問われることになる。これに関する関係者たちの価値判断や利害が異なり、対立が顕在化していれば、問題は「不確実かつ多義的」となる。複雑なリスク問題でも同様に「複雑かつ多義的」となることがある。逆に、たとえば規制当局が設定する基準値に対して、認識の観点からも価値判断の観点からも関係者間に異論や対立がない（あるいは顕在化していない）場合は、問題の公共的性格はないものとみなされ、複雑・不確実・多義的のいずれでもない「単純なリスク問題」となり、意思決定は規制当局や専門家集団の判断に「委任」されることになる。

加えて、同一の問題について、たとえば規制当局は「単純」と見ているのに対して、外部の専門家が「不確実性」を指摘したり、リスクに曝された当事者（被影響者）が受忍可能性について異議を唱え、「多義的」になったりすることもある。このようにリスク問題の不定性の特徴付けそのものに関する認識が関係者間で異なる状態は「メタ多義的」と呼ぶことができる。

公共的問題の例――リスク認知における社会的・規範的考慮

以上のような科学知識の不定性の概念には、リスク問題における公共的問題の所在と、それらに対して民主的な対応をすることの必要性がさまざまな形で示されている。[5] 最も明白なのは、価値判断の多様性やコンフリクトを含意する規範的多義性がある場合だ。その具体的問題例として、ここでは、三・一一原発事故後の低線量被曝のリスクをめぐって混乱の種の一つであった「リスク認知（risk perception）」を取り上げよう。

リスク認知とは、リスクの大きさ（深刻さ）に関する人々の直感的・主観的な判断であり、専門家が科学的なデータや方法に基づいて見積もった客観的なリスク（被害の程度と発生確率）の大きさとは一般に異なっている。この違いの原因には、単にリスクに関する知識や理解の不足というのもあるが、他にもさまざまな心理的要因があることが心理学の研究でわかっている（Slovic 2000）。大別すればそれら要因には「未知性因子」と「恐ろしさ因子」の二種類がある（リスク認知の二因子モデル）。たとえば科学的には同程度のリスクであっても、馴染みのない新規のリスクは馴染みのあるものよりも大きく感じられ、結果が個人や社会にとって致死的・壊滅的なリスクも、そうでないものより大きく感じられる傾向がある。

こうしたリスク認知は、通俗的な理解では、「被害の程度と発生確率」という科学的なリスクの考え方やデータを学習することによって「矯正」すべき「誤った」認識とみなされがちであり、いわゆる「リスクコミュニケーション」も、そうした教育・矯正を目的にしたものになりやすい。しかしながら元来、リスク認知の概念には、そのような科学的なリスク評価が正しく主観的なリスク認知が誤っているといった単純な正誤の二分法は含意されていない。基本的には、リスクの専門家とそれ以外の（多様な）一般の人々とではリスクについての問題の捉え方（「フレーミング」という）、評価の仕方・基準が異なるということを示唆している。

そのような科学外の評価の仕方として、ここでとくに着目すべきなのが、リスク認知の要因には、個人的な心理だけでなく、民主的な意思決定や自己決定権の保障が求められる「多義性」に関わる「社会的・規範的考慮」も含まれていることだ。たとえば恐ろしさ因子に含まれる「自発性」や「制御可能性」は、リスクを受け容れる（引き受ける）か否かを自ら選択・制御できるかどうかであり、「自己決定権」の問題である。「公平性」も恐ろしさ因子の一つだが、これも社会の中でリスクと便益が不公平に分配されていないかどうかという社会正義の問題である。

このように考えるならば、リスク認知と客観的なリスク評価の間で生じるズレは、科学的な意味でのリスク（被害の程度と発生確率）についての誤解——被害の程度や確率を過大または過小に見積もってしまうこと——ばかりとは言えなくなる。人々は、権利や正義に関わる社会的・規範的考慮も含めて、科学的なリスクの尺度に還元できない多様な基準でリスクを評価し、受け容れたり拒否したりしているのである。[6] 科学的な観点からは時に過剰に見えるほど強くリスクを拒否する人々の態度は、自己決定や民主的参加、便益とリスクの分配の不公平などに対する不満や、政府などリスクの管理に責任をもつ機関・組織に対する不信の表れであることもあり、自己決定権の行使を十分保障する措置を講じたり、参加的・包摂的な民主的意思決定を行ったりなどの対応が必要になることもあるのだ。それを無視して科学的な観点からのみ、政府や専門家がリスクコミュニケーションを行えば、人々の不満や怒り、さらなる不信を招き、本来必要な問題対応が為されないだけでなく、リスクコミュニケーションもいっそう混乱しかねない。

そうした混乱が起きる例の一つが「リスク比較」である。これは、人々にとって馴染みのないリスクの大きさ(ここでは発生確率)を既知のリスクと比較して説明することで、直観的に理解しやすくする説明法だ。この点でリスクコミュニケーションにおける説明法としてたいへん有用なのだが、比較の仕方によっては人々の嫌悪感や怒りを招きやすい(Covello 1989)。発生確率という定量的尺度の大小のみに着目し、リスク認知の心理的要因や社会的・規範的考慮を度外視するため、後者の観点で看過しがたい違いを認める人々にとっては、重要な問題を無視する不適切な比較になってしまうからだ。実際、三・一一後の低線量被曝に関するリスクコミュニケーションでも、たとえば、リスクの受容を自ら選択可能で便益もある医療被曝のリスクと、原発事故により否応なく押し付けられ、便益もない被曝のリスクを比較した説明が批判された例は少なくない⑦。

科学的判断に内在する公共的問題

さて、前項で見たリスク認知の性質は、リスク問題において、被害の種類・程度・発生確率など科学的な問題とは別に、自己決定権の保障や民主的な意思決定が必要な多義的で公共的な問題が存在していることを示すものだった。言い換えれば、問題そのものの性格として、リスク問題は自然科学と人文学・社会科学の違いをまたぐ複合的問題だということである。次は、そうした問題のうちで、自然科学的問題について分析・評価する科学の専門的内容にも公共的問題が内在しうること、通常「価値中立的」とされる自然科学にも社会の価値観が影響しうること(価値負荷性)を、二つの例で紹介する。

一つは欧州での遺伝子組換え（GM）作物のリスク論争からの例である（Levidow 2001）。一九九〇年代後半の欧州では、欧州連合（EU）や加盟各国政府と、環境保護・消費者保護のNGOや小規模農業団体、一般市民との間だけでなく、各国政府間でもGM作物の環境影響リスクの受容可能性について意見が割れていた。GM作物の主流品種である害虫抵抗性品種と除草剤耐性品種は、それぞれ耐性害虫や耐性雑草の発生や、除草剤耐性品種の場合は、使用される除草剤による地下水汚染などのリスクが懸念されていた。これに対してEUのリスク評価は、別の農薬を使うなど既存の方法や新しい導入遺伝子を使うことで対処できるがゆえに受容可能だとしていた。これは一見、純科学的な判断に見えるのだが、実はその前提には、農薬や化学肥料をたくさん使う生産主義的な多投入型農業を当然視する見方がある。これに対し、有機農業を将来の農業モデルとしていたオーストリアや、農薬による飲料用地下水の汚染が問題となっていたデンマーク、牛海綿状脳症（BSE）問題(8)を機に効率優先の現代農業に批判的になっていた生産者や消費者、NGOは、この前提こそ再検討すべきものであり、有機農業を基準としてリスクの受容可能性を評価すべきだと主張したのである。先に述べたように受容／受忍可能性の判断は、科学的な判断とともに社会的・規範的考慮に関する価値判断に依っているが、この事例では、リスクの大小を測る定量的基準の選択という科学的判断自体の前提に価値的・政策的な判断が存在しているのである。リスク評価に先立って、そのあり方を規定するこうした社会的・規範的な前提は「上流フレーミング前提（upstream framing assumptions）」ともいう（Millstone et al. 2004）。

もう一つの事例は、一九九〇年代半ばに行われた名古屋市港区の藤前干潟埋め立て事業の環境アセスメントだ。このアセスメントでは、渡り鳥のシギ・チドリ類の干潟の「利用率」の測定結果が、事業者によるもの（〇・〇一―一〇・七％）と市民団体によるもの（三一―九六％）で大きく食い違っていた。日野ら（日野・佐藤 二〇〇一）によればその原因は、測定や計算のミスではなかった。前者が、工学設計で使いやすい「時間的な平均値」として利用率を定義し、それに合わせて調査日や調査法を選んだのに対し、後者は、鳥の採餌行動に事業が及ぼす最大影響を知るために最も適した

「干潟の最多利用時間帯での値」を利用率として定義し、調査日・調査方法を選んだことが原因だという。すなわち測定結果の違いは、「工学設計での使いやすさ」を重視した工学者の価値判断と、野鳥保護という観点から鳥への最大影響を重視し、最多利用時間帯での測定を選んだ市民団体の価値判断の違いに基づいているのである。このように対象となる現象の重要な変数として何を選び、何を無視するか、どんな測定方法をとるかという「変数結節」(藤垣二〇〇三)――これも上流フレーミング前提の一つである――も多義的な公共的問題の所在なのである。

「専門性の民主化」の必要性

このように多義的な公共的問題はリスク評価の科学的内実にも存在しており、科学的判断の前提に含まれる価値判断は誰にとってどのように妥当なのか、そうした前提に立つ科学的判断を根拠に政策が決定されることの民主的正統性が問われることになる。そもそも不確実または複雑なリスク問題の場合も、それ自体は知識の認知的(epistemic)な内容に関わるもので、社会的価値判断から独立に見えても、懸念されるリスクが重大なものであったり、不確実性や複雑性につり合う便益がなかったりする場合には、先述のように不確実性・複雑性も含めたリスクの受容／受忍可能性が問題となり、社会的・規範的な含意をもつ。またリスク評価の過程で、十分に不確実性や複雑性が考慮され、保守的に(公衆に対するリスクが小さくなるよう安全寄りに)判断されているのかどうか、たとえば健康被害の可能性を示す証拠を、データ不足など不確実性を理由に十分に考慮せずに評価の結論が導かれていないかということも、しばしば公共的な関心事項となる。

こうした観点から必要となるのが、リスクの対策など政策決定の根拠として科学を用いるプロセスそのものを広く社会に開く「専門性の民主化(democratization of expertise)」である(平川 二〇一〇)。この概念を最初に提案した欧州委員会の報告書(European Commission 2001)によれば、これは「専門性が発展し、利用され、伝達される際のデュー・

プロセス(適正過程)を保証すること」であり、それが必要な理由として、現代社会において専門性は、意思決定に合理性を与える基盤としてますます不可欠になっている一方で、その妥当性をめぐる論争がますます絶えなくなっているという「専門性のパラドックス」の状況にあること、すなわち知識の不定性が顕著であることを挙げている。そして、この民主化を実現するために次の七項目の強化行動目標を掲げている。①政策決定のために専門性が発展・選別・利用されるプロセスへの「アクセス」と「透明性」、②市民や代議機関に対する専門性の提供者および政策利用者の「答責性」、③市民の必要や要求を満たす政策決定を生み出すために提供される専門性の「有効性」、④新しい問題や脅威の特定を助ける「早期警告」と「先見」、⑤「独立性」と「公正さ」、⑥政策決定や公共的議論に動員される専門性の出自と種類の「多元性」、⑦専門性の「品質」(科学的な卓越性と政策的・社会的重要性)。

包摂的参加の認識論的効果

これら七つの行動目標はいずれも専門性の民主化にとって重要な要素だが、その中でもとくに重要なのが「多元性」である。これが意味するのは、さまざまな研究分野の学術的な専門性に加えて、行政職、商工業、農業など個別産業に従事する人々や、環境保護団体など市民社会組織に所属する人々がもつ実践的な専門性や経験知・実践知、あるいは生活者としての市民がもつ生活知など、多種多様な知が政策決定に動員されなければならないことを意味している。問題が複雑・不確実・多義的で専門性のパラドックスが現出するような状況では、たとえば政府の委員会に所属する科学者たちの主張を、その妥当性を多角的に吟味することなしに額面通り受け取るわけにはいかない。事実認識に誤りや不足があるかもしれないし、不確実性を過小評価しているかもしれない。政治的・経済的利害によって判断が偏向しているかもしれない。そうした認識論的かつ政治的な疑いについてさまざまな観点から問いただすとともに、必要な知識や情報、洞察をさまざまな方面から集めたり、科学的判断の妥当性を多角的に検証したりすることは、知識の品質管理におけるデュー・プロセスとされなければならないのである。

ここで重要なのは、多元性という包摂的な参加の条件を実現することには、人々が公的な意思決定に参加・関与する権利を保障し、決定の民主的正統性を高めるだけでなく、決定の根拠となる知識の質を向上させ、政策目的にとって有用な知識を得る可能性を高める「認識論的効果」もあるということだ。たとえば、先に紹介した藤前干潟利用率の例では、野鳥保護を第一の目的とし、そのために必要な野鳥の生態に関する知識をもつ市民団体が環境アセスメントのプロセスに関与できたことによって、鳥の干潟利用率の定義が、当初、事業者が用いたものから再定義され、野鳥保護にとって有用なデータが得られるようになったのだった。市民団体が用いた知識は、生活や職業、社会活動それぞれの文脈に局在している「ローカルナレッジ」「現場知」「素人専門性(lay expertise)」と呼ばれている。藤前干潟の例は、そうした知が、大学や研究調査機関、企業に所属する職業的な専門家がもつ専門性に対して批判的ないし補完的に機能する「対抗的専門性(counter expertise)」としていかに有効かを物語っている。

こうした包摂的参加による認識論的効果は、社会の各方面からの多様な知識の集積や判断の妥当性の多角的検証以外にもさまざまある。たとえば、知識の形成を方向づける「フレーミング(問題の枠づけ方)」に対する効果がある。科学技術が関わる問題であっても、何が対応すべき重要な問題なのか、それをどのような種類の問題として考え、どのように解決すべきかは、問題に関係する当事者たち自身の問題認識を無視して決めることはできない。「問題」とは何よりもまず当事者にとっての問題だからだ。

もちろん当事者の問題認識だけでなく、専門性に基づくフレーミングも重要だ。たとえば放射線量が比較的高い地域で被曝リスクをできるだけ低減しながら暮らし続けるための施策を立てるには、放射性物質の除染や放射性防護の知識や専門家からの助言が必要である。賠償等に関しては、法律など社会科学の専門家や弁護士などの助言も必要だ。しかし同時に、直接の当事者ならではの視点や、当事者でないと気づくのが難しい問題もありうる。より妥当な意思決定を探るためには、当事者が何を望ましい解決と考えるかが考慮されねばならない。たとえば先に紹介した子ども・被災者支援法は、被曝リスクの受忍の是非に関する問題を、科学的根拠によって決定される問題としてではなく、当事者の自己決定や民主的な意思決定に委ねるべき問題として扱うことを求めている。これは被曝の問題を事実認識だけではなく権利保障の問題としても扱ってほしいという当事者の意思を反映したものだといえる。政策根拠となる知識の形成過程への包摂的な参加(多元性)は、専門的な知見や判断とともに、そのような意思が問題のフレーミングに十分に反映される可能性を高めることに寄与するのである。

フレーミングと関連して、もう一つ重要な包摂的参加の認識論的効果は、「専門性」そのものが包摂的なプロセスを通じた専門外の社会的文脈との相互作用によって形成されうることである。たとえば行政が、ある問題を施策によって対応すべき重要課題と認識したとしよう。その際、必要な専門性と専門家が最初から存在しているとは限らない。社会や政策立案現場で重要とされる問題が、研究者集団の内でも重要だとされ、十分な専門的蓄積があるとは限らないからだ。そうした問題を扱うのに適した専門性や専門家は、問題に関係する当事者や政府機関、企業、専門家集団の間の論争あるいは協調的な対話や協働を通じて、その問題が政策課題として議題構築されるとともに、研究者集団も重要な研究課題として研究・調査することによって、共進化的に徐々に存在するようになるのである。

三　科学／技術に関する民主的ガバナンスはいかに可能か——直面する課題

参加型テクノロジーアセスメント論を超えて

以上に論じてきたように、科学／技術関連問題には、科学で扱うことのできない社会的・規範的考慮の次元があり、それはフレーミング前提のように科学的判断の推論構造にも存在している。そして、政策根拠となる科学知識の形成過程に対する「専門性の民主化」も含めて民主的な対応を行うことには、人々の自己決定や民主的参加の権利の保障という「規範的意義」や、政府などに対する信頼醸成への寄与という「道具的意義」の他に、認識論的効果という「実質的意義」もあることを示した。(9) これらはいずれも科学技術論では論じ尽くされた基本的論点だが、テクノクラシーの論理――時にそれは、たとえば新技術の安全性に関する政府や専門家集団の方針や見解に対する異論を排するための方便(偽装テクノクラシー)にすぎないこともある――が支配的な現実の社会にあっては、繰り返し確認し強調しなければならない。

それでは、そのように民主的ガバナンスには必要性や意義があるとして、それを具体的に実現するにはどうしたらいいのだろうか。専門性の民主化という観点では、とくに「多元性」を高める方策として、「参加型テクノロジーアセスメント(participatory technology assessment: 参加型TA)」の取組みが、これまでにも多数行われてきた。TAは新しい科学技術の正負の社会的影響(環境影響も含む)について予見的に評価を行い、科学技術政策の立案・決定に資するための活動で、一九六〇年代後半に米国で始まり、一九七二年に米国連邦議会技術評価局(Office of Technology Assessment: OTA)として制度化され、八〇年代に欧州諸国に広まった。その中でデンマーク議会に設けられたデンマーク技術委員会(Danish Board of Technology: DBT)が一九八七年に始めたのが、それまでのTAのように評価を専門家が行うのではなく、非専門家の市民が行う参加型TAである。手法としては、DBTが開発したコンセンサス会議のようにTA分野で生まれたものの他、討論型世論調査のように他の政策領域で生まれたものが利用されている。評価対象のテーマは主催者が決めるのが一般的だが、手法によっては、どんな問題を具体的に議論するのかの議題設定は参加者自身が行い、専門家以外の多様な問題意識に基づくフレーミングが議論に反映される仕組みになっている。政治思想的には「熟議民主主義」の実践形態である「ミニパブリックス」の方法である。日本では一九九八年以降、コンセンサス会議や市民陪審など既存の手法や独自に開発した手法を用いた取組みが、遺伝子組換え作物やBSE、ナノテクノロジーなどさまざまなテーマで行われている。ほとんどは研究者による社会実験だが、エネ環国民的議論のように国や地方自治体の行政機関が行ったものもある。

こうした参加型ＴＡの取組みは、科学技術に関する政策決定の過程に多様な人々が参加・関与するのを促進するものであり、専門性の民主化のための代表的方法と言っていい。実際、欧米だけでなく日本でも、多くの社会実験の経験を通じて、先に挙げた包摂的参加の認識論的効果がさまざまに示され、包摂的参加の実質的意義が繰り返し確認されてきた。それは、これまでの大きな成果なのだが、民主的ガバナンスのあり方としては自ずと限界もある。超えねばならない限界は何か、どのような課題があるか、いくつか概観してみよう。

民主的ガバナンスが直面する課題

第一の課題は、専門性の民主化のための仕組みの制度化である。たとえば欧州では英国、フランス、ドイツなど一五カ国の議会と欧州議会、欧州評議会にＴＡ機関（議会ＴＡ機関）があり、欧州議会ＴＡ（ＥＰＴＡ）というネットワークも一九九〇年に設立されている。これに対し日本では、一九七〇年代、九〇年代に制度化に向けた議員連盟の動きなどがあったものの、叶わないできた（吉澤 二〇〇九）。ただし国会図書館の調査及び立法考査局では、同局の活動の一部として議会ＴＡを行うことが模索されており、二〇一六年一〇月にはアジアで初めてＥＰＴＡの準会員となっている。ＴＡには参加型ＴＡも含まれ、議会ＴＡは、議会という代表制民主政においてＴＡの知見を活用する「民主政の専門化」を支えると同時に「専門性の民主化」の回路ともなる。こうした制度化の芽をどう育て活用していくか。財政難から国会図書館内での担当人員の増加は望みがたいため、大学や他の研究機関に所属する研究者やシンクタンクとの連携が鍵だといえよう。

第二の課題は、市民社会の側での「民主政の専門化」である（平川 二〇一〇）。議会ＴＡなど政府・議会の側で専門性の民主化が進んでも、市民社会の側に政府の科学的主張や政策内容を批判的に吟味したり代替案を提案したりできる対抗的専門性がなければ、政府の側の専門性の民主化も有名無実になってしまうからだ。とくに重要なのはＮＧＯ／ＮＰＯなど市民社会組織の専門性だ。これをどう育て充実していくか。寄付文化も希薄で、資金不足から、ほとんどの市民社会組織が専従の事務職員も雇用できない日本社会では極めて困難な課題だといわざるをえない。

第三の課題は、次の二つの意味での問題規模に対する包摂的参加の「狭さ」をどう克服するかである。一つは、問題の「フレーミング」における狭さだ。たとえば参加型ＴＡのような参加の機会が設けられ、そこでの具体的な議題設定・フレーミングは参加者に委ねられたとしても、大枠のテーマは主催者である行政機関や議会機関が決めることになり、議題設定の幅にも自ずと制約がかかる。特に行政機関の部局が主催する場合には、その部局の所掌範囲を超える議題設定はしづらい。二つめは問題の「集合性」に対する包摂的参加の狭さである。これはフレーミングの狭さにも重なるが、科学技術の問題を深く掘り下げるほど、背景にある「社会・技術的想像力(sociotechnical imaginaries)」[10]と呼ばれる、科学技術の発展・利用の何が望ましく何が望ましくないかの価値判断に結びついた「将来社会のヴィジョン」や、より一般的な社会の価値観や通念、言説、権力関係など、数多の人々が関わる集合的次元の問題群に直面する。そうした集合的問題に対して、少数しか参加できない従来のミニパブリックスによる熟議の方法では影響範囲があまりに小さい。この規模の違いを超えて、熟議の場と社会をつなぐ経路を考えなくてはならない。

第四の課題はなおいっそう困難なものだ。参加型ＴＡなどこれまでの専門性の民主化の試みは、もっぱら政府の政策立案過程とそこでの専門性利用を対象としたものである。しかしながら現代において社会にインパクトをもたらす科学技術に関する意思決定の大部分は民間企業や市場で為されており、政府の規制にある程度拘束され方向づけられても、基本は、政府に対して自律的に自由に意思決定が行われる。大学や公的研究機関で行われる基礎研究にしても、政府の科学技術政策の予算措置による大まかな目標誘導はなされても、より具体的な研究開発課題の設定や解決法の探究は研究者たちの自由な発意と発想に委ねられている。このような政府の領域からの自由こそが研究や市場経済の活力の源泉でもあるわけだが、他方で、倫理や正義の観点も含めて社会的に望ましい科学／技術をいかに実現していくかという規範性や反省性をどうやってそこに織り込んでいくのかという大きな課題がある。

おわりに――民主主義のアップデートへ

このように見ていくと、いずれの課題も、科学／技術と民主主義という問題範囲を超えて、この社会全般における民主主義のあり方や、民主主義の構想イメージの「アップデート」を必要としていることがわかる。たとえばいま述べた第四の課題については、近年「責任ある研究・イノベーション（Responsible Research and Innovation: ＲＲＩ）」という、大学の研究開発や、産学連携を通じての企業の研究開発や商品開発の過程に包摂的なガバナンスの営みを直接埋め込むための試みがＥＵの科学技術政策として進められている（Stilgoe et al. 2013; Owen et al. 2013）。もちろんこれは科学技術政策としては大きな価値ある取組みだが、やはり限界がある。制度的には規制やＩＳＯなどの国際標準、あるいは企業の社会的責任（ＣＳＲ）や社会的責任投資（ＳＲＩ）、ＥＳＧ投資[11]、グリーンコンシューマリズムなどの消費者運動といった、市場におけるより一般的なガバナンスの課題として多角的・複合的に考えていく必要がある。

市場の問題は第三の課題で指摘した集合的次元の問題にもつながっており、規範性や反省性の問題は、社会に流通する言論の問題につながる。そうした言論を供給するのは、一つには人文学・社会科学やメディアの役割だが、民主主義という観点からは、やはり熟議の役割が鍵となろう。ただし熟議といってもミニパブリックス的なものでは先に指摘した限界があり、ある種の「マクロ化」が必要だ。政治理論としては、ミニパブリックス的な熟議から、日常的な親密圏における家族や友人との会話、Twitter や Facebook などソーシャル・ネットワーク・サービス（ＳＮＳ）の投稿、メディアの言論、国会審議など社会に散在する多様な言論とそれらの相互作用からなる「熟議システム（deliberative system）」（Dryzek 2010; Parkinson & Mansbridge 2012; 田村 二〇一五）のモデルや、「熟議的レトリック」という「よく考えられた」反省を引き起こす」（Chambers 2009）効果をもつ言葉の働き――たとえば「ブラック企業」という言葉が人口に膾炙し、劣悪な労働条件の問題を社会問題化するのに役立つなど――に着目することが、民主主義のアップデートに役立つと考えられる。さらに、そのような言論や参加の実践の意味や効果を、他の実践――科学／技術の研究・開発、経済活動、政策決定、社会運動、市場での個々の取引や集合的選択など――やその主体、組織、制度などとの相互作用、政治的・経済的関係のもとで捉える「参加と言論のエコシステム」としての理解も重要だろう。こうした議論は、従来、個々の熟議の場の手法やその効果に目を向けがちだった科学技術論の分野でも始まっており（Chilvers & Kearnes 2015）、科学技術における民主主義論のアップデートが進みつつある。

最後にもう一ついえば、民主主義の問題は、そのモデルや理論、制度をどう考えるか、どう設計・実装するかという問題以上に、何よりもまずリアルな政治状況に対していかにリアルに働き掛けるか、いかに民主主義を善く生きるかという課題に帰着する。政権や与党、行政、事業者の意向や都合次第で、民主的理念に基づいた法律や制度でも効力を発揮できなくなってしまうことはいくらでも起こりうる。三・一一後の原子力や被曝・避難問題に対する政治や社会の動きを見ても、それは痛感される。そして民主的な選択も時に間違いうるし、多数者による少数者の排除や抑圧にも転化しうる。ＥＵからの離脱を決めた英国の国民投票“Brexit”（二〇一六年六月）、排外主義的主張を繰り返しながら米国大統領選に勝利したドナルド・トランプ氏の登場（同年一一月）、各国での極右政党の台頭や排外主義の広がり――日本も他人事ではない――など世界的に民主主義が危機にあるなか、科学技術の問題をはるかに超えて、重苦しい課題である。

注

（1）AFPBB Newsによれば、主催者発表で二〇万人、警察が報道機関に明らかにした数字では一—二万人（URL①）。

（2）「支援対象地域」は、支援法第八条第一項によって「その地域における放射線量が政府による避難に係る指示が行われるべき基準を下回っているが一定の基準以上である地域」と定義されている。

（3）基本方針は、翌々年、二〇一五年七月一〇日に改定案が示され、同年八月二五日に閣議決定されているが、その際も三〇日間のパブリックコメントの他は「説明会」が東京と福島で一回ずつ開かれただけだった。

（4）「受容（または許容）」と「受忍（または耐容）」の区別は二通りある。一つは、食品添加物など、リスクに曝される当事者（被影響者）にもメリット（腐敗防止、風味向上など）のあるもののリスクに対して「受容」を、そうではないリスクに対して「受忍」を使う場合。もう一つは、特段のリスク管理をすることなく広く受け容れられている低レベルのリスクに対して「受容」を、リスク管理を施すことによって受け容れられる場合に「受忍」を使う場合である。

（5）不定性があり、認識上の不確実性や見解の不一致、価値判断の多様性・対立が顕著な問題は、「トランスサイエンス」（Weinberg 1972, 小林 二〇〇七）あるいは「ポスト・ノーマルサイエンス」（Funtowicz & Ravetz 1992）の問題とも呼ばれる。

（6）ChowdhuryとHaque（2011）は、リスク認知の定義を拡張し、「ハザードとその便益に対する人々の信念、態度、判断、感じ方、および社会的・文化的な価値観や傾向」としている。

（7）たとえば二〇一一年五月一二日に首相官邸のホームページに掲載された「祖父母の幸せ——放射性物質のもう一つの顔」という医学者の文章がインターネットで批判を浴びたが、その理由の一つは、医療被曝と事故被曝を、その社会的・規範的観点での差異を無視して同列に扱っていたことにあった。文章に対する人々の反応は、インターネット上で多数の人々が話題にしている記事と、それに言及（リンク）しているTwitter上の投稿を自動収集するCeron.jpというソーシャルニュースサイト（URL②）で閲覧できる。

（8）BSEの拡大の原因は、生産性向上のために肉骨粉という牛の死体から製造した飼料を使っていたことだった。

（9）包摂的参加を正当化する「規範的意義」「道具的意義」「実質的意義」についてはFiorino（1990）、NRC（1996）を参照。

（10）ジャザノフらによれば社会・技術的想像力とは「集合的に保持され、制度的に安定化され、社会において公に実現される、望ましい社会についてのヴィジョンであり、科学技術の発展を通じて実現されるとともに、この発展を助けるような社会生活や社会秩序のあり方についての共有された理解によって息吹を与えられるもの」（Jasanoff & Kim 2015, p. 4）である。

（11）　環境(Environment)、社会(Social)、企業統治(Governance)といった非財務情報に配慮して行う投資のこと。

参照文献

公共圏における科学技術・教育研究拠点(ST・iPS)編 二〇一四、『Lesson Learning——二〇一三年夏のエネルギー・環境の選択肢に関する国民的議論とは何だったのか これからの「政策形成のあり方」を考える 実施報告書』公共圏における科学技術・教育研究拠点(ST・iPS)。
小林傳司 二〇〇七、『トランス・サイエンスの時代——科学技術と社会をつなぐ』NTT出版。
曽根泰教・柳瀬昇・上木原弘修・島田圭介 二〇一三、『「学ぶ、考える、話しあう」討論型世論調査——議論の新しい取り組み』木楽舎。
田村哲樹 二〇一五、「立憲主義・代表制・熟議民主主義——自由民主主義と熟議民主主義の関係をめぐって」『憲法問題』二六号。
長谷部俊治 二〇一五、「原発事故被災地再生政策の転換——地域政策からのアプローチ」『サステイナビリティ研究』五。
日野明日香・佐藤仁 二〇〇一、「環境アセスメントにおける「客観性」——藤前干潟埋め立て事業を事例として」『環境情報科学論文集』一五。
平川秀幸 二〇一〇、「科学技術のガバナンス——その公共的討議の歴史と「専門性の民主化／民主制の専門化」」山脇直司・押村高編『アクセス公共学』日本経済評論社。
平川秀幸 二〇一六、「三・一一後の科学と民主主義——「子ども・被災者支援法」をめぐる混乱から考える」『アステイオン』八五号。
福田健治・河﨑健一郎 二〇一五、「子ども・被災者支援法の成立と現状」関西学院大学 災害復興制度研究所／東日本大震災支援全国ネットワーク(JCN)／福島の子どもたちを守る法律家ネットワーク(SAFLAN)編『原発避難白書』人文書院。
藤垣裕子 二〇〇三、『専門知と公共性——科学技術社会論の構築へ向けて』東京大学出版会。
モシニャガ・アンナ、十時義明 二〇一五、「複合災害後の意思決定と住民参加——被災地・福島からの教訓」*Our World*, 2015/02。
山口治子 二〇一一、「リスクアナリシスで使用される「不確実性」概念の再整理」『日本リスク研究学会誌』二一巻二号。
吉澤剛 二〇〇九、「日本におけるテクノロジーアセスメント——概念と歴史の再構築」『社会技術研究論文集』六号。

吉澤剛 二〇一五「科学における不定性の類型論——リスク論からの回帰」『科学技術社会論研究』一一号。
Chambers, S. 2009, "Rhetoric and the Public Sphere: Has Deliberative Democracy Abandoned Mass Democracy?," *Political Theory* 37(3).
Chilvers, J. & Kearnes, M. 2015, *Remaking Participation: Science, Environment and Emergent Publics*, Routledge.
Chowdhury, P. D. & Haque, C. E. 2011, "Risk Perception and Knowledge Gap between Experts and the Public: Issues of Flood Hazards Management in Canada," *Journal of Environmental Research and Development* 5(4).
Covello, V. T. 1989, "Issues and problems in using risk comparisons for communicating right-to-know information on chemical risks," *Environmental Science and Technology* 23.
Dryzek, J. S. 2010, *Foundations and Frontiers of Deliberative Governance*, Oxford University Press.
European Commission 2001, "Democratising Expertise and Establishing Scientific Reference Systems," Report of the Working Group in area 1 of the White Paper on Governance.
Fiorino, D. J. 1990, "Citizen Participation and Environmental Risk: A Survey of Institutional Mechanisms," *Science, Technology, and Human Values* 15(2).
Funtowicz, S. O. & Ravetz, J. R. 1992, "Three Types of Risk Assessment and the Emergence of Post Normal Science," Sheldon Krimsky & D. Golding eds., *Social Theories of Risk*, Praeger.
Hirakawa, H. & Shirabe, M. 2015, "Rhetorical Marginalization of Science and Democracy: Politics in Risk Discourse on Radioactive Risks in Japan," Yuko Fujigaki ed., *Lessons from Fukushima Japanese Case Studies on Science, Technology and Society*, Springer.
ICRP 2009, *Application of the Commission's Recommendations to the Protection of People Living in Long-term Contaminated Areas After a Nuclear Accident or a Radiation Emergency*, ICRP Publication 111. Ann. ICRP 39(3).（社団法人日本アイソトープ協会監訳『原子力事故または放射線緊急事態後の長期汚染地域に居住する人々の防護に対する委員会勧告の適用』社団法人日本アイソトープ協会、二〇一二年）
IRGC 2005, "Risk Governance: Towards an integrative approach," IRGC White Paper No. 1, International Risk Governance Council (IRGC), Geneva, Switzerland.
Jasanoff, S. & Kim, Sang-Hyun 2015, *Dreamscapes of Modernity: Sociotechnical Imaginaries and the Fabrication of Power*, Uni-

versity of Chicago Press.

Levidow, L. 2001, "Precautionary Uncertainty: Regulating GM Crops in Europe," *Social Studies of Science* 31(6).

Millstone, E. et al. 2004, *Science in Trade Disputes Related to Potential Risks: Comparative Case Studies*, Institute for Prospective Technological Studies.

NRC 1996, *Understanding Risk: Informing Decisions in a Democratic Society*, National Academy Press.

Owen, Richard et al. 2013, *Responsible Innovation: Managing the Responsible Emergence of Science and Innovation in Society*, Wiley.

Parkinson, J. & Mansbridge, J. 2012, *Deliberative Systems: Deliberative Democracy at the Large Scale*, Cambridge University Press.

Slovic, P. 2000, *The Perception of Risk*, Earthscan.

Stilgoe, J. et al. 2013, "Developing a framework for responsible innovation," *Research Policy* 42.

Weinberg, A. M. 1972, "Science and Trans-Science," *Minerva* 10(2).

ＵＲＬ（いずれも最終閲覧日二〇一六年一二月一五日）

① AFPBB News 二〇一二年七月三〇日、「脱原発デモで国会を包囲、主催者発表で二〇万人参加」http://www.afpbb.com/articles/-/2892264

② http://web.archive.org/web/20140829035539/http://ceron.jp/url/www.kantei.go.jp/saigai/senmonka_g6.html

6　日本型リスク社会

神里達博

はじめに

日本にとって「戦後」という時代が実質的に終わったのは、いつなのだろうか。諸説あろうが、阪神淡路大震災と地下鉄サリン事件が起きた一九九五年を、一つの大きな断章と捉えることは、不自然ではなかろう。世界に冠たるものと信じられてきた日本の土木技術の成果が無残にも破壊され、そしてほぼ同時に、未来の科学技術を担う専門家の卵たちがカルトに没入し、世界で初めての「自国の一般市民に対する無差別テロ」を行ったのだ。この二つの事件で破壊されたものはあまりにも多いが、なかでも「専門家への信頼」が大いに毀損したことは、現代社会のあり方を理解する上で非常に重要であろう。

その後、薬害エイズ事件裁判、高速増殖炉「もんじゅ」のナトリウム漏れ事故やJCO東海事業所のウラン加工施設における臨界事故、メガバンクの破綻と金融危機、自動車会社のリコール隠し、ダイオキシン問題、BSE・新型インフルエンザなどの新興感染症や食品スキャンダルなど、信頼崩壊の連鎖は広がっていった。そして気づいてみれば、野口悠紀雄氏が言うところの「一九四〇年体制」は終焉を迎え(野口 一九九五)、しかし次の「体制」ははっきりしないという、いわば「遷移状態」に入ったといえるのではないだろうか。それは、人々が専門知に高度に依存する生活を営みながらも、同時にそれを担う専門家のシステムを完全には信じ切れないという、アンビバレントな状況でもある。二〇一一年の巨大地震と原発事故の複合災害は、この一九九五年から始まった日本の遷移状態を、誰の目にも明らかな、決定的なものにしたようにも思われるのだ。

こうして私たちの社会は、いつの間にか「リスク」にまとわりつかれるようになった。だが同様の現象は、実は先進諸国を中心に、広く顕在化してきているともいわれる。そのことに最初に注目し検討を行ったのは、ドイツの社会学者ウルリヒ・ベック(Ulrich Beck, 1944–2015)である。後ほど改めて検討するが、彼が提示した「リスク社会」という概念は、その後、主として欧州で発展し、現在も議論が進んでいるところである。

では、この欧州で見いだされたリスク社会化という現象が、確かに日本でも起きていると考えてよいのだろうか。仮にそうだとして、社会的・文化的条件の異なる日本において、同列に議論することは適切なのだろうか。つまり、欧州と日本を比べた時、リスク社会の様相に相違点はないのだろうか。

このような問題意識を背景に、本章では、過去二〇年の間に日本で起こったさまざまな事件・事故のうち、特に「専門知とリスク」に関わる社会問題を二つ選び、その経緯を詳細に検討する。その上で、日本がリスク社会的状況になりながらも、欧州などのそれとはやや性質の異なる状況にあるということについて議論してみたい。最後に、この状況を乗り越えるために、いかなる方策をとりうるのか、若干の検討を行うこととする。(1)

一　日本におけるリスク・ガバナンスの困難

リスク社会

リスクと現代社会の関係について、最初に包括的な検討を行ったのは先述のベックである。彼は、近代の前期においては主として「モノ」の生産と、それに伴う富の分配が社会の中心的な関心ごとであったのに対し、近代の後期になると、むしろリスクの分配に人々の関心が集まるようになったと考え、それを「リスク社会(Risikogesellschaft／Risk society)」と名付けた。

彼は、このような状況が生じる前提として、近代が再帰的な段階になっているという点を強調する。これはどういうことだろうか。

近代は元々、古い因習や自然的条件を、克服すべき対象として捉えてきた。ヴェーバーが「脱魔術化」と呼んだプロセスである。しかし、さらに近代化が進んでいくと、すでに近代化されたはずの社会が、再び近代化の対象として発見されるという事態が起こる。

その具体例は、科学技術の発展が産み出したマイナス面や、さまざまな近代的な社会制度において見いだされる。前者については、環境問題やエネルギー危機、また原子力発電所の事故などが典型であろう。たとえば私たちは、近代化によって生じた「温暖化する地球」という新しい問題に対して、近代的な考え方で対策を立てることを余儀なくされている。また後者については、たとえば労働の問題が挙げられる。私たちは近代化を通して自由を獲得し、職業や結婚などの選択肢が広がった。だがそのことが、労働条件や家族制度などに関わる、さまざまな新しい社会問題を産み出している。まさに、そのような再帰的な近代の状況こそが、リスク社会が生じる前提であると彼は考えたのである[2]。

またベックは、ある社会において、実際にリスク社会が到来する際の条件を二つ挙げている。一つは、「人と技術の生産性の向上、そして、法的並びに福祉国家的な保護と規制により、客観的に見れば、本当の物質的貧困は軽減され、社会から取り除かれる」こと。そしてもう一つは、「近代化のプロセスにおいて、生産力が指数関数的に増大するとともに、ハザードと潜在的な脅威が、かつてないほど著しく顕在化すること」である(Beck 1992, p. 19)。

前者の条件は、文明レベルのいわば「飽和現象」に関するものであり、その意味で人々の認識の変化に基づくリスクの顕在化であると考えられる。すなわち「主観的にリスクが増えていると感じられるようになる」ということだ。

一方後者は、近代化そのものが、先述の環境問題や原発事故などかつてないタイプの新たなリスクを生み出し、その結果、社会にリスクが横溢するようになった、という観察によるものだ。従ってこれは、客観主義的なリスク観に基づいているとも考えられるだろう。

このようにベックは、リスクを時に主観的なものとして、また時に客観的な実在として語る。これは彼の立論のスタイルや、議論を進める上でのある種の戦略ともいえるだろうが、主観的かつ客観的というのは、やはり簡単に飲み込めることではない。実際、ベックは、この点を批判されることも少なくない。③

"risk"とモダニティ④

だが、この「わかりにくさ」の本質的な原因を探っていくと私たちは、西洋における「リスク」という言葉の持つ、多義的な性格に気づかされるのである。

そもそも、リスクという言葉は、日本語には未だに適切な訳語が存在せず、だからこそ、しばしばカタカナでそのまま使用される。日本では、西洋語の重要な概念については、一九世紀以降逐次訳出され、自国語の体系に取り込むことが進められてきた。従って、このようなケースはやや例外的であろう。おそらくは、日本語の言語空間において、意味の分布が"risk"と重なるような言葉が見当たらなかったため、訳しにくいと認識されたのではないか。それでもなお、riskを日本語に訳す必要がある場合は、たいていは「危険性」という言葉に置き換えられる。

中国語でもriskに相当する言葉は、元々は存在せず、現在は"Feng Xian（風険）"という語を当てているが、これは一九世紀以降のことらしい。これもriskの含意を適切に意訳できているわけではないだろう。実のところ東アジア圏においてriskは、単に「確率的な意味でのdangerのこと」と理解されているのではないだろうか。⑤

だが、それではriskという言葉の持つ重要な含意が抜け落ちてしまう。この語は、一七世紀に英語に定着したとされるが、古いイタリア語(risco)やフランス語(risque)ではもう少し早く見られ、一説には「海の難所をなんとか航海する」というギリシャ語にルーツを求められるという。実際、中世においては、riskという言葉はなかった。⑥ヴェーバーが指摘したように、人間が神の指図から自由になることで、近代的な主体性が確立されていったとすれば、この“risk”という言葉が、冒険心に満ちた大航海時代の西洋世界に現れたのは、自然なことだといえる。

すなわち、この言葉が持つ「主体的に未来の決定に関わることで、便益(benefit)を得ようとしながらも、不本意にも被る不利益」という含意は、近代的な自意識の登場とともに立ち現れたのである。ところが日本で使われる「リスク」は、この主体性のニュアンスに無自覚な場合が多いのではないか。それは、危険性と訳されているところにも表れている。⑦そうなると、“risk society”という言葉は、単に“dangerous society”と同じ意味だと誤解されてしまうだろう。⑧

社会学者のルーマン(Niklas Luhmann, 1927-98)によるリスク解釈は、“risk”の語が背負うこの歴史的経緯について意識的である。自らの運命を自分の意志に基づく決定によって切り開く近代人にとって、決定の責任は神ではなく、自分たち人間にふりかかってくる。ルーマンはこの「決定」という側面を重視し、そこにコミットできる場合を“risk”と考え、そうでない場合は“danger”であると区別した(Luhmann 1993, pp. 1-31)。

当然ながら、まさにこの区別が可能であるためには、riskが主体性と密接に関わる概念であることが予め認識されていなければならない。だが、日本では基本的に、そのような含意を持った言葉を必要とする歴史的契機が、そもそも乏しかったのではないか。すなわち、「キリスト教における神から自由になって、主体性を取り戻した人間が、世界に踏み出す」という、あのルネサンスが非西洋世界には歴史的に存在しなかったという事実は、この点で大きな意味を持ってくると考えられるのだ。

そこで次は、近年の日本で起きた二つの事件を題材に、日本社会におけるリスク社会的状況について検討してみることにしよう。具体的には、今世紀に入ってから日本社会を揺るがした「食」と「住」に関するケースを取り上げる。いずれも、「専門知に基づく統治機能」の抱えている問題と関わっており、また同時に現代日本社会のリスクに対する、ある種の典型的な反応のありようがそこに見られる。

ケース１「二〇〇二年食品パニック」⑨

二〇〇一年九月一〇日、日本で初めてＢＳＥ、いわゆる狂牛病に罹患した牛が見つかった。欧州は一九九〇年頃からこの問題で揺れ続けていたが、欧州以外での「自国産牛の症例」の発見は、この日本のケースが初めてであった。その翌日、あの９・11テロ事件がアメリカで起こったため、「ＢＳＥ上陸」のニュースは一時的に霞んだが、すぐにメディアはこの問題を大きく報道した。これにより牛肉の消費は大きく落ち込み、牛肉に関する産業は大きな打撃を受けた。

だが、この時の消費の落ち込み方を丁寧に見ていくと、単にＢＳＥの影響で人々が牛肉を買わなくなったのではないことが分かる。牛肉の価格の推移を見ると、事件が明るみに出るとまず発覚前の約半分の価格に下がるが、一〇月には八割程度にまで回復する。しかし一一月に入ると再び下落、一二月には三分の一以下に落ち込む。その後徐々に回復するものの、翌二〇〇二年三月には再び下落し当初の約四分の一という最低価格を記録、その後、ゆっくりと回復した。

このような複雑な動きをした背景には、大きく二つの要因があったと考えられる。まずは政府のリスク管理に対する信頼の毀損である。それは、初動対応の失敗として可視化された。

政府は、ＢＳＥ罹患牛を発見した当初、英国に牛の脳を送って確定診断を依頼し、「念のため」その結果が出るまで国内では「疑似患畜の発生」という法的扱いにした。国内の研究所での検査でＢＳＥ陽性がはっきりしていたので、この行動は時間稼ぎとの批判がされた。だがそれ以上に、日本国内にプリオン病に関する世界的な専門家が存在しているにもかかわらず、英国の「権威」にわざわざ頼ったという事実が、研究者コミュニティから問題視された。要するに政府は自国の研究者の能力を把握していなかったのだ。

加えて、実はこの罹患牛は、国の研究機関が検査手順を誤ったことなどから、屠畜されてから事実が発表されるまで一ヶ月以上もの時間がかかった。さらに政府は当初、問題の牛は「適切に処分された」と国民に対して説明したにもかかわらず、その後何度も記者会見が開かれ、「事実」が修正された。結局、日本で最初のＢＳＥ牛は、養殖魚の餌などに供せられてしまっていたのである。

こういった不手際だけでも当時の農林水産省に対する批判は著しいものになったが、特に問題視されたのは、ＢＳＥが発覚する前の同省による隠蔽である。ＥＵは、ＢＳＥが拡大する中、各国の汚染状況を把握するため、「地理的ＢＳＥリスク（Geographical BSE Risk: ＧＢＲ）」という国ごとのアセスメントを実施した。これはＥＵ域内のみならず、米国やオーストラリアなどＥＵと取引がある諸外国も審査を申請した。日本政府も二〇〇〇年の秋にこの審査を依頼したが、過去にリスク源とされる「肉骨粉」が日本に入っていた可能性が高いことなどから、「低レベル汚染国」に該当することが明らかになってきた。これに対して農林水産省は猛反発し、アセスメント結果を変えるよう交渉をしたが、叶わないと判断すると、なんと申請自体を取り下げたのである。「人々の不必要な不安を避けるため」と当時の日本政府の担当者は *New York Times* の記者に対して説明しているが、それから三ヶ月でＢＳＥが日本で確認されたのである。本当は、「不安になること」こそが、必要だったのだ。

以上のような政府に対する信頼失墜は人々の牛肉に対する忌避を拡大させたが、二〇〇二年に入ると、次々と別の問題が現れてきた。最初に発覚したのは、食肉加工メーカーによる、補助金詐取事件である。日本政府は、ＢＳＥの発生に対して、屠畜される牛の全てを検査するという「全頭検査」を開始した。この仕組みを徹底させるため、検査態勢が整うより前に市場に出回った肉については政府が全てを買い取り、焼却するという制度を作った。ところがこの制度を業者が悪用し、関係のない外国産牛を政府に買い取らせるという詐欺が横行したのである。これは当然ながら、ＢＳＥに起因する健康リスクとは関係ない事件である。しかし、牛肉の消費がもっとも落ち込んだのは、この詐欺事件が発覚した時点であった。

さらに食品事件の報道は続く。次に明らかになったのは、さまざまな食品の産地偽装問題であった。これらも、特に健康上のリスクがあるわけではないが、必ずしも高級とはいえない食材が有名ブランドであるかのように偽装されていたという点で、消費者の信頼を裏切った。これもまたＢＳＥとは直接関係がない。

このほか、輸入食品の残留農薬問題や、法律で禁じられていた農薬を一部の農家が長年にわたって使っていたという事実が発覚するなど、二〇〇二年の夏にかけて、日本中が食品問題の不祥事で混乱した。このことは、食品不祥事に関する報道量にも如実に表れている。新聞の報道量を測ると、平均的な年の三倍以上にのぼったことが分かる。

これらのできごとから改めて見えてくるのは、言論空間における「アジェンダ」の支配力である。ＢＳＥという大きなリスクがやってくることによって、日本社会は「食」というアジェンダが支配的になった。その結果、古くから存在したさまざまな不正や違法行為などが、それをきっかけに一気に明るみに出たのである。

メディアはアジェンダ設定の機能を持つといわれるが(McCombs & Shaw 1972)、過熱報道によって、関連するさまざまな事例を掘り起こし、また政府も湧き起こる世論に対応しようとして、近視眼的な施策を打つという循環が起こる。その結果、この年、人々は「日本の食は一気に危険になった」と感じたが、しかし、客観的なリスクのレベルは上がってはいない。むしろ、対策が講じられたことでリスクは下がったといえる。そして、このような「食の事件の報道ラッシュ」は、当時の小泉首相が北朝鮮に「歴史的な訪問」を行い、日本社会におけるリスクに関するアジェンダが、「食」から「外交・安全保障問題」に切り替わるまで、続いたのである。

ケース2「耐震偽装事件[10]」

「食」の次は「住」に関する事件を取り上げたい。これは、二〇〇五年の秋から翌年春にかけて起こった、耐震性の低い建築物をめぐる一連の騒動である。

この事件が社会的に明らかになった経緯を説明するためには、日本の建築物の検査制度について簡単に触れておく必要がある。日本では従来、建築物は地方行政機関が「建築確認」を行っていた。これは、主に設計図の段階での審査と、完成した建築物の検査に分かれる。しかしながらこれらは基本的に「性善説」に基づいた制度であり、また、検査業務の件数に比べて検査官の数は著しく足りないため、審査は形式的なものになっていたといわれる。加えて、事件が起こる少し前、新自由主義的な改革の結果、検査業務の一部が民営化されていた。

この新しい制度に基づき設立された民間検査会社の一つにEという企業があったが、この会社が建築許可を出した建築物に、耐震強度が著しく不足した建物が含まれていると、民間のある建築士がE社に対して指摘したのである。日本はいうまでもなく地震国である。そのため、耐震性は建築物の重要な要件であり、法的な規制がなされている。従って、検査において耐震性の検査は本来、重要なポイントである。

指摘を受けたE社が、改めて自社で審査した建築物を再調査した結果、そのような耐震性の足りない建築物が多数見つかった。またその構造計算を担当したのは、いずれも「A建築士」であることがわかった。これをE社が国土交通省に包み隠さず報告したことで、この事件は発覚したのである。

E社は、その後も精力的な調査を行い、多数の偽装物件を報告したが、問題を明らかにしたE社に対して行政は、

「偽装を見抜けなかった責任はE社にある」として断罪した。実際のところは、建築確認をした他の検査会社や地方行政機関も偽装を見逃していたのだが、そのことが明らかになったころには、「諸悪の根源はE社」との理解が広がっており、同社の社会的信用は失墜し廃業に追い込まれた。

また施工した建設会社や、工事を発注したマンション・デベロッパーの社長、さらには建築コンサルタントなども、「鉄骨の数を減らすことで無理にコストダウンしようとした悪徳業者集団」という報道がされた。関係者は国会に呼ばれ、野党は証人喚問を要求した。そのやりとりも含め、連日報道合戦が繰り広げられた。まさに「推定有罪」の原則があるかのごとく、日本中がこの問題に熱中した。その結果、E社の社長やデベロッパーの社長などが逮捕されることになる。

ところが、警察が慎重な捜査を重ねた結果、この事件に組織的な背景はなく、単にA建築士が、耐震強度の足りない図面を一人で書き続けていたことが原因であると判明した。要するに、非常に特異なたった一人の人物の異常な行動が原因であったのだが、この事件も食品のケースと同様、さまざまな余波を生んだ。

まず、日本のさまざまな建築物に対して疑いのまなざしが投げかけられ、それによって関係の無い多くの「事件」が掘り起こされた。まさに、社会のリスクのアジェンダが「建築」に設定されたため、メディアも行政もまた一般の人々も、建築物の洗い直しをした。その結果、それまで特に目立たなかった建築物の瑕疵が白日のもとにさらされ、それがまた連日報道されることになった。一時は日本中の万単位の建築物に偽装があるのではないかという疑いすら生じ、日本中が震撼したのである。これらの中のごく一部には、実際に耐震性などに問題があるものも含まれていたが、そのほとんどは結局のところ濡れ衣であったのである。また計算方法の違いによる見解の相違に過ぎない物件もあった。この点については次項で改めて確認する。

もう一つの影響は、制度改正である。この事件を契機に建築基準法が改正され、現場の事情とかけ離れた審査の厳格化が進められた。これも、建築物のリスクに対して人々が大きく動揺した結果、議会と行政が反応したためである。ところが、その結果起こったのが、建築確認の大幅な遅れ等による、「官製不況」という事態であった。しかもこの法の厳格化は、必ずしも日本の建築物の地震に対するリスクを軽減していない。その証拠に、「既存不適格建築物」と呼ばれるものは多数存在したままである。これは、阪神淡路大震災等を受けて建築基準が強化されたものの、すでに存在する建築物に関しては、耐震性の強化措置はオーナーの自主的な対応に任せるという、制度の「穴」によって生じた多数の危険な建築物群である。(11)

建築物の耐震性というアジェンダが設定されたにもかかわらず、実質的な安全性の向上にはつながらず、しかし、建築物に対する信頼が損なわれ、また建築業界の経済活動も著しく低迷させる結果となったのが、この事件の結末であったのである。

二つの事件と専門知

以上、リスク・ガバナンスの混乱を招いた二つの事例を見てきたが、ここでこれらの事件に共通する性質について考えてみたい。

まず、ＢＳＥ問題も、耐震偽装事件も、専門家が専門知に基づいて明確な判断を下すことができない問題であったという点を指摘すべきであろう。ＢＳＥは、科学的に未解明な点が多く、かつ致死性の疾病である。これは、現在もそうであるが、二〇〇一年の段階ではよりその傾向が強かった。それはこの疾病が、細菌でもウイルスでもない「プリオン」という蛋白質が原因の病であり、感染メカニズムなど未解明な点が多く残っているからである。異常型プリオン蛋白が病原であることを明らかにした研究者に対して一九九七年にノーベル賞が授与された際にも、学術界には一部、根強い異論があったことは、そのことを象徴している。いわば、人類の知識水準が不足しているがゆえに科学的な不確実性が高かったが、その段階で社会問題化してしまったのがBSE問題だったのである(神里 二〇〇五)。また耐震性に関しても、BSEとは問題の程度や広がりはかなり異なるものの、専門知の有効性の低下という意味では共通する。

そもそも、日本の耐震基準は戦後、時を追って厳しくなっている。それは、想定よりも大きな地震動が起こることによって、そのたびに制度の改定がなされてきたからである。これは逆にいえば、「昨日まで「安全」と言ってきた専門家の言葉が、覆される」という経験を繰り返してきたことを意味する。本章の冒頭でも少し触れたが、二〇一一年三月一一日の震災と原子力発電所の事故は、まさにその「総決算」とでもいうべき巨大な信頼崩壊であったといえるだろう。

加えて、建築基準法で認められる耐震強度の計算方法は、実は多数存在している。これは、建築の技術が発展するに応じて、さまざまなアルゴリズムが開発されていき、最新の技術と古い計算方法を、法的に両立させるための苦肉の策であった。その結果、同じ建築物でも、計算方法の選択次第で「耐震強度」は大きく変化することになった。だが、専門家でない人たちは耐震強度の値は客観的に一意的に決まると思い込んでいたこともあり、ある建築士が安全と認定した建物が、別の建築士の計算では危険と判断されると、「どちらかが嘘を言っているに違いない」と誤解され、混乱を招いたのである(神里 二〇〇八)。

冒頭でも少し触れたように、現代社会は専門知に深く依拠して構築されている。それは大きく、社会のベネフィットを直接的に高める方向性と、リスクを予見することで損害を回避するという方向性の二つに分かれるだろう。いずれにおいても、その専門知が揺らぐと、リスク・ガバナンスの全体に混乱をきたしてしまう。その原因は、BSEのケースのように「科学的知見そのものの不足」による場合もあるが、耐震偽装のように、技術を構成していくさまざまな段階での要因が作用している場合もある。そして「一人の特異な建築士」の登場によって大きな混乱が起こるようなピットフォールが、ほかの技術システムにも多数存在していると見てよい。要するにこの事件は、技術システムに対する一種の「テロ」であったといえる。[12] 少なくとも日本社会はそのような擾乱に対してきわめて弱い構造を持っていたことが、この事件で改めて明らかになったといえる。

このような現象が日本だけの特殊事例なのか、あるいは今後、世界で同種のことが起こりうるのかは、重要な論点であろうが、その検討はまた別の機会に譲りたい。

アジェンダ爆発(**Agenda-Explosion**)

そしてもう一つ重要なのは、以上のようなリスクと専門知の複雑な関係性について、社会において、丁寧なコミュニケーション、熟議(deliberation)がなされることはほとんど無かったという点である。実際、メディアや行政、そして専門家は、これらの複雑な問題に対して、適切に解決していくという機能を果たせなかった。特にメディアは、特定のアジェンダに属する情報(たとえば、食品問題であり、また建築物の瑕疵)を過度に出力することとなり、その結果、いわば「ニュースの乱反射」が繰り返され、社会システムの不安定化が起きたともいえる。筆者はこの現象を「アジェンダ爆発(Agenda-Explosion)」と名づけた。これは、一般化すると以下のような現象として定式化できるだろう。

まず、なんらかの「発火源」が現れる。これはたとえば「ＢＳＥの上陸」や「特異な建築士による不正」などの大きな事件の発生である。それがトリガーとなって、社会的なアジェンダが特定の分野に構築される。むろん、トリガーだけでは「爆発」が起こるとは限らない。大きな社会問題となるためには十分な「燃料」が必要である。たとえば、「長年の不正が隠蔽されて存在してきたこと」などは、まさに燃料になる。また食品パニックの場合は、背景には明らかに、輸入食品の増加という社会経済的な条件の変化があったといえる。もともと日本は先進諸国のなかでも食糧自給率が低いが、ＷＴＯ体制以降、非関税障壁などが撤廃された結果、食品の輸入量はさらに増加していた。グローバル化の影響が社会に蓄積していたことは、大きな信頼崩壊の間接的な原因になったと考えられる。

最後の条件としては、「消火剤(quencher)が作動しないこと」が挙げられる。爆発現象の自然科学的な意味は「正のフィードバックがかかる連鎖的な燃焼現象」であるが、なんらかの抑止要因が存在すれば、連鎖反応は止まる。この場合、それは要するに対象の条件についての「正確な知識の調達」に相当するだろう。「最悪でもこのくらい、おそらくはこの程度のリスク」という情報が得られれば、爆発も収束する。このような社会的機能の中核を担うのは当然、専門家であるが、これは科学技術に関する専門家と、社会制度についての専門家に大別されるだろう。特に前者については、本章で扱った二つのケースのように、科学的不確実性や技術的な問題を多く抱えていると、うまく機能しない。

しかし、「消火剤」として専門家が機能するために最も重要なのは、やはりその信頼である。仮に、専門家が正しい知識を提示できたとしても、その信頼が毀損していれば、社会的な混乱は収束しないだろう。かつて、日本においてそのような「権威の最後の砦」として機能したのは、東京地方検察庁に設置されている「特捜部」であり、また東京大学をはじめとする「有力大学」であったのではないか。しかしいずれも今は、往時の輝きはないように思われる。とりわけ、「3・11」以降はそうであるかもしれない。[13] 無論、このような特定の権威に依存して「爆発」を防止するような社会は、民主的な統治システムの不完全を意味するだろう。だが少なくとも、本章の冒頭で述べた、一九九五年に始まる日本の「遷移状態」までは、それらがなんとか機能していたのである。

一点、ここで誤解を防ぐために強調しておきたいのだが、この「爆発現象」は、単にそれを回避したり、早く収束させたりすればよいというものではない。すでに述べた通り、長年の不正義や瑕疵が蓄積されながら、適切な社会的、制度的、科学的、そして何よりも技術的な対処がなされてこなかったことが、爆発を生んだのである。もし、その時に爆発が起こらなければ、問題は先送りにされ、将来のより巨大な爆発を準備したであろう。

それでも、先ほどの二つのケースを思い起こせば、リスク・ガバナンスの在り方としては、適切ではなかったと評価できるはずだ。問題が隠蔽されず、また爆発も起こさない道を、私たちは探るべきであろう。そのための条件については、本章の最後で若干、展望してみたい。

また以上の議論を通じて、リスク社会の到来によって専門家への期待は高まるものの、同時に権威を維持するための信頼は、容易に調達できなくなっていることが分かるだろう。これは古いタイプの統治の限界性が示されているともいえる。信頼には、「意図」に対するものと、「能力」に対するものがあるが、専門家の信頼の問題は、その両方に関わると考えられる。すなわち、社会の価値観が多様化することによって専門家の「意図」への信頼が低下すると同時に、科学的な不確実性が高く困難な問題こそが社会問題化するがゆえに、専門家の問題処理の「能力」への信頼も低下するのだ。

これらは社会のさまざまなシーンで出来していると考えられる。次節では、このメカニズムについて、もう少し突っ込んだ検討をしてみよう。

二　リスクと「安全安心」

安全安心

ここまで、近年の日本におけるリスク・ガバナンスの混乱について、二つの事例を通して見てきた。本章では科学や技術と関わりの深いリスク・ガバナンスの問題を題材として取り上げているが、専門知の重要性という観点でいえば、金融危機や財政問題などの経済的な課題や、テロリズムや少年犯罪などの治安問題、さらには教育や福祉といった社会的な課題に関しても、似た事例を挙げることはできるだろう。

本章の二つの事例は、ある種の立場からすれば、社会をいたずらに混乱させる「無益な事件」に見えるかもしれない。しかし先ほど述べたように、このような事件によってようやく明らかになった、多くの構造的な問題が存在していたのも事実である。社会全体としての利害得失の計算は、容易ではない。

いずれにせよ、全体としては世界的に見てもトップレベルの豊かさや健康を獲得している近年の日本では、少なくともリスクの問題が社会的課題の中心になっているのは間違いなく、その意味では日本も、産業社会のレベルからリスク社会に移行したといえるだろう。だが、日本で「アジェンダ爆発」が起きる原因については、それだけでは説明できない。⑭

むしろ、日本におけるリスク社会の姿は、ベックが想定したものとは異なっているのではないだろうか。それは、前節で示した日本におけるリスク概念の理解のされかたが、西洋諸国のそれとは異なっていることと関係しているように思われるのだ。その点を解きほぐすための補助線として、まず日本において「リスク」よりもはるかに高頻度で使われる「安心」、あるいは「安全安心」について言及しておきたい。

日本社会では、一九九〇年代半ば以降、「安心」あるいは「安全安心」という言葉が多く使われるようになっている。それはちょうど「リスク」の語を使うべきシーンで用いられることが多く、実際、日本のリスク社会的傾向が強まるにつれて、この言葉の使用頻度は増えてきた。とりわけ「安全安心」は、現在も行政用語としてよく使われ、新聞などでも高頻度で見られる。⑮

日本では、「安全」と「安心」という言葉がつながることに不自然はないと理解されているが、本来「安全」とは客観的に危険がない状態を指す言葉であるのに対して、「安心」とは基本的に主観的な概念であり、政策的な目標として適切かといえば、疑問は残る。

また日本でも、最近は「リスク」の語が使われることが増えてきてはいるが、主体性のニュアンスを含む“risk”の意味ではなく、単に安全性との対比で語られる「危険性」の意味で使われることが依然として多い。このような状況の背景には、すでに述べたように、「リスク」の語が日本語として馴染んでいないということはあるだろう。だが少なくとも「リスク」が語られる機会は、「安心」に比べるとかなり少ないのは事実である。そこにはより根本的な理由があるのではないだろうか。次はこの点について考えてみたい。

自由、責任、そしてリスク

個人の選択の違いによって未来が変わりうるという状況は、近代化を通じて確立した「自由」の結果という側面が大きい。それは選択をし、自由に伴う責任とリスクを引き受けることに基づいている。すなわち、自由・責任・リスクは、近代化によって一緒に立ち現れてくるものだといえる。当然日本でも、これらの基本原理は公に認められているわけだが、人々の内面的な心性としてはどうだろうか。

まず、私たちの社会では、自由を行使する前提としての「個」の確立が不完全であるとの指摘は古くからある。「出る杭は打たれる」という慣用句はその典型であろうが、個が重視されないということは、責任が不明確になる一つの大きな原因であろう。戦前の政治システムが無責任体制となり、日米開戦にまでつながったと説いたのは丸山真男であるが、現在においても、日本型組織における社会的な事件の背景を探っていくと、「いつの間にか責任がどこにあるのか分からないような組織になっていた」という「答え」にたどり着くケースが依然として多い[16]。そのような、責任が曖昧な場には自由もない。そして自由がない以上、リスクもない。また、信頼研究で有名な社会心理学者の山岸俊男は、日米の被験者を対象に社会心理学的な実験を多数行うことで、日本人が“risk-take”を嫌う傾向にあることを明らかにしている(山岸・ブリントン 二〇一〇、山岸 一九九九など)。

さらなる検証作業が必要であろうが、日本社会は、自由・責任・リスクを引き受ける傾向が薄いのではないかという仮説を立てることは可能であろう。

さて、責任とリスクを回避したいと考えるならば、「自らの判断としての選択」を避けることが必要になる。自分で選択しない方法として、たとえば成り行きに任せる運命論的な態度をとるという方法もあるが、無論、そのような前時代的な状況が日本で支配的というわけではない[17]。現実には、選択権と責任・リスクを外部に委託する場合が多いだろう。その委託先として最も選ばれやすいのが、日本では依然として行政なのではないだろうか。

日本において、何らかの意味での社会的な危険性が高まるような事件が起こった時、メディアが街頭でインタビューをすると――それはその場での役割を無自覚に演じているという面は多々あるのだが――、決まって出てくる言葉が「早く行政が対処をし、私たち国民を安心させて欲しい」というものだ。つまり対応を行政に委託し、早く主観的には安心したいというわけである。これは一般市民としては常識的な反応ではあるが、よく考えてみれば、ある意味で行政を「神のごとき万能な存在」と思っている、ともいえる。実際、日本の口語では、政府を「おかみ」と呼ぶ。「神(かみ)」と「上(かみ)」は上代には発音が異なっており、語源が違うことが分かっているので、「かみ」が似ているのは偶然に過ぎないが、日本において行政への期待が大きい(あるいは大きかった)のは事実であろう。

同時に、現代の行政システムは、行政官僚と行政内外の研究者・技術者や実務家のネットワークから成る、巨大な「専門家システム」である。つまり、日本において実質的に責任を引き受けるのはこのシステムであるということになる。本章ではこれを、日本の〝OS〟――“Operating System”のみならず、“Okami System”の意味も込めて――と呼びたい[18]。専門家への信頼が十分に存在していた時代においては――それは単に「神話」に過ぎなかったのかもしれないが――このOSによる統治の仕組みは比較的うまく働いていたといえる。

日本はいかなる意味でリスク社会か

ここまでの議論を整理しておこう。現代日本社会は、リスクや安全性に関する問題が、社会の中心的な課題となっている。この意味では、ベックの言うところの「リスク社会」が到来する一つの条件を満たしている。だがそもそも、リスクが主体性を前提とする概念であると意識されておらず、リスクの処理はしばしばＯＳにゆだねられてきたために、個々人は、自由・責任・リスクを自ら引き受ける習慣が育ちにくかったのではないだろうか。

そうだとすると人々は逆に、行政や専門家に対して、責任をもって事態を解決するよう求めるだろう。これは典型的にパターナリスティックな社会ともいえるが、この人々の「改善要求」がメディアを通じて増幅されると、前節で述べたアジェンダ爆発を準備すると考えられるのだ。

実際のところ日本は、外形的には再帰的近代の段階に入っており、さまざまな点でリスク社会化が進んでいるので、すでに議論したように、専門家もかつてのように「首尾よく」問題解決の期待に応えてくれるとは限らない。また実際の市民のニーズはきわめて多様であり、だからこそ、事例ごとに、また個々人ごとに、それぞれの対応が必要になってくる。実態として日本社会の自由度はそれなりに大きいから、誰にとっても正しい答えなど、すでに存在しないのである。

だが、なぜかリスク対応に関しては、このＯＳへのパターナリズムだけが構造化されて残存しており、ひとたび大きな事件が露見すると、行政や専門家に大きな期待が寄せられてきた。その結果、前節で示した二つのケースのような状況が起こってきたと考えられるのである。

さてベックは、リスク社会のもう一つの特徴として、リスクが個人化される姿を繰り返し描いている。近年、経済のグローバル化によって日本社会もリスク化し、実際、そういった原子化された個人が自力で生きていくことを強いられる、「ポスト福祉国家」の姿が見えてきた。これらは二〇一六年現在の若年層から「一〇年前の若年層」くらいまでの世代に、特に強く意識されているといえる。[19] 世代の線引きについては諸説あるが、おおむね一九七〇年以前に生まれた人たちには企業や政府からの支援が多かったのに対し、それ以降に生まれた人たちにはそのようなセイフティ・ネットが乏しく、新自由主義的な前提のもと、最初からリスク社会に投げ込まれて生きていくことを強いられる場合が多かったのではないか。

従って現在の日本には、安心を行政に求めるパターナリスティックな傾向が強い人々と、新自由主義の浸潤するリスク社会を生きる人々が混在する状況にあると考えられる。場合によっては、一人の人間の中にも両方の成分が同居しているのかもしれない。このような、「富の分配からリスクの処理へと社会の中心的課題は移行しつつも、決定の個人化が不徹底で、パターナリズムが依然として強い社会状況」を、ここで「日本型リスク社会」と名づけたい。

この「ギャップ」あるいは「まだら模様」は、さまざまな社会的緊張の要因になっており、またそれは、「3・11」以降、より顕著になっているのではないだろうか。一部にはOSに対して不信感をいだき、徹底して自己の責任で未来を切り開く生き方に方向転換した人々も現れている[20]。これは周囲への配慮や同調圧力に飲み込まれやすいと言われてきたこれまでの日本人の生き方とは異なるものであり、新しいライフスタイルの拡大を予告するものかもしれない[21]。

とはいえ、西洋的、もっといえば新自由主義的な「自由・責任・リスクのパラダイム」を完全に受け入れれば、現代日本社会の問題が解決する、などという簡単な話では全くない。まさに典型例として、巨大な災害への対処がある。すなわち、risk-takeして自由に未来を選ぶことは、責任が自分にもたらされることであるが、大地震や原発事故のような巨大な災害は、当然、個人で背負いきれるようなリスクではない。それは社会的なリスクとして、社会全体で引き受けるべきものであるはずだ。しかしベックが明らかにしたように、リスク社会はそれすらも「個人の選択の結果」として、責任を個人に押しつける傾きをもつ。

一方で、アジェンダ爆発のような現象は、実質的にはOSの肥大化を招くものであるという点で、リスクへの理性的な対応の強化とも、またリスク・ガバナンスの民主化とも、ほど遠い。先ほど議論した「安全安心」とは、まさに

ＯＳに対するパターナリスティックな期待が標語化されたものであり、「自由・責任・リスクの引き受け」のちょうど逆さまなのである。この意味で、「安全安心」の流行は新自由主義といういわば「黒船」の襲来に対する、一種のアレルギー反応のようなものと理解すべきなのかもしれない。だがすでに見たように、再帰的近代化は全く別次元の要因で進行しており、人々がいくら「安心社会」を期待しても、その深化は止まらないであろう。

今後、日本型リスク社会が、リスク社会へと移行するのか、それともこの日本型リスク社会がだらだらと続くのか、さらにはいずれでもない別の道を進むことになるのかは、明らかではない。今後の状況を注視していく必要があろう。(22)

三　展望――「日本型リスク社会」を超えて

専門知と民主主義

以上、リスク概念の幅広さもあってか、議論の射程が拡散しすぎたきらいがあるが、現代日本のリスク社会的状況に対する、一定の見取り図を与えることはできたのではないだろうか。そこで最後に、論点を当初の専門性の問題に若干引き戻した上で、今後私たちはどう歩んでいけばよいのか、向かうべき方向性を展望してみたい。

これまで述べてきたように、専門家と行政が結びついたＯＳは、パターナリスティックな日本社会の中核を担ってきた。しかし、リスク社会化によって「神話」は崩壊し、至る所で機能不全を起こしている。これに対して、再度パターナリズムを復活させることで乗り越えようという勢力も無視できないが、豊かな社会での生活を経験した人々が、自由な選択を諦めるとも考えにくいので、「復活」を達成するのは難しいだろう。一方で、単にＯＳを糾弾し批判するだけでは、問題が解決しないのも自明である。

このとき、リスク社会を乗り越えていく道筋として考えられるのが、専門知と民主主義を媒介する仕組みの強化、という方向性である。[23] ここではごく簡単に骨格だけを述べてみたい。

ＯＳの最大の問題点は、専門家と行政が結びつき、民主的な決定が介在する余地が乏しいことである。このとき、民主主義を慇懃に退ける根拠は常に「専門的な知識」であり続けてきた。日本では、これは主として「平時」に機能する。そこには、市民的な常識や違和感が投げ掛けられる経路は存在せず、そもそも市民の側が、問題の存在を知覚する方法が存在しない場合も多い。まさにＯＳの独裁と言ってよいだろう。

一方で、本章で示したようなアジェンダ爆発が起きると、今度は、情念に基づく政治が前面化し、専門的な助言はかきけされる。それはまるで「平時の民主主義成分の不足」に対する恨みを晴らそうとするかのような、ある種の戦時的、あるいは一種の祝祭的な状況が出来するのが特徴である。

しかし本来、リスク社会化が進むと、平時と戦時は峻別し得なくなる。いたるところに「政治」が存在し、また「専門知」が介在する。従って、特定のアジェンダだけを政治的に処理し、それ以外は官僚・専門家に丸投げするというこれまでのやり方は、すでに成り立たなくなっているのである。[24] 私たちの社会は、すでにはるかに複雑であり、よりきめ細やかな対応が求められるのだ。

となれば、従来、もっぱら専門知によって支配されてきたような、たとえば安全基準に関する審議会や、環境規制行政の現場に、「民主的な参加」の仕組みを埋め込んでおく必要があるだろう。また同時に、議会やメディアにおける、社会的なアジェンダが定まるシーンに対して、科学的・技術的な専門知による適切な問題の整理がなされる仕組みを用意しておくことも必要である。これにより、たとえば本章でとりあげたアジェンダ爆発は抑制され、一方で重要な問題が放置されることも減少し、比較的に公平で効率的な政治の実現が期待できるのではないか。

議会の専門性強化

これらを具体的に実現するために、必要な制度的な仕組みとはいかなるものであろうか。それはたとえば、審議会の委員の決定プロセスを透明化することや、コンセンサス会議をはじめとする討議民主主義を、専門性の高い問題の議論に導入することも考えられる㉕。また、メディアに対して専門知に基づく助言を行うための専門家のネットワークを整備することや、大学の公的な情報発信機能を高めることも有効であろう㉖。

しかし、おそらく現代日本社会において最も欠けているのは、常に肥大化の傾向を持つOSを実質的に監視・抑制する仕組みの構築である。これに対して「それこそが、国会の仕事ではないのか？」と思われるかもしれない。まさにその通りなのだが、専門知で武装されたOSと対峙するには、現実の議会が持つリソースはあまりにも少ないというのが現状だ㉗。

そこで考えられるのは、専門的な観点から議員を支援する仕組みの強化である。求められる人材は「行政に対して、さまざまな点で独立している専門家」だ。だがこのような人は案外少ない。たとえば、国の研究所であれ国立大学であれ、それは行政システムの一部であるから、程度の差はあるものの、なんらかの形でつながりがある。また民間の組織も、そのような専門性を持つ人がいたとしても、しばしばOSに絡め取られていることが多い。その結果、「利害関係がない人は専門知に乏しく、専門知がある人は利害関係のシステムの内側で生息している」というケースが多くなるのだ。従って、そうではない、独立した人材を供給できるよう、教育し、キャリアパスを構築し、まさに「専門知と民主主義を媒介する職業」として確立させる必要がある㉘。

実は、欧州諸国では、議会にさまざまな分野の専門家を配置し、行政とは独立の立場から、行政を専門的観点でチェックするための、議会支援の機能を設けている。これは、欧州議会技術評価機関（European Parliamentary Technology Assessment: EPTA）というネットワークを構成しており、EU加盟国はもちろんのこと、北米やアジアなどともコミュニケーションをとりながら、この仕組みの発展を目指している。残念ながら、目下のところ日本には直接それに相当する機関はないが[29]、今後、そのような仕組みを、日本の社会的・文化的・政治的条件に合わせつつ作っていくことが求められるだろう[30]。

ただし、欧米においても、必ずしも議会の技術評価が上手くいっているわけではない。たとえばデンマークのように、世界で最初にコンセンサス会議を行うなどの先進的な取り組みをこれまで行ってきたにもかかわらず、予算の削減によって運営に困難を来している国もある。日本にそのような制度が不足しているのは間違いないが、専門知と民主主義がいかなる関係を結ぶことが理想であるかは、世界的に見ても、まだ答えがでているとはいえないのである。

おわりに

日本における「OSの緩慢な死」は、一九九五年以降、徐々に進んでいるように思われるが、これは一般に「神話の崩壊」、あるいは「神話の終焉」と呼ばれることが多いだろう。日本にはかつて、高度成長期に構築されたさまざまな、根拠の不確かな「神話」があった。たとえば、日本の建物は大地震でも壊れない、日本にテロは起こらない、土地の値段は下がらない、日本の官僚は優秀だ、銀行は倒産しない、日本の企業は終身雇用を続ける、年金システムは破綻しない、日本の食品は安全だ、そして日本の原発は爆発しないと信じられていた。残る神話といえば「富士山は爆発しない」と「新幹線は事故を起こさない」くらいだろうか。

ともかく、このような日本社会のシステムは、行政と専門家の巧妙な連係プレーで維持されてきた。それは、長い間市民の目に触れることなく舞台裏で粛々と進められており、また高度成長が多くの瑕疵やトラブルを隠したため、神話はよりその神秘性を高めていったのである。まさに「リスク社会」以前の段階にあったのだ[31]。

日本の神話を終焉させることになった最大のトリガーは、やはり冷戦の終結であろう。巧妙に最適化されていた日本の社会システムを規定した諸条件は、ベルリンの壁とともに――時間差はあるが――徐々に崩壊していったのである。

その後、「失われた二〇年」などといわれる時代が過ぎた。だが、ただ無為に時間が過ぎたのではない。この間に、日本は四回の政権交代を経験し、行政改革も進んだ。これは、OSを担う主要なメンバー、そしてOSに期待するクライアントたちにとっては、厳しい季節であっただろうが、いくつかの社会実験が進んだ時期でもあるのではないか(32)。

本章では、日本のリスク・ガバナンスの混乱とその社会的・文化的背景について検討した上で、「日本型リスク社会」の出現について示し、その性格や問題点について議論した。その上で、これを乗り越えるために、議会の専門性の強化が重要であり、それによって専門知と民主主義が適切に媒介されるという見込みについても検討した。

以上で当座の任は達成できたと考えたいが、残る課題としてはやはり、東日本大震災以降の日本社会が、いかなる方向に向かいつつあるのか、という点であろう。いくつかの仮説を考えているところだが、それについてはもう少し検討を進めた上で、別の機会に示してみたいと思う。

ただ少なくとも、古いOSを使い続けるのはもう、限界であろう。時代がすっかり変わってしまったことを認めるのは、辛いことかもしれない。だが今ほど、現実に向き合う精神の強さが求められる時代は、ない。

注

(1)　なお本章では、紙幅の都合もあり、東日本大震災とそれに伴う福島第一原子力発電所の事故に関するリスク・ガバナンスについては、主題的にはとりあげない。包括的な検討はまた別の機会に譲る。

(2)　ここで「再帰」という言葉が使われているのは、西洋語の再帰動詞のイメージが念頭にあると考えられる。また、「再帰的近代化」の概念自体の解釈にも一定の広がりがあり、論者によって微妙に異なる使い方がされていることも確認しておきたい。たとえば、Beck, Giddens & Lash 1994 では、三人がそれについて別の角度から議論をしている。

(3)　たとえばルーマンは、リスクを完全に主観的な概念として、自らのリスク社会論を構成している。

（4）本項の記述は、神里二〇〇二をもとに大幅に改稿し、再構成している。
（5）医学系、工学系では、このようなリスク観が支配的と考えられる。鈴木二〇〇七、七頁などを参照のこと。
（6）西洋のみならず、非西洋世界においても、中世にはリスクにあたる言葉は見当たらないという指摘がある（Giddens 1999, 邦訳五〇頁）。
（7）たとえば「虎穴に入らずんば虎児を得ず」ということわざは、risk概念そのものを表しているともいえるので、元々日本の言語空間にそのような概念が存在しないわけではないが、あまり前景化してこなかったのだろう。完全に一致はしないものの、riskのニュアンスに近いのは案外、「覚悟」という言葉かもしれない（神里二〇〇二）。
（8）実際、ベックの *Risikogesellschaft* は、日本では『危険社会』という題名で翻訳・出版されている。
（9）本項の記述は、特に明示していない限り神里二〇〇四aに基づいている。
（10）本項の記述は、特に明示していない限り神里二〇〇八に基づいている。
（11）新しく建てる建築物には過度に厳格な性能が要求され、既存のリスクの高い建物は野放しというこの状況は、東日本大震災を経験した現在もあまり変わりはない。
（12）専門知のガバナンスという観点では、一九九五年に起こった宗教カルト「オウム真理教」の「専門家」がサリンを製造した事件と、実は構造的には似ている。
（13）福島第一原子力発電所の事故は、専門家の信頼を大きく毀損した。この中身については、尾内・調二〇一三が網羅的である。同時に、この事件について、誰一人刑事訴追されなかったことは、漠然と、司法への信頼をも損なったように思われる。この点については、司法システムとしての対処を求める声が、司法関係者から出ていることも指摘しておきたい（古川・船山二〇一五）。
（14）この現象はある面で、"Social Amplification of Risk Framework: SARF" というモデル（Kasperson 1988）で説明することが可能かもしれないが、日本で過去二〇年くらいの間にこの「爆発現象」が何度も起こっていることの説明は容易ではないだろう。
（15）行政における「安全安心」言説の登場の経緯については、神里二〇〇四bを参照されたい。
（16）このような例は経営に関する文献を見ればいくらでも見つかる。たとえば、カルロス・ゴーンの自伝的著書など（ゴーン二〇〇一）。
（17）ただし、選択の自由を放棄し、占術などに依存する傾向は、日本社会においてはむしろ強まっているかもしれない。リスク社会と占いの興隆の関係については、神里 二〇一五、三三一―四八頁を参照されたい。

(18) なおこれは、やや観点や射程は異なるものの、かつてガルブレイスが「テクノ・ストラクチャ(techno-structure)」(Galbraith 1978, 邦訳八四―一〇一頁)と呼んだもの、また米本昌平が「構造化されたパターナリズム」(米本 一九九八、二二七―二四二頁)と呼んだものと共通性がある。

(19) このような世代間での認識の相違は、企業が日本的労働慣行を維持するために中高年層の雇用を守り、その代わりに若年層の雇用を抑制してきたことの影響が大きいと指摘する論者は多い。玄田 二〇〇一などが代表的であろう。

(20) 典型的には、主として震災を契機に首都圏から地方へ移住した人々であろう。セソコ 二〇一六などを参照のこと。

(21) ただし、逆に国家システムの強化を求める右傾化傾向も二〇一二年以降、強まっていると言われる。だがこれは、ＯＳの弱体化への危機感から、「父なるものを支えよう」という補償作用的なメンタリティが発動した結果かもしれない。

(22) 二〇一二年以降の日本の政治状況を見る限り、むしろＯＳへのパターナリスティックな期待は高まっているが、実際のところ、リスク社会化の進展によって、ＯＳの機能不全は深刻化しているのではないか。そうだとすれば両者の矛盾は現在、さらに深まる方向に進んでいると考えられる。

(23) 本章では紙幅の都合で詳しくは議論しないが、コリンズらが提示した「第三の波」論は、専門知と民主主義の関係性を考える上で、近年、大きな影響を与えている(Collins & Evans 2007)。

(24) これ自身が、ベックの言うところの「サブ政治化」に起因する。政策決定の根拠となる知識の専門性が高くなりすぎてしまい、本来の意味での政治的な決定、たとえば、化学物質の安全基準といったものが、議会などの公式な政治のアリーナではなく、クローズドな公衆衛生の専門家会合において密かに決められる、といった事例がその典型である。

(25) 代議制民主主義を補完する討議民主主義の重要性と可能性については、小林 二〇〇四、篠原 二〇一二などを参照のこと。

(26) サイエンス・メディア・センター(Science Media Centre)は、このような目的における先駆的な機関である(http://smc-japan.org/)。

(27) たとえば、民主党政権下で行われた「事業仕分け」において、蓮舫議員の「二位ではだめなんですか」という言葉が批判されたことを思い出そう。この問題はさまざまな議論が可能だろうが、しかし私たちがまず直視すべきは、日本の議会において議員を専門的見地からサポートする仕組みがあまりにも乏しく、国会質問に対する準備すらも、多くの場合、行政から提出された資料に基づいて行っているという現実にこそあるのではないか。

(28) ここで活躍すると期待される人材は、先述の Collins & Evans 2007 で言及されている「相互作用の専門家(interactional

expertise)」と重なるものであろう。また中島秀人は、かつてそのような役割を科学者が果たしていたが、これからはそれを科学論者にバトンタッチすべき、と提言している(中島 二〇〇六)。そのために重要なのは、このような人材を実際に作り出す制度を用意することであろう。大阪大学コミュニケーションデザイン・センター(現・COデザインセンター)では、このような人材を「副専攻」という形で教育する試みを二〇一二年から開始している(Kamisato & Hosono 2014)。

(29) 福島原発事故に伴って設置された「国会事故調査委員会」を母体に、日本でもそのような組織を作ることはできたのではないかとも考えられる。だが、議会制度の改革にはなによりも議員自身が積極的に動くことが必要である。実際にはそのような動きは見られなかったのは、残念なことである。

(30) 日本での議会技術評価機関の可能性については、春山 二〇〇七が基本的な視座を与えてくれる。また、技術評価は科学的助言(scientific advice)とも深く関わるが、これについては有本他 二〇一六を挙げておきたい。

(31) もちろん、神話が信じられていた時代のリスクマネジメントの実態が、客観的なリスクが低い状態にあったというわけではない。たとえば、法社会学者の河合幹雄は、日本の戦後社会における治安に関する「安全神話」をていねいに分析することで、同様の結論を得ている(河合 二〇〇四)。

(32) 二〇〇一年に活動を開始した、社会技術研究システム(現・科学技術振興機構 社会技術研究開発センター)は、科学技術と社会の界面に生じる問題に関して、さまざまなステークホルダーが協働して社会実験を行うための場を作ることを目的とした、ある種の研究プロジェクトであった。このような仕組みは諸外国を見てもあまり例がなく、重要な試みであると考えられる(http://ristex.jst.go.jp/)。

参照文献

有本建男・佐藤靖・松尾敬子 二〇一六、『科学的助言』東京大学出版会。
尾内隆之・調麻佐志編 二〇一三、『科学者に委ねてはいけないこと——科学から「生」をとりもどす』岩波書店。
神里達博 二〇〇二、「社会はリスクをどう捉えるか」『科学』七二巻一〇号、一〇一五—一〇二二頁。
神里達博 二〇〇四a、「近年の食品問題の構造——「二〇〇二年食品パニック」の分析」『社会技術研究論文集』二号、三三一—三四二頁。
神里達博 二〇〇四b、「序論「安全・安心」言説の登場とその背景」『科学技術社会論研究』3、七二—八四頁。
神里達博 二〇〇五、『食品リスク——BSEとモダニティ』弘文堂。

神里達博 二〇〇八、「リスクの社会的フレーミング――耐震偽装事件を例に」城山英明編『科学技術のポリティクス』東京大学出版会、九七―一二七頁。
神里達博 二〇一五、『文明探偵の冒険――今は時代の節目なのか』講談社現代新書。
河合幹雄 二〇〇四、『安全神話崩壊のパラドックス――治安の法社会学』岩波書店。
玄田有史 二〇〇一、『仕事のなかの曖昧な不安――揺れる若年の現在』中央公論新社。
小林傳司 二〇〇四、『誰が科学技術について考えるのか――コンセンサス会議という実験』名古屋大学出版会。
ゴーン、カルロス 二〇〇一、『ルネッサンス　再生への挑戦』ダイヤモンド社。
篠原一 二〇一二、『討議デモクラシーの挑戦――ミニ・パブリックスが拓く新しい政治』岩波書店。
鈴木勉編著、稲垣敏之他 二〇〇七、『リスク工学概論』コロナ社。
セソコマサユキ 二〇一六、『あたらしい移住のカタチ』マイナビ出版。
中島秀人 二〇〇六、「科学論再考　科学における平等と公正」『日本の科学／技術はどこへいくのか』岩波書店、一九三―二四二頁。
野口悠紀雄 一九九五、『一九四〇年体制――「さらば戦時経済」』東洋経済新報社。
春山明哲 二〇〇七、「科学技術と社会の「対話」としての「議会テクノロジー・アセスメント」――ヨーロッパの動向と日本における展望」『レファレンス』六七五号。
古川元晴・船山泰範 二〇一五、『福島原発、裁かれないでいいのか』朝日新書。
山岸俊男 一九九九、『安心社会から信頼社会へ――日本型システムの行方』中公新書。
山岸俊男、メアリー・C・ブリントン 二〇一〇、『リスクに背を向ける日本人』講談社現代新書。
米本昌平 一九九八、『知政学のすすめ――科学技術文明の読みとき』中公叢書。
Beck, Ulrich 1992, *Risk Society: Towards a New Modernity*, SAGE.
Beck, Ulrich; Giddens, Anthony; Lash, Scott 1994, *Reflexive modernization: Politics, tradition and aesthetics in the modern social order*, Polity Press.（松尾精文・小幡正敏・叶堂隆三訳『再帰的近代化――近現代における政治、伝統、美的原理』而立書房、一九九七年）
Collins, Harry; Evans, Robert 2007, *Rethinking Expertise*, The University of Chicago Press.
Galbraith, John Kenneth 1978, *The New Industrial State*, Houghton Mifflin Co.（都留重人監訳、石川通達・鈴木哲太郎・宮崎勇

訳『新しい産業国家』ＴＢＳブリタニカ、一九八〇年）

Giddens, Anthony 1999, *Runaway world: How globalisation is reshaping our lives*, Profile Books.（佐和隆光訳『暴走する世界』ダイヤモンド社、二〇〇一年）

Kamisato, T.; Hosono, M. 2014, "Creating a Hub for ELSI/TA Education, Research and Implementation in Japan," Michalek, T. et al. eds., *Technology Assessment and Policy Areas of Great Transitions*, Technology Centre ASCR, pp. 117–122.

Kasperson, R. E. et al. 1988, "The Social Amplification of Risk: A Conceptual Framework," *Risk Analysis*, Vol. 8, No. 2, pp. 177–187.

Luhmann, Niklas 1993, *Risk: A Sociological Theory*, translated by Rhodes Barrett, de Gruyter.

McCombs, M. E.; Shaw, D. L. 1972, "The agenda-setting function of mass media," *Public Opinion Quarterly* 36, pp. 176–187.

7　専門的判断の不定性——科学と社会の「ボタンの掛け違い」が生まれる構造と解くための条件

本堂　毅

はじめに

知識社会と呼ばれる現代、私たちは専門家が作り出す知識、いわゆる専門知なくして生きられない。医療過誤、薬の治験の不正など、生命に直接関わる医療の問題は、マスコミにも大きく取り上げられる。気候変動に関する政府間パネル(Intergovernmental Panel on Climate Change：ＩＰＣＣ)や原子力規制委員会など、様々な組織で高度な専門的議論が行われ、専門家たちの判断が社会的判断の根拠とされる。専門家による高度で確たる「科学的判断」が社会的判断の必要条件として、制度設計・運用されている場面も少なくない。

科学者の専門的判断は、このように現代社会で大きな役割を担うが、その専門的判断とは何か、という基本問題は藤垣(藤垣 二〇〇三)らを除いて、あまり議論されていない。専門的判断には様々な階層で任意性があるにもかかわらず、科学的に一意に決まるかのような仮定が、科学と社会の間の「ボタンの掛け違い」の原因となる例が少なくない。

弁護士　結論だけ答えてください。その批判は正しいですか、正しくないんですか。
科学者証人　いや、正しい正しくないというか、つまり科学ですから、それは正しい正しくないというのは、どういう意味で正しいか正しくないかというのをお話ししなければいけないことは四月にもお話ししたとおりでありまして。

弁護士　じゃ、正しいか正しくないかは答えられないというお答えでよろしいんですか。

科学者証人　違います。

弁護士　じゃ、どちらですか。

これは、現実の法廷で、弁護士と科学者証人の間で行われた証人尋問の調書から引用したものである（本堂 二〇一四、六六—六七頁）。この例に限らず、科学者は社会の中で、科学では一意な答えが出ない問題にも一意な答えを求められることが多い。さらに、科学者が専門家として語りうる範囲を踏み越えたり、社会が踏み越えさせたりする場面も少なくない。科学者も社会一般も、この踏み越えへの無自覚さから、社会的意思決定をめぐる不毛な押し問答を招きがちである。

医療はこのような「ボタンの掛け違い」に早くから対処をはじめた分野といえよう。インフォームド・コンセントやセカンド・オピニオン制度は、専門家の判断を相対化し、非専門家が専門知を主体的かつ柔軟に活用することを促す取り組みと位置づけることができる。そこで本章では、医療の取り組みも参照しつつ、科学と社会の間の「ボタンの掛け違い」が生まれる構造を整理し、科学の専門知を社会が適切に活用するための条件を論ずる。

本論に進む前に、筆者がこの問題に興味を持った背景に触れる。筆者は物理学を専門とし、電磁場が生物や人間に与える影響を研究テーマの一つとしながら、医師との臨床研究も行ってきた。その中で裁判の専門家証人として法廷に呼ばれ、科学と社会がすれ違う現場を体験し、専門知をめぐる制度的問題を知ることになった。文科系学生への理科授業開発を担当していたこともあり、法律家とも協働しつつ、科学知の法廷での利用について各国の実状や課題を学び、授業にも反映させてきた。

本章では、このような背景から、①同僚としての科学者、②専門家ではないが専門知のあり方に関心を持つ市民、③社会制度設計に関わる研究者や実務者などを想定し、科学の営みを振り返りながら、「ボタンの掛け違い」が生まれる構造を以下の構成で論じる。

第一節では、経験的方法論としての科学を振り返り、科学研究の妥当性、健全さ、適用限界などを整理することで、ボタンの掛け違いの原因となる「科学観」の問題を論じる。第二節では、科学者自身が科学の営みを誤って理解している例を、文科省の研究不正ガイドラインを引用しながら具体的に描き、問題の根深さを明らかにする。第三節では、EBM、症例報告、倫理委員会などの医学的題材を通し、経験的方法論としての科学的知識と意思決定の関係を考える。第四節では、科学的問題は科学自体で決まるとする社会的前提や制度設計の問題を、科学の不定性や踏み越え論と共に論じ、従来の制度が科学を歪める社会圧として働き、それゆえ社会も歪む悪循環の構造を描く。第五節では、この悪循環から脱するための新たな制度設計や条件を、オーストラリアの法廷で開発され世界的にも普及が進む科学裁判の手法、コンカレント・エヴィデンス方式を例に考える。「おわりに」では本章の議論をまとめ、広く専門知一般と社会の関係を展望する。

一　経験的方法論としての科学

学術誌への論文掲載と、論文の正しさ

科学の知識（専門知）は、科学者の書く学術論文などを通して社会に伝わる。マスコミで「〇〇を解明」というニュースが流れるとき、多くの場合、学術論文誌（以下、学術誌）への掲載が根拠として使われる。では、この学術誌に論

文が掲載されることは何を意味するのだろうか。掲載の条件とは何なのだろう。

自然法則の真理は一つであるとしても、経験的方法論である科学を用いる限り、その真理に「全く疑いなく到達」することは原理的に不可能である。しかし科学者は、自らの研究が「一定の進歩」をしたと考え、論文として出版するに値すると思ったとき、成果を学術誌に投稿する。

学術誌に論文が掲載されるためには、自然科学では一般に、掲載を希望する研究者が、学術誌の編集委員会（または相当する編集部）に論文原稿を投稿することが必要である。提出された論文は、同じ分野の研究者に送られて内容がチェック（査読）され、学術誌の掲載基準をクリアする妥当性があると判断された場合、最終的に編集委員長の判断として掲載が許される。

掲載基準は、各学術誌の編集方針（editorial policy）や編集手続き（editorial procedure）などに記載されている。査読者はこれを前提に、実験が適切に行われたか、統計的解析に矛盾がないかどうか、既に知られている理論などと整合性があるかどうか（仮に整合性がない場合は、過去の理論を覆すことを支持する相応の証拠があるかどうか）、これまでの知見を超える新しい結果が含まれているかどうかなどを検討する。しかし、理論的な式の導出などを含め、査読者がすべての詳細を確かめる義務は課されていない。査読者はあくまで、自分が分かる範囲で矛盾が含まれず、学術誌に掲載するために必要な水準、あるいは進歩が含まれているかどうかをチェックする役目を担う。すなわち、学術誌への掲載は、内容の正しさの証明ではない。実際、結論の正しさが極めて高いと判断される投稿論文であっても自明の結果であれば学術誌には採択されず、逆に、結果の正しさに相応の疑問が残っても、その結果が与えるインパクトが大きく、研究過程などに誤りがみつからなければ採択される場合がある。

このように、投稿された論文が学術誌に掲載されるか否かは、その分野の研究者間の、ある種の相場感覚（小林 二〇〇七）、あるいは相場観（尾内・本堂 二〇一一、八八七—八九五頁）でなされ、絶対的な基準は原理的に存在しない。学術誌掲載の「妥当性境界」(藤垣 二〇〇三)は、その投稿論文が掲載されることにより研究領域に一定レベル以上の進展が期待できるか否かであるので、社会的判断の根拠としての専門知の正しさの保証ではない(桂・平田 二〇一〇、三一〇頁)。研究成果の学術誌掲載を正しさの証明と捉えると、ボタンの掛け違いが生じる。

科学的問題とは何か

学術誌で議論される科学上の問題とは、そもそも何なのだろう。専門家としての科学者に尋ねることに意味がある問題、と言い換えることもできよう。

月と地球はどちらが大きいか、という問題は、普遍性をもち、科学者に尋ねて答えを得ることができる問題だろう。しかし、ウサギと犬のどちらがかわいいか、という問題はどうだろう? この問題に科学は答えを出すことができない。後者は価値判断の多様性を避けられないからだ。科学技術が関わる社会問題には、価値判断を代表に、科学で答えを出しうる側面と、科学では答えを出せない側面が同時に含まれる。それゆえ、価値判断の多様性に気づかず、科学だけで答えが出る、議論ができるとみなしてしまうと、「ボタンの掛け違い」にはまりこむことになる。

科学という営みは、なんらかの意味で普遍性のある知識を目指す。科学の知識が社会判断の基礎として用いられるのも、その普遍性ゆえだろう。価値観が異なる人たちの間でも、その普遍性ゆえに共有できる知識となりうるからである。しかし、その普遍性を目指すため、科学者は普遍性の邪魔になる価値に関わる問題を、無意識のうちにも削り取っていく。多様な価値判断を含んだままでは、普遍性ある知識となりえないからである。つまり、科学という営みは、普遍性のために多様性をそぎ取っていく手法(method)の集積とも言える。自然科学者は、研究対象として「科学で答えられる問題」を選び、社会に関わる問題でも、価値判断に関わる事柄を時に無意識のうちに外し、科学で答えられる問題に絞って研究を行う。

科学者自身の誤解

科学者自身、あるいは科学の専門知を使う側が、このような価値判断と科学の普遍性の関係を整理できていない場合もボタンの掛け違いを生む。たとえば、科学者が価値判断を含む社会的問題に対し、科学の普遍性で答えうる範囲を「踏み越え」て(尾内・本堂 二〇一一、八八七―八九五頁)、さも科学で答えが出るように主張をしたりするとき、あるいは市民を含む社会の側が、そのような答えを科学者に求めるときである。たとえば、八代亜紀とアンジェラ・アキのどちらが優れた歌手であるか、科学で答えが決まるだろうか？

ある種の科学者は、この踏み越えに対する無自覚さゆえに問題を引き起こす。価値判断を含む答えを、さも科学的な答えのように無邪気に語る場合である。確かに、科学研究の現場で科学者が多くの研究課題から一つを選ぶ場面では、価値判断を避けられない(吉澤・中島・本堂 二〇一二、七八八―七九五頁、脚注一二)。研究課題にはそれぞれ固有の価値や意味があるため、科学者も、その階層では価値判断を行っているからである。しかし、そのことと、研究結果としての科学的知見は区別しなければならない。価値判断は多様である以上、科学的知見と価値判断を混同すると、非建設的な押し問答に陥りかねない。

この節では、論文の学術誌掲載と専門知の正しさの関係、科学研究と価値判断の関係などを通して科学という経験的方法論を整理した。これらの性質は、現実には科学者自身も誤解している場合があり、社会との接点でボタンの掛け違いの原因となる。次に、研究不正に関する議論の混乱を題材として、科学者自身の科学認識に根ざす問題を掘り下げる。

二　科学研究の正しさ、研究結果の正しさ

二〇一四年、理化学研究所から発表されたＳＴＡＰ細胞研究を巡る研究不正疑惑は科学界を越える問題になった。この問題をめぐる科学界の混乱は、科学者自身も「科学とは何か」という問題を必ずしも深く考えてこなかった現実を明るみにだした。その根深さは、不正疑惑後に改訂された、不正行為への文科省ガイドラインにも端的に見ることができる。

文部科学省は二〇一四年八月、文科省の予算を受け大学などで行われる研究活動に適用される「研究活動における不正行為への対応等に関するガイドライン」を公表した。ガイドラインには様々な問題点が指摘されているが（米村二〇一五、一六九―一七四頁）、ここでは研究の「再現性」に関する規定をみる。研究不正の調査にあたり、ガイドラインでは調査委員会に対して、「（2）本調査」の「③調査方法・権限」を次のように規定する。「（ア）本調査は、告発された事案に係る研究活動に関する論文や実験・観察ノート、生データ等の各種資料の精査や、関係者のヒアリング、再実験の要請などにより行われる。この際、被告発者の弁明の聴取が行われなければならない。（イ）告発された特定不正行為が行われた可能性を調査するために、調査委員会が再実験などにより再現性を示すことを被告発者に求める場合、又は被告発者自らの意思によりそれを申し出て調査委員会がその必要性を認める場合は、それに要する期間及び機会（機器、経費等を含む。）に関し調査機関により合理的に必要と判断される範囲内において、これを行う。その際、調査委員会の指導・監督の下に行うこととする」。このように「再現性」の有無が研究不正認定で重要なポイントとされている。

科学研究は「再現性」ある知識を追究すべきもの、との考えには、科学界を含めて異論はないだろう。しかし、そ

のことと、研究の健全性の条件に再現性が必要かどうかは区別されるべきことである。第一節で述べたように科学は経験的方法論である以上、有限時間の研究で一〇〇％の再現性を得ることは原理的に不可能だからだ。一〇〇％の再現性が有り得ないからこそ、後述する統計的有意性などの概念を用いるのである。個々の研究発表に一〇〇％の再現性が必要であれば、科学では、全ての研究発表を断念せざるを得なくなる。

したがって、研究結果の再現性の有無を、研究の健全性（不正の有無）の評価要素とすることには無理がある。実験などが適切に行われたか否かという研究過程（プロセス）の再現性以上のものを、健全性の前提に置くことはできないのだ。学術誌で論文著者へ要求されることは、他の研究者によって「追試可能」な程度に論文を記述することであって、追試で結果の再現性が保証されることではない。本節冒頭で触れたＳＴＡＰ細胞問題では、理化学研究所は再現実験を行ったが、これは研究不正調査の観点からは理解しがたいことであった。再現性ではない形で研究の健全性を保つための制度の一つに、臨床研究のプロトコル登録制度がある。これについては、第三節で説明する。

この改訂版ガイドラインは、文科省の「「研究活動の不正行為への対応のガイドライン」の見直し・運用改善等に関する協力者会議」によって議論され、改訂案が作成されている。農学、医学（二名）、流体工学、法学、政治学、科学史、新聞記者（医事系）の委員で議論が行われ策定されたにもかかわらず、ここに述べたような科学研究の基本的性質を見落とし、健全な研究が不正と誤認定されかねない制度設計がなされてしまった。科学の営みを研究対象とする科学哲学、自然科学を研究対象とする理学系の委員が含まれていない背景もあるかもしれない。

この事実は、広い意味で「科学者」と呼ばれる人たちに、科学という営みへの根本的見落としが少なくない実態を明らかにしている。正しい科学的研究とは常に再現性が伴うものである、というナイーブな科学観は、このガイドライン委員以外の（広い意味での）科学者にも少なくないのである。先に触れたように、論文掲載の基準は、その学術分野の進展であって、結果としての正しさ自体ではない点に気づけば、文科省ガイドラインのような考え方は、経験的方法論としての科学を歪め、健全な科学研究をむしろ損なわせる働きがあることが分かるだろう。

さて、科学研究の再現性を適切に踏まえるなら、ＳＴＡＰ細胞研究では、捏造・改ざん・盗用という研究不正疑惑以前に、さらなる問題があったことを指摘せねばならない。それは「報道発表」のあり方である。ＳＴＡＰ論文が*Nature* 誌に発表された際、論文著者らは報道発表で、その知見が確実であることを当然の前提として、応用を含めた説明を行った。その週末、東京で行われた研究会の休憩時間、私は隣に座る科学論の研究者に「この研究、結果が間違いだったら、大変な騒ぎになりますね……」と話したことを覚えている。むろん、研究不正騒ぎになるとまでは思っていなかった。

研究論文は、その時点での暫定的真理を明らかにするものである。科学者は、その暫定的性質を前提として、論文内容を批判的に吟味する。*Nature* に掲載された論文自体でも、論文著者は、彼らが考える証明度に応じた単語の使い分けをしている(Obokata et al. 2014, pp. 641-647)。しかし、科学界ではない一般社会に向けては、研究結果が確実な科学的知識であるような発表をした。ＳＴＡＰ細胞研究は極端な典型例だとしても、同様の例は枚挙にいとまがない。

これは、先の文科省ガイドラインにみられる「固い科学観」(藤垣・廣野 二〇〇八)ともいうべき科学への認識が未だ社会を支配していることにも起因するだろう。この社会環境の中で、競争的研究費を得ずには研究活動を続けることが困難な科学者は、時に科学本来の不確実性に目をつむる形で社会に迎合し、「確実な科学」という衣をまぶした発表を行うからである。これは、社会的な圧力(プレッシャー)で、科学者が科学的証拠で語れる範囲を踏み越えて社会に伝え、暫定的真理を社会が「確実な科学的知見」として誤解・誤用するという悪循環である。

三　科学の不確かさと意思決定

自然科学は経験的方法論である以上、絶対的確実性は原理的に存在せず、その研究成果は、程度の差はあれ暫定知である。そのため、研究の正しさ、健全さを結果の正しさに求め得ない。この性質を意思決定の場面で踏まえるなら、完全に確実とは言えなくとも、再現性が繰り返し確認され、高度に確実性の高い科学的知見のみを使えばよいと考えることもできよう。たしかに、リンゴが木から落ちることは、現在の地球上では殆どの場合、疑う必要はないだろう。しかし、たとえば「何%ならば「科学的」ですか?」「一%の確率ならばロシアン・ルーレットもOKですか?」「午後に卒業試験があっても、解熱剤を飲んではダメですか?」などの答えを専門家が決めてよいのだろうか? 医学では「科学的根拠に基づく医学(Evidence Based Medicine：EBM)」(グレイ 二〇〇四)というものがあり、確実性が高い知見とみなされている。そこで、このEBMを例に、私たちの意思決定と科学の不確実性の関係を整理したい。

科学的根拠に基づく医学(EBM)

新しい治療法の効果など、現代医学の知見の多くは科学的評価の方法論であるEBMを使って得られる。これは、どのような手法で、得られた知見はどのような普遍性を持つのだろうか。EBMで確実性が高い知見を得るためには、ある治療法の効果を別の治療法、あるいは治療を行わなかった場合などと比較する。そのために、実際の患者たちの協力を得て二つの治療を比較する臨床試験を行い、効果を統計的有意性(statistical significance)を用いながら確かめる。すなわち、二つの治療法を統計的に比較して、評価したい治療法に本当は効果がない確率(水準)を、たとえば五%、一%、〇・一%などに設定し、その基準をクリアする効果が認められれば、その統計的水準で効いているとみなすのである。これにより、私たちは一定の確かさを持つ知見を得ることができる。

しかし、この手法で得られる知見は、「科学的根拠に基づく」という言葉が連想させがちな「確実に正しい」知見ではない。本当は効果がない治療法を誤って有効とみなしてしまう可能性も、少ないながら一定程度残るためである。科学は経験に基づいて知識を得ていくプロセスである以上、絶対確実な知識は原理的に得られないことを述べてきたが、「科学的根拠に基づく医学」でも当然同じである。

上記の統計的知見は特定の条件（選択基準）を満たす「患者群」を用いた臨床試験で得られるものである。次に、その統計的知見を個々の患者に適用する場面を考えよう。臨床試験で明らかにされる治療法の効果は、個々の患者にどのように当てはまるのだろうか。

臨床試験では被験者の「選択基準」がある。臨床試験の結果は、その選択基準に合致する患者群（集団）に対して得られるため、個々の患者がその選択基準を楽にクリアしているのか、ギリギリでクリアしているのかで、臨床試験の結果がどの程度当てはまるかは一般に異なる。基準ギリギリであれば、その患者には、EBMデータが示しているほどの典型的効果は期待できない可能性がある。患者には一人一人の個性があり、治療の効果も一般には、患者それぞれに異なる。しかし、その個性をすべて考慮していたのでは大規模な臨床試験は遂行できない。EBMではそのため、患者を大別して試験を行って結果を得るのである。

医師がEBMから得られた知見（データ）だけでなく、それ以外の知見や、経験に基づく「勘」も加味して治療方針を提案することは、このような意味で合理性がある。臨床試験によって導かれる確率だけに頼って評価することは、一見「科学的」と思われがちだが、経験的方法論として科学の仕組みに立ち返れば、一面的であることが分かる。

症例報告という経験知

このように、ＥＢＭでも、その知見には様々な階層の不確実性が伴う。また医療の現場では、すべての症例に臨床試験データが直接対応できるわけではない。一般的ではない症状を呈する患者に対しＥＢＭに基づく標準的治療が見つからない時、医師は患者と共通する症状を呈した事例への診療記録である症例報告を探すことがあり、逆に、試行錯誤した結果を症例報告に残すこともある。この症例報告はたった一例かもしれない。十分確立された知見のみを科学的知識とみなすニセ科学批判の立場では、症例報告などは典型的ニセ科学の一種になるのだろう。では、そのような症例報告を用いて治療を行う、あるいは症例報告を参照することは非科学的なのだろうか？

症例報告は、医学の経験的知見の一つであり、これが存在するとき診療にあたって参照することは、その時点の経験的知識の最大活用という点で合理性がある。実際、この症例報告は細胞・動物実験などの知見と同様に、これからの標準的診断・治療の可能性を示唆し、臨床試験で検証されるべき仮説ともなる。もちろん、臨床試験を行う段階では、その仮説の有効性、医療としての安全性は、必ずしも十分に明らかではない。そのため、臨床試験の可否やあり方は、その開始前に、医学研究に関する倫理委員会で検討されることになる。

その倫理委員会では、既に確立された医学的・科学的知見だけを用いて検討を行うのだろうか。これはもちろん違う。確立された知見だけでは不十分であるため、不確かな知識も最大限用い、さらには現段階では分からない無知（未知）なことをも最大限想定しながら臨床試験の安全性を高め、かつ倫理的配慮を怠らない方策を検討しなければならない。診断・治療自体と同様に、倫理委員会の意思決定においても、科学的に確たる知識だけを用いることはできないのである。

プロトコル登録

プロトコル登録制度は、ＥＢＭを含めた臨床研究の健全性を高める（不正を防ぐ）ために考え出された制度である。科学的（医学的）不確実性が高く、倫理的な問題も避けられない臨床研究の健全性を担保するために、研究結果の再現性ではなく、研究プロセスの再現性にこそ研究の健全性を求める考え方と言える。

プロトコル登録制度の下では、研究者は実験などを行う前に、どのような研究計画（手順）で研究を行うかを定める。その研究計画に基づいて倫理委員会で審査を受けた後、これをデータベースに登録して公開する。研究が開始された後は、自ら定めて審査を受け公開した手続き（プロトコル）に従い、被験者への安全性を確認しながら研究を行うことになる。倫理委員会の承認がない限り、被験者の選択基準などの主要な研究方法を変えることは許されない。こうすることで、恣意的な行為によって研究過程と、それに伴う結果が歪められることを防ぎ、研究への信頼性を高めるのである。先に触れたように、研究の健全性・正しさは、結果ではなく、その過程に置かれるのである。

この節では現代医学を例にして、判断・意思決定の場面で、確実性が高い科学的知見だけを用いることは一般に困難であるとともに、経験的方法論の観点から、倫理的にも適切でないことを述べた。科学のこのような基礎的性質は、しかし、科学をめぐる現実の諸制度と衝突する場面が少なくない。

四　科学知のコミュニケーションに現れる問題

社会との接点で問われる科学的問題は、多くの場合、価値判断を含む。それにもかかわらず、答えが科学自体で決まるかのように科学者が発言する場面は少なくない。それには大きく二つの要因が考えられる。

（ア）　科学的証拠で決まることと、科学的証拠だけでは決まらないことの区別が、当の科学者自身分かっていないとき

（イ）　専門的判断では、価値的判断も専門家が行うべきだと科学者が考えているとき

（ア）は、科学者が科学の適用限界を認識できていない場合に起こる。（イ）は、自らの価値判断も専門的判断の一部であると科学者自身が思いこんでいる場合に起こる。科学的専門知が意思決定で使われるのは、それが裁判などの紛争当事者間でも、立場や価値観の差異を超えて共有できる知識となりうるためであろう。だとすれば、（ア）や（イ）のような前提で示される専門知は、社会的判断や合意形成を妨げる要因となる。

価値判断だけでなく、純粋に科学的な範疇であっても、類似の問題がある。科学者が裁判に専門家証人として出廷する場面を考えよう。たとえば送電線から生ずる磁場に発がん性があるかどうかをＹｅｓ／Ｎｏで尋ねられたとき、あるいは、地球温暖化の原因は温室効果ガスかどうかをＹｅｓ／Ｎｏで尋ねられたとき、研究者はどのように答えればよいだろうか？

法廷で問われる科学的問題の多くは現在系の研究対象であるから、知見の不確実性は小さくない。Ｙｅｓ／Ｎｏの二者択一を強制されたら、科学者は不確実性の中で、感覚的にどこかで「線引き」して答えざるをえないことになる。しかし、この不確実性への線引きに客観的基準はないので、必然的に恣意的判断の余地が生まれる。これは、いわゆる御用学者が生まれる余地でもある。つまり、科学者に問われている問題が、科学以外の要素を持たない、純粋に科学的な問であったとしても、答えをＹｅｓ／Ｎｏ（二者択一）で問うてしまうと、回答は「科学的証拠自体では決まらない」ものになるのだ。科学者に明瞭な答えを求める目的で、Ｙｅｓ／Ｎｏ式の答えを求めることは、価値判断が含まれるか否かを問わず、科学者の答えを不正確かつ恣意性あるものにし、不毛な対立を社会に持ち込む原因になる。

このように、科学者間での意見の相違は、科学的知見自体の相違ではなく、単なる線引き感覚の違いなどでありうる。意見の違いが「線引き」のみに由来するならば、二人の科学者は互いに議論することで科学的証拠そのものの違いではないことに気づき、合意できる点も増えるだろう。線引き以外に理由があるなら、その理由を検討することが

できるだろう。たとえば

① **問題設定の違いであれば、どちらの問題設定が対象となっている問題に相応しいか**

② **用いる理論の違いであれば、理論のどちらの前提が現在の問題に適切か**

③ **未来予想のように科学的予測が本質的に困難な問題のため意見が分かれる場合は、当該問題の本質的予測困難性**

などを明らかにできる可能性がある。

科学者の意見の違いを科学者同士の意見の交換も含めて可視化することは、科学だけでは決まらない性質、すなわち科学の不定性を内包する課題に対し、科学者の専門的意見を活用する際に有用である。意思決定に際して科学的確かさがどの程度まで必要とされるか、どのような問題設定が適切であるかなどは、科学自体で決まるものではないためである。

現在の社会制度や環境では、科学的真実に誠実で科学に語れることを正直に伝えたいと思う科学者ほど、その知見を誠実に伝えにくい構造が存在する。先に触れたように、科学的営為は、その知見に普遍性を求めるため、科学者は多様な価値判断が極力除かれるよう研究を続ける。そのため、この本質を深く理解する人ほど、価値判断込み、あるいはＹｅｓ／Ｎｏで答えを求めるような社会制度下では、科学者倫理を果たすことが困難なことに気づき、社会的論争となる問題について発言を躊躇するようになる。

そうなると、科学に自分の信念や価値判断を込め、それをさも科学的証拠で決まるものであるかのように装う権威主義的な学者や、そもそも、科学的営為の本質を理解できないナイーブな学者ばかりが社会に発言する状況が必然として生じる。その結果、科学への信頼が損なわれ、価値判断に関する合意形成も阻害される状況となる。

線引きの多様性は実例で見ることもできる。地球温暖化に対して、どの程度の科学的精度で温室効果ガスの影響が証明されたら対策を取るべきかを東北大学の学部一年生の授業「自然科学総合実験」で学生に問い、クリッカーという集計ツールで応答を集めた。すると、文科系学生(一一七名)のうち、一〇%と答えたのは六名、以下二〇%六名、三〇%二名、四〇%一名、五〇%二名、六〇%一名、七〇%一名、八〇%四名、九〇%一名、一〇〇%三名(二〇一二年七月実施)、同じく医学部生(一七名)のうち、順に三名、三名、二名、一名、一名、一名、二名、四名、九〇%以上は〇名(同年五月実施)という結果になった。

それぞれ同じ時間、同じ教室での質問でも、学生たちの応答は大きく散らばる。対策に必要と考える証明度は、学生によって大きく異なる。もちろん、実際には温暖化の強度や対策のコスト、対策に伴う副作用としての環境影響など、多くの事柄を定量的・総合的に考える必要があろうが、少なくとも、どの科学的精度で対策を取るべきかの判断には大きな任意性、多様な考えがあるという事実が示されている。科学技術が関わる問題で対策には確たる科学的証明が必要と主張する科学者や行政も少なくないが、どの精度で対策を取るべきかは科学自体で決まらない問題であることが、学生の反応にも反映されている。

御用学者批判のパラドクス

このように、科学的知識の不定性に気がつくと、旧来の「御用学者批判」自体が御用学者を生み出すパラドクスに気づくことができる。公害問題、薬害問題や環境問題などでは、ある種の科学者は、対策には確たる科学的証拠が必要であると主張し、現在の科学では証明不十分と主張する。その一方、規制や賠償を求める市民なども、支援する科学者に被害は十分明らかであると述べさせようとする。どちらの側も「確たる科学的証拠が必要」という前提(土俵)を共有し、むしろ土俵を固めているかのようだ。

しかし、対策や賠償に確たる科学的証拠が必要であるかは科学で決まることではない。したがって、確たる科学的証明を社会的対策の条件とする科学者があるなら、その科学者は専門性を逸脱して、特定の価値判断に誘導しているのである。それにもかかわらず、このような科学者の逸脱は、これまであまり問題にされてこなかった。対策に必要な科学的証明度を恣意的に一〇〇%に近づけ続ければ永遠に対策を先送り可能であるにもかかわらず、トリック的な言説が放置されてきたのである。このパラドクス的現状は、経験的方法論としての科学への私たちの認識、科学観と、それらに基づく制度の双方を、根本から見直す必要を明らかにしていると思われる。私たちはこれから、どのような制度設計ができるのだろうか。

五　コンカレント・エヴィデンスの示唆

これまで見たように、専門知としての科学的知識には様々な階層で、科学だけでは決まらない性質、すなわち不定性がある。その不定性を直視した意思決定の実践例として、コンカレント・エヴィデンス(Concurrent Evidence)と呼ばれる裁判制度が知られている(本堂 二〇一四、六三―九一頁。本堂・渡辺 二〇一六、一一一―四〇頁)。これはオーストラリアで生み出され、国内外に普及している新しい科学裁判の仕組みで、裁判に限らず、専門知の活用全般に示唆を与えるものである。環境訴訟など、専門知を高度に活用する必要から生まれたこの手法は、経済、不動産、医学なども含む、専門知を必要とする裁判一般に広く適用され、世界的に注目されている。具体的にプロセスを見ることにしよう。

コンカレント方式では、裁判の原告・被告の双方が専門家証人を選んで裁判所に申請するまでは従来と同様である。その上で、証人による専門的意見は、以下の順番を経て整理されていく。

(ア)　法廷に先立ち、専門家証人が科学的争点についての報告書を作成し、証人同士で交換

（イ）専門家証人同士が直接会って争点を整理し、同意できる点、できない点についての共同報告書（joint report）を作成（ここに担当裁判官や弁護士は加わらない）

（ウ）裁判官は弁護士らと共に、共同報告書を用いてアジェンダ（検討課題）を作成し、全ての専門家証人が同時に出廷し、証言

（エ）証人尋問では、意思決定者である裁判官が、そのアジェンダを用いながら専門家たちとの議論を主導（司会）。特に、専門家間で同意できない点について、その理由を中心に質問

（オ）裁判官、弁護士、証人は、全員その議論に参加し、専門家たちは、裁判官、弁護士の質問に答えると共に、専門家間での議論も推奨される

この方法では、科学的専門知の活用がどのように改善されるだろうか。先に、科学者の意見の違いは、表面的な違いに過ぎない場合があることを記した。（イ）のように、専門家同士が論点整理を行うと、表面的な意見の違いが整理され、意見が一致できる点が少なからず見出されることが分かっている（URL①）。科学者同士の議論によって、その違いが科学的な内容ではなく、価値判断の違いであることが浮き彫りになることもあるだろう。その場合、価値判断に関する部分は、基本的に法的（あるいは社会的）判断に委ねるべきものであるから、その点を明確に意識に上げることで科学的意見が一致する部分が増え、法的判断に委ねるべき部分も明らかにできるだろう。

そもそも、科学に問われる課題への問題設定段階で科学者間にズレが生じるときにも、結果として意見の違いが生まれる。問題設定自体は、科学だけで決まる話ではないから、裁判上の争点（問い）に対し、どのような科学的問題設定で回答を与えるべきかが整理されることも、表面的な意見の違いを防ぐために有効となろう。また、裁判で争点になる問題は多くの場合、科学者間でも意見が大きく分かれるような、科学的説明や予測が難しい性質を持つことがある。AとB、ふたつの結論に分かれたとしよう。ある条件では結論がAとなり、ある条件では結論がBとなる場合、

どちらの条件を考慮すべきか、あるいはそもそも、AもBもどちらも同じ程度に起こりうるのか、専門家に食い違う理由を整理してもらうことも可能となる。

議論の中で、どのような問題が生じうるのか自体への科学的予測が困難な状況、すなわち「無知」に属する部分が焦点になる可能性もある。無知においては、その科学者(専門家)が、無知、すなわち科学の限界をどこまで真に理解しているかが問われてくる。言うまでもなく、優れた科学者は、理論の適用限界を鋭く把握しているので、無知への理解が科学者同士で整理されると、どちらの科学者が真に優れた専門的知識をもつのかを見定めることも容易となろう。

従来の、日本を含む英米法的証人尋問手続きでは、オーストラリアだけでなく多くの国で、法廷に出廷する科学者の質が低下していることが認識されている。誘導尋問などで、科学的証言内容を歪められる法廷を、優れた科学者が避けるようになっているのである(本堂 二〇一〇、一五四―一五九頁)。これに対し、コンカレント方式のように専門家同士が公開で議論できる制度になると、質の低い、いわゆるジャンクサイエンティストが自然と排除できることも明らかになった。科学者が同じ分野の同僚(peer)に晒される、学会や研究会などと同様の状況では、ある科学者の知識に誤りがある場合、その場で同じ分野の研究者から指摘を受けるからである。科学者証人同士の相互作用は、裁判官による理解を助けると同時に、質の悪い科学者証人の信用を失墜させる。そのため、コンカレント方式の下では質の低い科学者が出廷しなくなると同時に、優れた科学者が法廷に戻ってきたという。この新方式はオーストラリアだけでなく、英国を初めとする他の国でも近年採用が進んでいる。

コンカレント・エヴィデンスは、科学的知識をそれ自体で閉じたものとは捉えず、むしろ社会的問題の解決という視点から相対化する試みと言える。また、科学的知見を確立された知見だけに限定せず、問題解決の視点で、不確実性まで含めて最大限活用しようという試みとも言える。その意味でこの手法は、法廷のみならず、社会一般での科学的知識の活用に、大きな示唆を与えてくれるものである。すなわち、非専門家に個別的・専門的知識がなくとも、専門家としての科学者を、その自浄作用まで含めて適切に活用できる仕掛け(制度)を作れば、専門家の科学的知識を意思決定や判断に、より適切かつ柔軟に活かすことが可能であることを、オーストラリアの経験は教えてくれる。

おわりに――専門知への向き合い方

本章では、専門知の一つとしての科学をテーマに、専門知と社会の「ボタンの掛け違い」構造を考えてきた。時に科学者にも見出される科学への誤解が、科学観や制度設計などを通してボタンの掛け違いを固定化し、無用な押し問答や混乱など、悪循環を常態化させている現状を描いてきた。本章を終えるにあたり、三つの概念、㋐再現性、㋑線引き、㋒問題設定を通して、全体を振り返る。

私たちの社会では従来、高度に再現性があるもののみを科学的に正しいとみなし、それ以外の知識は無視をした意思決定を行いがちであった。しかし、現実の科学的知見は一〇〇％の確実性を原理的に持ち得ないため線引きという恣意性を避けられず、科学者間の意見にも表面的不一致が生じがちである。社会的問題の科学的評価を科学者に求める際には、評価の前提として科学的な問題設定を行う必要があるが、問題設定は科学自体では一意に決まらないため、問題をなんらかの形で「切り取って」設定せざるをえない。そのため、切り取られた問題設定が社会的問題解決にそもそも適切ではない場合、科学的な解析がいかに厳密・正確であっても、社会的問題の解決をこじらせることになる。

これらを理解すれば、これまで「科学的に決まる」とか「科学的に厳密」と、時に声高に叫ばれてきたことが、むしろ、科学を踏み越えた、特定の価値判断に基づく主張であった可能性が理解できるだろう。科学を騙った独断的判断が続く限り、建設的な議論、合意形成などは阻害され、科学知への社会的信用も損なわれる。ボタンの掛け違いを解くには、科学知への誤解に基づく従来の前提や制度を根本から検証し、新たな制度設計を行うことが不可欠だろう。コンカレント・エヴィデンスの経験は、そのような制度設計が現実に可能であることを示唆する。

科学以外の専門知への示唆

ここまで、科学という専門知に限定して議論を行ってきた。しかし、専門知は科学に限られるものではない。実際、私たちは科学以外の様々な専門知も社会的判断に必要とする。では、ここまでの議論は、科学以外の専門知にどのような示唆を与えるのだろうか。もちろん、人文社会科学の知見は、自然科学のような強い実証的検証は難しいかもしれず、価値のあり方に関する学問もあるだろう。しかし、学問的性質に違いはあっても、私たちが社会的判断のため、人文社会科学の専門知・理論についても、その適用限界などを含めて専門家に問い、活用する必要があることは、自然科学と変わらない。

日本では殆ど知られていないが、科学も含む専門知一般の法廷での活用は、諸外国では法学の専門領域の一つとされている。英米法の国々では、エクスパート・エヴィデンス（Expert Evidence）と呼ばれる領域が確立し、法科大学院の主要教科ともなっている（Freckelton and Selby 2009; Kaye, Bernstein and Mnookin 2004）。このエクスパート・エヴィデンスは、医学・歯学を含む理工系だけではなく、歴史学、人類学、文化的習慣、言語学、文章解析学、金融証拠、建築積算士なども対象とする。

エクスパート・エヴィデンスに、人文社会系を含めた専門知が含まれているのは、専門知一般に分野を超えた共通点が見出されるからだろう。たとえば、学問を装って特定の考えを正当化させることは、自然科学に限らず、人文社会科学でも起こりうる。自然科学の場合、専門的知見としての科学者の発言に恣意性が生まれる要因は、不確実性に対して線引きを行い、Ｙｅｓ／Ｎｏで答える場合や、その判断が（個人的、あるいは集団的・党派的・利益相反的）価値判断を含む場合などである。科学者に託される問に価値判断の要素が強まれば強まるほど、恣意性は高くなる。自らの信念を通したいと思う者は、価値判断などの信念を含む意見を、学問(専門)的知見と称して流通させるだろう。問題設定(framing)の立て方自体に、価値判断が忍び込んでいる場合もある。

専門知一般の適用限界についてはどうだろうか。自然科学の知見では様々な階層の適用限界が存在する。理論には成立するための前提条件がある。実験的検証も有限にしかなされえないため、実験的証明も程度問題を避けえない。科学者はこのような科学知の適用限界を知らなくては理論の創造、実験的検証ができないから、一線の研究者であればあるほど、その分野の適用限界に通じている。

先に挙げたコンカレント・エヴィデンスでの専門家同士による論点の整理、整理された論点に基づく公開での討論は、実際、自然科学だけではなく人文社会科学も含めた様々な専門知に適用され、社会的判断に活用されている。この経験は、人文社会科学の専門知にも、それを使った意思決定に際し、自然科学と同様な手続きで扱いうる性質があることを実証するものであろう。筆者は自然科学者であるため、人文社会科学の専門知について具体例を通して議論することはできないが、日本においても、人文社会科学の専門知の性質、適切な活用に関する議論は、自然科学の場合と変わらない重要性があるはずである。

柔らかな知識活用のあり方——専門知に主体的に向き合う必要

専門知一般を社会的判断に活用するため、私たちにはどのような知への向き合い方が求められるのだろうか。物理学者である筆者には、統計物理学における粗視化や階層性の概念がヒントを与えてくれる。自然現象を適切に記述・予測しようとする場合、科学者は目的とする予測に適した階層で解析をする必要がある。たとえば、気象現象を予測するときを考えよう。ここで、自然は素粒子というミクロの粒子から成り立っているからといって、その階層から記述（議論）を始め、マクロな現象を記述することに意味はない。気象現象を支配する流体現象や熱力学現象はマクロな物理量で記述・予測されるので、ミクロな素粒子の階層を持ち出す必要がないためである。熱力学の振る舞い（性質）を素粒子の階層から記述することには、原理的な困難さえある（清水 二〇〇七）。純粋な自然現象に限っても、目的の必要に応じた科学的解析を行うのである。

　現象論とメカニズム論の整理も重要である。自然科学は、ミクロなメカニズムの解明をする学問であるという理解は、科学者、科学論研究者のいずれにも少なくないようだ。しかし、このような理解は必ずしも正しくない。先の熱力学理論には原子、分子などの粒子は登場しない。熱力学の理論は、温度、体積、圧力といった、マクロな物理量の間に成り立つ関係を記述し、その記述の限りにおいては、粒子などの概念（階層あるいはメカニズム）は必要ない。むしろ、粒子などという細かい情報を超越したマクロかつ少数の物理量で理論が閉じることに、熱力学の理論としての強みがある。メカニズム論だけではなく、現象論も自然科学の立派な理論なのである。現象論で予測が済む現象に、ミクロなメカニズムを持ち出す必要はないし、ミクロな物理量を持ち出しても、マクロな予測には役立たないのである。私たちは、予測したい（記述したい）現象にふさわしい（必要十分な）階層で自然現象を捉え記述する必要があり、それで十分なのである。

　この例は、社会が専門知にどのように向き合い、活用すべきかの示唆を与えてくれる。それは、知りたい、あるいは予測したい現象を意思決定者から主体的に捉え、その上で、必要な専門知を考える重要性である。これは、科学的知識が定まって（与えられて）、それに応じて社会的判断を行うという旧来の、ある意味リニアな考え方だけでは不十分で、社会的判断に必要な水準・確度、問題設定で、社会的判断への必要から逆算して専門知を集結させる必要性を意味する。[1] 科学から社会へ、だけでなく、社会の側から、科学を含む専門知を捉える必要性である（平川 二〇一〇）。このような考えは、時に科学の権威を貶めるものと捉えられがちであるが、科学者という専門家の専断（踏み越え）を排すことで、むしろ科学の健全性、自律性をも促しうる。

専門知をめぐり、社会の側からの主体的アプローチが機能するには、社会の側はもちろん、専門知（科学）の側にも、OECD生徒の学習到達度調査（OECD-Programme for International Student Assessment）における「科学についての知識（knowledge about science）」（国立教育政策研究所 二〇〇七）と同様の、専門知へのメタレベルの理解が必要となる。非専門家の科学への無理解を嘆く科学者は少なくないが、既に述べたように、科学者自身の科学への（メタレベルでの）無理解が、ボタンの掛け違いの原因になりうるからである。

この小論では専門知の一つとしての自然科学と社会の関係を考えてきた。知識社会と呼ばれる現代において、科学技術をめぐるボタンの掛け違いの背景には、科学知への科学者自身や社会の捉え方、それに基づく制度設計に根本的問題があり、これらを直視して転換することが必要である。この課題は科学には無論のこと、専門知全般に投げかけられた課題でもあり、科学知はその典型例であると筆者は捉えている。本章での問題提起が、市民社会での専門知や専門家のあり方への、さらなる議論につながることを願っている。

＊ 本研究は、日本学術振興会科学研究費補助金（課題番号 25242020、25245014、25285005、16H01820）の知見を活用した。また、平田光司氏をはじめとする多くの共同研究者から貴重なコメントを頂いた。

注

（1） 数学の解析学で知られる、イプシロン・デルタ（ε-δ）論法（高木 一九八三）とのアナロジーも一部に成り立つかもしれない。

参照文献

尾内隆之・本堂毅 二〇一一、「御用学者がつくられる理由」『科学』第八一巻九号、岩波書店。

桂有加子・平田光司 二〇一〇、「科学番組と科学」『科学技術コミュニケーション』第八巻。
グレイ、ミュア 二〇〇四、『患者は何でも知っている――ＥＢＭ時代の医師と患者』斉尾武郎監訳、中山書店。
国立教育政策研究所監訳 二〇〇七、『ＰＩＳＡ２００６年調査 評価の枠組み』ぎょうせい。
小林傳司 二〇〇七、『トランス・サイエンスの時代――科学技術と社会をつなぐ』ＮＴＴ出版。
清水明 二〇〇七、『熱力学の基礎』東京大学出版会。
高木貞治 一九八三、『解析概論』改訂第三版、岩波書店。
平川秀幸 二〇一〇、『科学は誰のものか――社会の側から問い直す』ＮＨＫ出版。
藤垣裕子 二〇〇三、『専門知と公共性』東京大学出版会。
藤垣裕子・廣野喜幸編 二〇〇八、『科学コミュニケーション論』東京大学出版会。
本堂毅 二〇一〇、「法廷における科学」『科学』第八〇巻二号、岩波書店。
本堂毅 二〇一四、「科学者からみた法と法廷」亀本洋編『岩波講座 現代法の動態６ 法と科学の交錯』岩波書店。
本堂毅・渡辺千原編 二〇一六、シンポジウム報告「科学の専門知を法廷でどう扱うか」『判例時報』第二三〇九号、判例時報社。
吉澤剛・中島貴子・本堂毅 二〇一二、「科学技術の不定性と社会的意思決定」『科学』第八二巻七号、岩波書店。
米村滋人 二〇一五、「研究不正と法の考え方――科学研究に対する法規制の基本思想」『科学』第八五巻二号、岩波書店。
Freckelton, I. and Selby, H. 2009, "Expert Evidence" Fourth Edition, Thomson Reuters.
Kaye D. H., Bernstein D. E. and Mnookin J. L. 2004, "The New Wigmore: A Treatise on Evidence: Expert Evidence" ASPEN.
Obokata, H. et al. 2014, "Stimulus-triggered fate conversion of somatic cells into pluripotency" *Nature*, vol. 505.

ＵＲＬ（最終閲覧日二〇一六年一二月一六日）

① ピーター・マクレラン 二〇一二、「オーストラリアでのコンカレント・エヴィデンスの経験から」http://www.sci.tohoku.ac.jp/hondou/files/McClellan2012-1.pdf［The Judicial Commission of NSW（日本語字幕版：（独）科学技術振興機構委託研究「不確実な科学的状況での法的意思決定」）ビデオ「コンカレント・エヴィデンス（日本語字幕・最終版）」https://www.youtube.com/watch?v=1icW0m1xKbI］

Ⅲ　科学／技術と文明の未来

8　社会における生命科学の今とこれから

加藤和人

はじめに――急速に変化する生命科学

二〇世紀後半から飛躍的な発展を遂げてきた生命科学の勢いは、二一世紀に入っても衰えるどころか、さらに加速しているように思われる。「生命科学」とは、遺伝子や細胞の分析技術や知識を用いて多様な生命現象の仕組みの理解を目指す分野であり、具体的には生物学を中心に、医学、薬学、農学などの基礎的な部分を含む大きな分野となっている。個別分野の名称ではなく、「理工学」に相当するような大きな分野の名称である。また、生命現象の理解をもとに応用技術を生み出すための研究も「生命科学」に含めて考えることが多い。本章では基本的に「生命科学」と表記しつつ、関連の医学などを特に意識する場合には「生命科学・医学」というような表記を用いる。

現代の生命科学は、たとえば二〇年、三〇年前と比べても比較にならない大きな分野となっており、専門家でも全体像を把握することは難しくなっている。けれども、全体を把握することが難しくなったからこそ、その行方を検討する作業が必要になる。本章では大胆にも、二一世紀における生命科学のあり方や進め方について考えることを試みた。

多くの学問研究がある中で、生命科学は最も新しく、急速に発展してきた分野の一つと言える。同様に新しく発展してきた分野としては、情報科学や情報通信技術の開発などが挙げられるだろう。いずれの分野も私たちの日常生活を大きく変化させてきた。情報技術の発展により、今や世界中の人々がスマートフォンやモバイル機器を持ち、世界中の人々とつながっている。生命科学と関連の医学研究の発展により、さまざまな医療技術や薬品が開発され、平均寿命は飛躍的な伸びを見せてきた。日本では、一九五〇年時点の平均寿命は男性約五八歳、女性約六二歳であったのが、二〇一五年には、男性約八一歳、女性においては八七歳まで延びている。現在は、延びた寿命のうち、健康に過ごせる時間である「健康寿命」を延ばそうという目標が掲げられており、そのためにも生命科学と関連の医学研究の果たす役割に期待がかかっている。

こうした生命科学の発展の基盤となっているのが、遺伝子や細胞を調べる技術を生み出してきた分子生物学や細胞生物学である。二〇世紀中頃に新しく生まれた分子生物学においては、一九五三年のジェイムズ・ワトソン博士とフランシス・クリック博士によるＤＮＡの二重らせん構造の発見を皮切りに、遺伝子の構造や遺伝子の情報からタンパク質が作られ働く仕組みが解明された。その後、一九七〇年代に入ると遺伝子組換え技術が登場し、それまで主に大腸菌などの微生物で行われていた遺伝子の研究が、動物や植物などの多細胞生物を対象に行えるようになり、やがて八〇年代から九〇年代には医学研究も大きく進んだ。人間の遺伝子を大腸菌に導入してインターフェロンを作るなど、応用目的の技術や手法も多数実用化された。「バイオテクノロジー」がブームになったのもこの頃である。

一九九〇年代には、人間の遺伝子をすべて解読することを目指す「ヒトゲノム計画」が始まり、二〇〇三年には一セットの人間のゲノムの解読が終了した（加藤 二〇〇九、二〇一一b）。その後もゲノム解読技術は驚異的なスピードで向上し、二〇〇六年、〇七年頃から、個人ごとのゲノムをすべて解読する「パーソナルゲノム解読」が一挙に拡がり、今では、世界中で何万、何十万人規模のゲノムが解読され、得られた「ゲノム情報」をもとに、病気の原因の解明や治療法の開発などを目指す研究が行われるようになっている（加藤・三成 二〇一三）。

さらに、二〇〇七年から〇八年にかけて、日本中で大きく話題になった、京都大学の山中伸弥教授によるｉＰＳ細胞(人工多能性幹細胞)作成技術の発見は、筋肉や神経、血液といった体中のさまざまな細胞をこれまでよりも簡単な方法で、シャーレの中で作り出すことを可能にし、病気で失われた細胞を作り出して、患者に移植し治療する「再生医学(医療)」を発展させつつある。ｉＰＳ細胞の樹立成功は、二〇一二年にノーベル生理学・医学賞の対象となった。この研究もまた、分子生物学、ゲノム科学、細胞生物学、そして関連して個体発生の仕組みを解明する発生生物学などの発展の中から生まれてきたものであり、生命科学の爆発的発展の産物と言える。

一方、ますます激しい勢いで発展する生命科学は、生命現象の仕組みの理解を深めるだけでなく、研究から生み出された技術や方法を使い、これまでにない規模や精密さで「生命現象を操作する」ことを可能にし始めている。たとえば、現在、人のｉＰＳ細胞から精子や卵子を作る研究が急速に進んでいる(Saitou & Miyauchi 2016)。その結果、近い将来、ｉＰＳ細胞を経由して子供を作ることの是非を議論することが必要になるだろう。それ以外にも多くの課題が生じており、後に例を挙げて述べるように、「生命の操作」をどこまで進めてよいのかについて、広く社会の中で考えることが必要になってきている。

もう一つ、二一世紀の生命科学のあり方や進め方について考える際に知っておくべきことは、生命科学研究とは、かつて生き物の振る舞いに興味を持った研究者が、主に個人レベルで行うものだったのが、異なる知識や手法を持った研究者が集まり、国境を越えて行われる大規模なものになったことである。前述の「ヒトゲノム計画」は、その象徴といえるプロジェクトであった(サルストン&フェリー 二〇〇三)。日本や米国を含む六か国の研究者・技術者が、各国の利害の調整や、データを独占しようとするバイオベンチャーと競争したりしながら国際共同研究を遂行した。以来、多くの国際的な大型研究プロジェクトが進むようになっている。

さらにもう一つ、二一世紀になり、研究と技術開発や製品開発などの企業活動との距離が急速に近くなってきている。生命現象のメカニズムの理解が進むと、たとえば体の中の細胞同士の相互作用や免疫の仕組みの理解が深まり、その知識を用いて、病気の原因となる物質の作用を抑えたり、がん細胞を攻撃する免疫細胞の働きを強めたりすることが可能になってきた。このところメディアで話題のがんの治療薬「ニボルマブ」は、そうした基礎研究の成果が薬剤の開発に結び付いた例である。

筆者は、もともと大学院で分子発生生物学の研究に携わり、個体発生における遺伝子の働きなどに関する研究に携わっていた。その後、四年近くに及んだ英国留学時代に、日英の研究制度の違いや当時英国で盛り上がりつつあった科学コミュニケーションに興味を持ったこと、そして学生時代からの社会問題への興味などをきっかけに、生命科学と社会との境界領域に分野を転じ、科学と社会とのコミュニケーションや倫理的・社会的課題の研究に二〇年以上、携わってきた。その間には、生物学・生命科学分野の最新研究を紹介する雑誌編集にも携わり、国内外の一流の研究者にインタビューし、その生涯を「サイエンティスト・ライブラリー」として紹介する仕事に従事したこともある。国際学会や国際研究プロジェクトで倫理や政策などの社会的課題を担当する委員会の委員も多数、務めてきた。現在は、大学医学部で生命科学研究や医学研究の倫理と政策に関する研究・教育を行っている。基礎生物学から医学の応用分野まで、研究組織や分野をいくつも移動しながら見てきた立場から、今後の生命科学と関連の医学研究の行方について、いろいろと考えてきた。その中には、日本の科学と科学研究コミュニティに関する「危機感」と呼べるようなものも含まれている。

本章では、筆者が関心を持つ領域を中心に、生命科学研究と関連の医学研究の最近の動向を紹介した上で、今後の社会における生命科学研究のあり方や進め方を考える際に重要と思う点について述べることにする（上記で述べた、研究と企業活動の接近についてもしっかりとした分析が必要だが、今後、筆者自身が分析を深めた際に稿を改めて取り上げたい）。

筆者が重要と考える三つの点を、ここでまず簡単に述べておこう。①研究および関連の社会的課題への取り組みは、国境を越えてグローバルな舞台で行われるようになっている。その中で、日本はしばしば取り残されているように思える。②研究を動かすポリシー、つまり研究をどのように進めていくかに関する考え方や具体的プランは、研究現場を知る科学研究コミュニティが、人文社会科学の専門家を含む多様な人々と協働し、「ボトムアップ」で主体的に取り組んでいる（加藤 二〇一一a、二〇一三）。ところが、日本では、未だに政府、つまり「お上」が決めるという受け身の態度が見られる。③特に医学研究においては、患者や市民が受け身の存在ではなく、専門家と手を組む「パートナー」として積極的な役割を果たすようになっている（ボトムアップの活動の重要なプレーヤーでもある）。その動きは欧米で大きなうねりになっており、今後、日本でも重要になると思われる。

これらをさらに一言で述べると、以下のようになる。社会の中でとても大きな存在となり、応用面でも社会と深く関わるようになった生命科学や関連の研究の進め方は、もはや少数の専門家だけでは考えられず、社会に開かれた形で、多くの人々――そこには、患者・市民、そして人文社会科学の専門家など多様な属性の人々が含まれる――と一緒に考え、動かす時代へと変化している。そのようなパラダイムシフトが起きていることを、今後の生命科学の行方を考えようとしている人々が気づき、対応していくことが必要と考える。

一　新しく発展する生命科学の研究領域――ゲノム編集を例に

激しく変化する生命科学の領域として、ここではまず、「ゲノム編集」を取り上げる。特定の研究分野の話題だが、そこに筆者が考えたい多くの問題が含まれているからである。前節でも述べたように、生命科学においては遺伝子を分析し操作する技術は、一九七〇年代以降に広まり、研究のあらゆる場面で重要な役割を果たしてきた。そうした数十年の知識と経験の蓄積の中から、ごく最近に登場してきたのがゲノム編集技術である。

ゲノム編集では、特定の遺伝子配列を認識するＲＮＡやタンパク質などと、遺伝子領域のＤＮＡを切断したり、組み換えたりする活性を持った酵素を組み合わせて細胞に導入することで、狙った遺伝子を改変することができる。ゲノム編集に使われる試薬の種類は複数あり、最も新しいものが、二〇一二年に登場したCRISPR-Cas9と呼ばれる方法である。配列を認識するための試薬（ＲＮＡ）も簡単に準備することができ、細胞に試薬を入れるだけで、目的の遺伝子を破壊したり、別の遺伝子と置き換えたりすることができる。

ゲノム編集技術は、すでに医療への応用例を多数、生みだしつつある。世界中で知られているのは、エイズの治療法の開発に向けた研究である。エイズでは、ＨＩＶウイルスが免疫系の細胞の一種であるＴリンパ球に感染して、免疫不全がおこる。そこで、ウイルスが細胞に侵入する際の受容体の遺伝子をゲノム編集で壊してしまうと、ウイルスが細胞に感染できなくなり、すでに感染した人でも体内のウイルスを減らして免疫系の働きを回復させることができる。現在は、リンパ球を対象にしたゲノム編集から、リンパ球や白血球など血液系の細胞を作る元となる「造血幹細胞」の段階でゲノム編集を行う方法の臨床試験が始まっている。

もう一つ、有望視されているのは、肝臓の細胞でゲノム編集を行い、病気で欠けたり、足りなくなったりしている酵素やその他のタンパク質を作らせて、病気を治療する方法である。この方法では、ある巧妙なやり方が使われる。肝臓で大量に作られるタンパク質の一つであるアルブミンは、血液中に大量に存在するタンパク質であるが、実際にはその一％程度あれば十分なことがわかっている。そこで、ゲノム編集技術を用いて、患者の体内で作らせたいタンパク質の遺伝子をアルブミンの遺伝子と置き換えてしまう。ただし、その際に、遺伝子を働かせる「プロモーター」という部分はもとのアルブミン遺伝子のままにしておく。すると、外から導入した遺伝子はアルブミン遺伝子と同じように活発に働き、目的のタンパク質が大量に作られる。そして肝臓から血液を介して全身に回り、必要な働きをすることで病気が治ると期待されている。この治療は、二〇一六年現在まだ動物実験の段階であるが、今後、多種類の病気を対象に、世界中で活発な研究が行われることが予想される。

日本ではこうした新しい技術が生まれてきた際に欧米の後追いで研究が進むことがしばしばあるが、海外での研究の発展を後追いするのではなく、先頭を切って研究や技術開発が進むことを期待したい。

さて、ここまで述べてきたゲノム編集の応用例(や将来期待される医療応用)は、すべてすでに存在する患者に対する「一代限りの」治療のためのものである。専門的表現では「体細胞」を対象にした治療という。「体細胞」を対象にゲノム編集技術を利用する治療は、前記の例を含め、今後、爆発的に発展していくと予想される。

これに対し、次世代に伝わる細胞のことを「生殖細胞系列の細胞」といい、精子や卵子、受精卵などが相当する。もし、これらの細胞でゲノム編集技術により遺伝子の改変が行われ、その細胞から(あるいは精子や卵子の場合、その細胞が受精して)個体(ひとりの人)が生まれると、その個体の細胞すべてで遺伝子は変化していることになる。そして、その個体に子供ができると遺伝子の変化も伝わり、さらにはその次の世代(孫)、その次の世代(ひ孫)へと伝わっていくことになる。

このような「世代を超えた遺伝子改変」は、一九七〇年代に遺伝子組換え技術が生まれてからごく最近まで、技術が未熟であることや、改変された遺伝子が世代を超えて永続的に伝わってしまうことなどを理由に行わないのが、科学研究コミュニティのコンセンサスであった。すなわち、人類自身が人類の遺伝子組成に人為的に操作を加えてよいかという問いに対し、ほとんどの専門家は否定的な意見を持っていた。ところが、これまでの技術に比べ格段に簡便で精度も高いゲノム編集技術が登場したことで、この点に関する議論が再び激しく行われることになった。遺伝性の病気を持った患者が生まれる可能性があるときに、ゲノム編集技術で「病気の遺伝子を治すべきかどうか」という問題である。

この問題が大きく取り上げられるようになったのは、二〇一五年の春頃からである。同年三月には、米国の科学者や専門家一八名が、国際的な科学雑誌『サイエンス』にコメントを発表し、生殖細胞系列の遺伝子改変は技術的にも未熟であり、倫理的・社会的議論も尽くされておらず、慎重に検討していくべきだと主張した(Baltimore et al. 2015)。彼らの何名かは、一九七五年、遺伝子組換え技術が登場した際に研究者たちが自主的に会議を開き、安全性の確認のために当面の実験停止(モラトリアム)を提案することになった「アシロマ会議」の参加者であった。そのため、世界中の専門家が今回の問題を非常に重たいものと受け止めることになった。同じく三月には、再生医療分野の研究者などが属する国際幹細胞学会が声明を発表し、生殖細胞系列の遺伝子改変に対して反対意見を表明した(URL①)。

そして、四月、中国の研究グループが人の受精卵に対し、ゲノム編集を行った論文を発表し、世界中に驚きを与えた。使われたのは生殖補助医療(不妊治療)において、一個の卵子に二個の精子が入ってしまった「3前核」と呼ばれる受精卵で、それ自体はもともと正常に発生しない受精卵を利用した研究であった。またゲノム編集の結果についても、望み通りに遺伝子が編集されたのは五四個の受精卵のうちの四個にすぎなかった。だが、使われた遺伝子はβ-グロビンという貧血症の原因遺伝子であったために、実際の治療法の開発を目指すものと思われた。さきに述べた米国の専門家による意見表明は、この論文発表が準備されている情報を得た専門家が、検討のための会議を一月に開き、そこでの意見を発表したものであった。

さらに五月の末、米国ホワイトハウス(オバマ政権)は「A Note」を発表し、臨床応用の目的のために生殖細胞系列の遺伝子を変えることは、現時点では越えてはならない一線だと考える、という意見を表明した(URL②)。六月には、日本においても、生命倫理の課題を検討する内閣府総合科学技術・イノベーション会議の生命倫理専門調査会がゲノム編集について検討を開始し、二〇一六年四月「中間まとめ」を発表、生殖細胞系列の遺伝子改変は認められないが、人の受精卵を用いた基礎研究は容認するという結論を公表した。二〇一五年八月には、日米の遺伝子細胞治療学会が共同声明を出し、やはり生殖細胞系列の遺伝子改変の臨床応用には反対の意見を表明した(Friedmann et al. 2015)。

ところが、二〇一五年九月にヘルシンキで開催された欧州遺伝子細胞治療学会の年会で行われたパネルディスカッションでは、英国、イタリア、ドイツ、そして日本からは筆者が登壇し、各自の意見を述べた後、最後に会場全体で挙手による投票が行われた。筆者にとって驚きであったことに、将来、生殖細胞系列の遺伝子改変を行うことに賛成する意見が過半数を占めた。一方、筆者自身は、これまでの人工的な操作技術、たとえば人工受精などとは異なり、ゲノムという細胞の中の分子のレベルで操作することには慎重になるべきであること（我々はゲノムの構造や働き方について知らないことが多すぎる）、一旦遺伝子の改変を行うとその影響は他国にも及ぶので、多様な意見が存在する国際社会では簡単に合意ができないと考え、反対を表明した。

こうした一連の大きな動きの一つの区切り——あるいは到達点ともいえる出来事——となったのは、二〇一五年一二月はじめに米国ワシントンの米国科学アカデミーを会場に行われた国際会議であった（URL③）。「ゲノム編集に関する国際サミット」と称された会議は、四つの組織によって主催された。米国科学アカデミー、米国医学アカデミーと、英国の王立協会、そして中国科学院である。日本を含む二〇か国から約五〇〇名の参加者があり、ウェブによる視聴者は七〇か国に達した。三日間の会議では、医学・生命科学の専門家はもちろん、人文社会科学の専門家や患者団体の関係者など多様な分野の人々が登壇し、セッションごとにパネルディスカッションが組まれていた。筆者も後半二日間のみであったが参加することができ、多くのことを考えさせられた。特に、二〇世紀前半、遺伝学の知識が誤った形で社会に適用され、特定の民族や精神疾患の患者などを対象に断種手術などが行われた「優生学」の歴史についての講演や、障がい者をめぐる社会的課題についての講演も含まれ、安易に新技術を社会に適用することの危険性についても考えさせる内容となっていたのは、この種の会議に多数参加してきた筆者にとっても印象的であった。一方、患者団体の関係者からは、患者とその家族の中にはこの技術を生殖細胞系列に応用し、病気の遺伝子が子孫に伝わらない形で治療してほしいとの意見があることも示されていた。

会議の最終日には、三日間の議論をまとめる形で、声明が発表された。そこでは、体細胞を用いた研究はもちろん、生殖細胞系列の細胞を用いた研究でも基礎研究は適切な規制の下で容認し、進めるべきとした。一方、臨床医療への応用は、体細胞については有益であるが、生殖細胞系列の世代を超えた遺伝子の改変は現時点では認められないとされた。後者については、多くの課題が十分に検討されていないことが理由とされた。たとえば、現在の技術は生殖細胞系列に適用するほど正確でないという「リスク」の問題や、いわゆる「エンハンスメント（増強）」に関して、一旦この技術が使われるようになると、病気の治療ではなく、身体的能力などの増強に用いられてしまい歯止めが効かなくなる問題などが挙げられていた。人類が人類自身について人工的な操作を加え、進化の方向を変化させてもよいのかという哲学的な問題も十分に検討されていないとされた。

二　科学研究コミュニティ主導による国際的な活動

前節で取り上げた、一連のゲノム編集技術の動向と関連の倫理的・社会的議論は、生命科学の一領域の話題であるが、代表的な例と言っていいだろう。そして、その中には筆者が本章で強調したい、現代生命科学における二種類の大きな動きを見ることができる。

まず、何よりも重要なのは、今回の一連の動きのほとんどが、アカデミア、つまり学術研究コミュニティ主導で行われてきたことである。先述のとおり、二〇一五年三月、『サイエンス』誌に意見を発表した一八名の研究者たちの一部は、一九七五年に開催された「アシロマ会議」の参加者であった(Baltimore et al. 2015)。アシロマ会議は研究者たちが自ら集まり、当時新しく生まれた「遺伝子組換え技術」について、たとえば大腸菌に人間の遺伝子を導入することに危険はないのか、といった安全性や懸念についての検討が行われ、適切な実験の進め方を策定するまでは実験を一時中止するとした。科学者が自らの分野の研究を自らの決定により、一時停止した歴史的な会議とされている。そして、いわゆる物理的封じ込め、生物的封じ込めなどの具体的な手法で遺伝子組換え生物を実験室外に出さない方法を定めたガイドラインが公表され、翌一九七六年に実験は再開された。同様のガイドラインは世界中で使われており、日本も一九七〇年代のうちに政府のガイドラインを制定している。

このような一九七〇年代の経験を持つ研究者たちがイニシアティブを取る形で、今回再び、生殖細胞系列の遺伝子改変の臨床応用は時期尚早であり慎重な検討が必要という意見を、国際的な科学誌で大きく表明した。それに引き続き、複数の学会が意見を表明、さらにはヘルシンキやワシントンで議論のためのセッションや会議が開催された。オバマ政権による「A Note」は政府によるものであったが、他のほとんどは、学術研究コミュニティによる意見表明であった。特に、一連の出来事を受けて二〇一五年一二月に開催されたワシントンでの国際会議は米・英・中三か国のアカデミーが共同で主催したもので、会議の冒頭には四つのアカデミーの会長が登壇し、この問題をともに考えることの重要性を強調した。そうした学術研究コミュニティが主導で会議を開催することを、オバマ政権も前述の「A Note」の中で「評価する」と述べている。その結果、世界に向けて、科学・医学の研究コミュニティが今回の問題に本気で取り組もうとしていることを示すものになった。

もう一つ、重要な点は、これらの問題が一国だけの問題ではなく、国際社会において共同で取り組むべき問題であると示されたことである。国際幹細胞学会についても、国際サミットについても、いずれも多数の国が参加する国際組織、あるいは国際的な活動として意見表明をしている。最初に人の受精卵へのゲノム編集に関する論文を発表した研究者が所属する中国も、科学者の組織が国際サミットの主催者として参加した。いずれも、生殖細胞系列の遺伝子改変の是非という課題について、安価で簡便な技術であるゲノム編集技術が、もし地球上のどこかで拙速な形で応用されると取り返しがつかなくなるという、そしてもしいい加減な形で遺伝子が改変された異常な人間が生まれたりしたら、生命科学・医学のコミュニティ自身の信頼性がゆらぐという、グローバル社会に対する科学研究コミュニティの責任感と危機感によるものとみることができる。

一連の動きの結果、問題の重要性は世界中でかなりはっきりと認識されたと筆者は感じている。ただ、継続的な議論はまだ必要であり、また、それぞれの国がどのように規制を行っていくかについては結論が出た状況にはない。実際にいい加減な研究者に対する歯止めは完全に整ったとはいえない。しかし、科学者自身が国境を越えてともに問題に取り組む姿勢を大きく表明できたことは評価できるであろう。

三　日本の状況

それでは、日本の状況はどうだろうか。結論から述べると、落第点ではないが、決して手放しで評価できるほどではないと筆者は考えている。

その検討の背景として、ゲノム編集ではなく、一般的な医学研究・生命科学研究の分野について簡単に言及しておく。日本においては、一九九〇年代から人間の遺伝子や細胞を用いた研究が大きく発展し、特にヒトゲノム計画が進展し始めた頃から、たとえば人由来の試料（細胞や血液、ＤＮＡなど）の入手や管理の仕方、得られた遺伝情報の保護の方法など、研究から生まれる倫理的・社会的課題にどのように取り組むかが問題になり始めた。

二〇〇〇年の前後には、ヒトゲノム解析研究についての本格的な議論と検討が行われ、政府の委員会によって、二〇〇〇年に「ヒトゲノム研究に関する基本原則」が策定された。その後、二〇〇一年に現在も多くの研究者が従っている「ヒトゲノム・遺伝子解析研究に関する倫理指針」が文部科学省・厚生労働省・経済産業省の三省によって定められた。また、遺伝子研究以外の医学系研究を対象として、「疫学研究に関する倫理指針」と「臨床研究に関する倫理指針」が二〇〇二年と〇三年に定められ、一四年にはそれらが統合されて「人を対象とする医学系研究に関する倫理指針」となっている。

このような日本における取り組みの特徴として、科学研究コミュニティではなく、政府が中心となって研究の指針を定めてきたことを挙げることができる。科学研究コミュニティからは政府審議会に委員が参加しているとはいえ、決定の主体は政府委員会であり、定められた指針を科学研究コミュニティは与えられたものとして受け入れ、従う構図ができている。科学研究コミュニティは、出来上がった指針の運用方法について質問したり、不満を述べたりすることはあっても、自ら指針を定めることはない(加藤 二〇一〇、二〇一三)。

なぜこのような構造になるのか。筆者は以前にも考えを述べたことがある。そこでは、科学研究コミュニティが、社会的課題についての取り組みを研究活動の内側にある必須の活動とみるか、研究活動の外部にあって自らの責任の外側にあるとみるかの違いがポイントになると考える。すなわち、欧米諸国を中心に、社会的課題に取り組むのは自らの仕事であるという考えが歴史的に長く持たれており、結果として研究の進め方や倫理的・社会的課題への取り組みについても積極的に行う傾向があるのに対し、日本では社会的課題に取り組むのは研究者の責務ではないと考えられているのではないか。こうした違いについて、筆者は、前者を「ボトムアップ」のアプローチ、後者を「トップダウン」のアプローチ(お上である政府に任せて科学研究コミュニティが受動的になる)と呼び、日本においても科学研究コミュニティが社会的課題への取り組みを自らの責務と考え、もっとボトムアップのアプローチが強化されることが必要であると、いろいろなところで述べてきた(加藤 二〇一〇)。

一方、今回のゲノム編集技術に関する課題については、日本においても、科学研究コミュニティがこれまでに比べると積極的に動いてきている。具体的には、さきに述べたように、日本遺伝子細胞治療学会が二〇一五年八月、一連の動きの中では比較的早い時期に米国遺伝子細胞治療学会と合同で声明を発表し、その後も内閣府の生命倫理専門調査会とともに、ヒト受精卵を用いた基礎研究についての指針を作ろうとしており、これ自体は科学研究コミュニティの積極的な取り組みとして評価できる。

しかしながら、日本の科学研究の世界における存在の大きさを考えると、とても十分とは言えないのではないだろうか。すなわち、欧米諸国で見られるように、科学アカデミー、つまり日本では学術会議のような科学研究コミュニティ全体が動くところまで至っていない。日本分子生物学会のような生命科学分野の大型の学会も主体的な意見表明をするまでにも至っていない。さらには、米国での国際サミットの成果を受けて、国際的な議論をリードするような活動も望まれるところであり、たとえば、アジア諸国のアカデミーとの連携で社会的議論の場を設けるといったことが望ましい。残念ながら、そうした動きは今のところ見られない。現状では、日本遺伝子細胞治療学会がいくつかの学会とともに活動を進めている状況であり、日本の生命科学コミュニティ全体が自らの課題として取り組むようになることが期待される。

四　ゲノム医学と医療の進展

ここまで、ゲノム編集に関して詳しく見てきた。グローバルな生命科学の現場においては、ゲノム編集以外の分野でも前節で見たような動きがいくつも起こっている。その一つとして、病気の理解と治療法の開発を目指す、ゲノム医学・医療の分野を見ておきたい。どちらもゲノム、つまり遺伝情報の一セットを対象にした研究分野だが、ゲノム医学のほうが、より広く、病気の理解や診断法・治療法の開発などを目的に研究が行われている。

本章の冒頭で述べたように、一九九〇年代の「ヒトゲノム計画」の開始以来、この分野は長足の進歩を遂げてきた。ヒトゲノム計画が始まった頃には、人間の遺伝子をすべて解読する技術の開発には何十年もかかると考える専門家もおり、計画の開始自体が間違いだとする批判もあった。それにもかかわらず、予定の一五年間より二年短い一三年でヒトゲノム解読は完了した。そして、個人個人のゲノムを次々と解読できる技術（パーソナルゲノム解読）が確立され、医学と医療の現場は大きく変わろうとしている。

日本では、こうしたゲノム研究・医療を含む医学研究の急速な変化に対応するための組織改革も始まっている。二〇一五年四月、それまでの省庁縦割りの医学研究行政を横断的にし、効果的な医学研究と医療の実現のために、「日本医療研究開発機構（The Japan Agency for Medical Research and Development: ＡＭＥＤ）」が発足した（ＵＲＬ④）。文部科学省、厚生労働省、経済産業省がそれぞれ管轄してきた研究費を一つの組織で配分・管理していくことで、基礎研究から応用研究、そして臨床医療へと効率よくつなげていくシステムが、日本でも本格的に動き始めたのである。米国には一〇〇年以上の歴史を持つ「国立衛生研究所（The National Institutes of Health: ＮＩＨ）」という生命科学・医学研究の支援組織があり、ＰｈＤ（博士号）を持った研究者が多数、医学研究の資金配分と管理に関わっている。日本で新しく発足したＡＭＥＤは、予算規模ははるかに小さいが、ＮＩＨと同様に博士号を持つ研究者や医師免許を持つスタッフが参画し、省庁出身のスタッフとともに専門知識を生かして研究費の配分や管理を行っている。そのＡＭＥＤが、発足以来力を入れている分野の一つが、ゲノム医療の実現のための研究である。多くの病気の中でも、特にがんと難病はゲノム、つまり遺伝的要因の果たす役割が大きい病気が多いため、ゲノム情報を利用した医療が有効な分野として力を入れて支援が行われている。

がんのゲノム医療として、よく知られた例に、米国の女優、アンジェリーナ・ジョリーの例を挙げることができる。ジョリーは、二〇一三年五月、自らが遺伝性の乳がん・卵巣がんの遺伝子の変異（病気の原因となる遺伝子の変化）を持っていること、および自分は未発症であるが、乳がんの予防のために乳房の切除手術を受けたことを、ニューヨークタイムズに寄稿した。その後、米国の雑誌『タイム』が「アンジェリーナ効果」と題して表紙にジョリーの写真を載せたこともあり、遺伝性乳がん・卵巣がんの話題は世界中に拡がった。おかげで、遺伝外来を持つ多くの病院で、この病気の遺伝子――ＢＲＣＡ遺伝子という――の診断数が急増したという。ただし、すべての乳がんがこの遺伝子の異常で起こるわけではなく、全体の中の一部であることは知っておく必要がある。

これ以外にも、がんの領域では、遺伝子の検査を行って、患者個人に合わせた抗がん剤の投与を行う方法が普及し始めている。よく知られているのは肺がんで異常な遺伝子の変化が起こってしまった患者を遺伝子の検査で見つけ、その遺伝子から作られる異常なタンパク質の作用を阻害する「分子標的薬」と呼ばれる新しいタイプの薬剤を投与する治療が行われている。

また、難病の領域では、診断のつかない患者について、ゲノム全体を解析し、病気の原因となる遺伝子の変異を見つけ診断する方法が拡がりつつある。さらに、それでも原因が見つからない「未診断」の病気について、日本中から患者の情報や試料を集めてゲノムを解析し、必要に応じ海外とも情報をやり取りして、同じ病気の患者を複数見つけることで、新しい病気の原因を明らかにする研究プロジェクトも始まっている。後者の具体的な活動の一つは、ＡＭＥＤが支援する「ＩＲＵＤ(Initiative on Rare and Undiagnosed Diseases)」である(ＵＲＬ⑤)。難病研究は個々の病気の専門家がそれぞれに研究を進めてきたが、今回、日本中の関係者が研究ネットワークを作ったことをきっかけに、研究の効率化や情報共有が進み、診断や治療が早くできるようになることが期待される。

五　ゲノムデータベースの必要性と国際的データ共有

前節で述べたゲノム医療の発展のために、日本のマスメディアなどではあまり話題になっていない重要な活動がある。それは、「どのような遺伝子の変異が病気の原因になるのか」に関する情報を集めた「ゲノムデータベース」の重要性である。少々専門的な話であるが、この分野でやはり研究者や専門家のボトムアップで新しい国際的活動が始まっているので紹介したい。

ここで改めて基本に戻ると、ゲノムとは生物の持つ遺伝情報全体のことを指す。ゲノムの情報は、細胞の中にあるDNAという物質上に、A、T、G、Cの四種類の「塩基」と呼ばれる物質の並び（塩基配列）として記録されている。人間のゲノム（ヒトゲノム）には、二一万四万個ほど（遺伝子の定義によるので、厳密な数は不明）の遺伝子の領域と、それ以外の遺伝子ではない領域（非遺伝子領域）が含まれており、それぞれの遺伝子からはその遺伝子の情報をもとにタンパク質が作られ、そのタンパク質が体を作ったり、酵素などの働きを担ったりすることで生物や人間の体はできている（加納　二〇〇八）。（少数の遺伝子において、遺伝子から作られて機能する物質がタンパク質ではなくRNAであることもあるが、ここでは詳細には立ち入らない。）

もう一つの基本は、病気には多種多様なものがあり、遺伝子が果たす役割は病気ごとにいろいろであるということだ。多くの人になじみが深い生活習慣病の多くは、遺伝的要因の果たす役割が小さく、生活習慣の果たす役割が重要になっている。同時に、病気の中には遺伝的要因の果たす役割が比較的大きいものもある。特定の遺伝子の変異を持っていると病気になる確率が非常に高くなる病気が「遺伝性疾患」と呼ばれるものであり、多くは難病であったり希少疾患であったりする。その次に、がんのいくつかについては遺伝的要因の関与がかなり大きいものがある。ゲノム医療の実用化はこうした遺伝的要因の大きいものから進みつつある。

このような遺伝性疾患や一部のがんのような遺伝的要因の大きい病気であっても、実際にどの遺伝子のどの部分に変異（健康な人との塩基配列の違い）が生じると、どの程度重度の病気になるか、あるいは抗がん剤が効きやすくなるかは、多くの場合、情報の蓄積が十分になく、研究途上にある。そこで、同じ病気の患者の遺伝子変異の情報を多数集めて「ゲノムデータベース」を作り、どのような遺伝子の変異が病気につながるのかに関する知識を蓄積することが重要になる。さらに、同じ遺伝子でもそのうちのどの部分に変異が入るかによって病気になるかならないか、あるいは病気の重篤度が変わるため、同じ遺伝子について様々な部位の変異とその変異を持つ患者の病状に関する多数の情報を集めることが必要になる。ゲノムデータベースの構築と維持は、一見、地味な作業であるが、ゲノムデータベースが充実しているかどうかで、個別の患者の遺伝子変異が持つ意味を、自信を持って判断できるかどうかに大きな違いが生じることになる。

そこで、世界各国でこの一〇年ほどの間に、ゲノムデータベースを構築し、充実させるための活動が活発に行われてきている。米国をはじめとする複数の国では国家プロジェクトとして多額の資金と専門の人材が投入されている。特に米国のＮＩＨが運営するゲノムデータベースには、米国内はもとより諸外国からもデータが集まるようになっている。

残念ながら、日本ではこの分野の重要性が認識されるのに時間がかかり、未だにしっかりとしたデータベースは存在しない。しかしながら、ＡＭＥＤが発足したことで、世界の動きを意識しつつ、本格的なゲノムデータベースを作成する事業が二〇一六年度から始まっている。

さて、本題はここからである。

病気の人の遺伝子の情報を多数集めることが重要であるにもかかわらず、二一世紀に入ってからのゲノム研究は、それとは反対に、個々の研究プロジェクト、あるいはせいぜいうまくいっていても、個々の国ごとに別々のやり方でデータを集めることになっている。つまり、穀物の「サイロ」のようにデータが個別に格納されてしまい、重要なデータの統合や利用ができにくい状態が生じている。それは国家主導でデータベースが比較的整備されてきている欧米諸国でも起こっていることである。パーソナルゲノム解読は世界中で進むが、このまま何年も放置しておくとお互いに情報を共有して利用することができなくなり、結果として、本来恩恵を受けるはずの世界中の患者（および患者の家族や、いずれは患者になる市民)に十分な利益が行き届かなくなる可能性が高くなっている。

そうした状況についての認識は多くの研究者・医療者が持ち始めていたが、実際に何か行動を起こすための検討が、二〇一二年頃から欧米の少数の研究者の間で始まった。二〇一三年一月には、ニューヨークで五〇名ほどの専門家が集まり、検討を行った。そして六月に活動のプランを記載した「白書(White Paper)」が公表され、世界規模でゲノムデータと関連の臨床データ・健康データを共有することを促進するための組織の発足が提案された。特筆すべきはこれらの検討が基本的にはゲノム関連の研究者のボトムアップで提案され、動きだしたことである。二〇一三年秋には組織の名称が「Global Alliance for Genomics and Health(GA4GH)」と決まり、さまざまな活動を担うワーキンググループも結成され、二〇一四年三月にはロンドンで第一回のプレナリー会議が開催された(Page et al. 2016)。

以来、GA4GHでは、八〇〇名を超すボランティア(主に大学、公的機関、企業の研究者や患者団体のメンバーなど)が、ゲノムデータや臨床情報の共有のためのフォーマット作りや、倫理と規制の課題に対応するための考え方(フレームワークと呼ぶ)の作成などの活動を行ってきている(Page et al. 2016、加藤・山本 二〇一六)。筆者は、ワーキンググループのうちの一つ、「規制と倫理WG」の共同主査を務めている。そこには法学者や公衆衛生学など、患者や市民の人権や情報の保護など医学の政策や制度について詳しい人文社会科学系や社会医学系の専門家も参画している。

GA4GHに参加する大学や研究機関、企業や患者団体の総数は、二〇一六年九月現在で四〇〇機関以上になり、個人メンバーを合わせた参加者・参加機関の国籍は七〇以上になっている。GA4GHの活動は、日本ではなかなか見られないカテゴリーの活動で、データ共有そのものを行うのではなく、ゲノムデータが世界中で共有されていくための仕組み作りを行っている。そのうえで、いくつかの領域については実際にデータ共有を進めるための具体的な活動を行っている。

その一つが、前節でアンジェリーナ・ジョリーの例を挙げて紹介した、乳がん・卵巣がんの発症に関わるBRCA

遺伝子の変異情報を世界中で共有することを目指す「BRCA Exchange（ブラカ・エクスチェンジ、と読む）」である（URL⑥）。これは乳がん・卵巣がんに関連するBRCA1とBRCA2の二つの遺伝子の変異と病気の発症との関係に関する情報を集めたデータベースを作り、世界に向けて公開することが目的となっている。また、病気の発症との関係がまだ明確になっていない遺伝子変異について、審査を受けて承認された世界中の専門家に対してアクセスを許可し、専門的検討を行うためのデータベースにもなる。公開される情報は遺伝子の変異（一か所のみ）と簡単な臨床情報のみで、個人同定にはつながらない情報である。こうしたデータベースに多くのデータが入り、充実したものになると、世界中の臨床医療の現場にいる専門家たちがそこへアクセスし、自分が担当する患者が持つ遺伝子変異の意味をより正確に解釈し、よりよい予防や治療が行えると期待されている。

以上、少々専門的になったが、こうした地道な活動を、国境を越えてグローバルなスケールで行っている専門家や企業人、患者団体の関係者たちがいることを知ってもらいたいと考え、紹介した。GA4GHの活動は、どこかの政府や企業からの大きな研究費によりサポートされているものではなく、ましてやそうした大きな組織に指示されて行っている活動ではない。世界各地にばらばらに存在する研究者たちが、科学研究コミュニティのネットワークの中で、重要な活動を何もないところから始め、さらに同じゴールを目指す人たちが集まり、やがて地球規模の大きな活動になっていく。筆者はこの活動に、偶然、それまでの国際的研究プロジェクトでのつながりがきっかけで立ち上げ時期から参加することになったが、そこでの研究者の振る舞いからは、強烈なカルチャーショックを受け続けている。どこの政府に指示される訳でもなく、研究者や専門家自身が世界の状況を把握し、必要とされる活動を立案し、動かしていく様子は、政府に頼るばかりの日本の状況とはまったく異なっている。

日本の状況に対する批判になる可能性を恐れずに述べるが、日本では研究費は政府からの予算に限られることがほとんどで、それを狭い国土に住む研究者が奪い合う状況がしばしば見られるように思う。その結果、研究者同士の協力が進まず、得られたデータの共有も十分に進まず、有効に活用されない状況がいろいろなところで見られる。けれども、ＡＭＥＤが発足し、ゲノムデータベースの重要性が認識されることが変化のきっかけになる可能性は十分にある。真に役立つゲノムデータベースを作り、運営していくためには、日本国内の研究者同士の協調が重要になり、やがて、国際的なデータ共有を通した国際協調が必要になるからである。研究者が、研究費を支給する政府のほうを向くだけでなく、主体的に世界を見て、社会のため、そして、人々のためという目標を掲げて、研究が進むことを期待したい。

六　患者・市民の参加――新しいパートナーシップの形成

前節まで、いくつかの具体例を挙げて述べたかったことは、世界の生命科学の研究現場では、科学研究コミュニティがこれまで以上に生命科学・医学の研究の進め方や倫理的・社会的課題について主体的に考え、多様な専門・背景を持つ人々とともに、さまざまな取り組みを進めるようになっていることである。政府による「トップダウン」のやり方ばかりに頼るのではなく、「ボトムアップ」の活動により物事が動いていく。そこでは本来、競争する立場にある研究者たちが協調し、異なる分野の人たちを巻き込み、ともに問題に取り組んでいく。個別の国家や研究機関の利益を越えて世界の人々の利益のために努力する様子は、いわばＮＧＯ（非政府組織）のような存在を想起させる。

そうなると、特に医学に関連する分野を中心に、もう一つの大きなパラダイムシフトが起こっていることに目を向ける必要がある。それは、これまで「治療の対象」「研究の対象」であった患者と家族、そして患者団体に関わる人々が、主体的に動き始めていることである。

大きなきっかけの一つは、ＩＣＴ技術の発達である。インターネットにより世界中の情報が得られるようになり、ソーシャルネットワークで見ず知らずの患者同士が容易につながるようになったことである。それにより、同じ病気で苦しむ人たち同士が出会えるようになっている。たとえば、英国で遺伝性の病気の患者団体によって始まり、今や多数の国に拡がっている「ＳＷＡＮ(Syndrome without a name、名前のない病気)」という活動がある(ＵＲＬ⑦)。診断がつかない病気の患者や家族がインターネットを介してつながり、情報交換することができる活動である。

ＳＷＡＮは主に小児の希少疾患が中心である一方、米国には「PatientsLikeMe」というサイトがあり、成人を含む難病患者が自分と同じ病気、同じような症状の別の患者と出会うことができる(ＵＲＬ⑧)。サイトの登録者はすでに五〇万人を超えており、患者は自分と同じ病気の他の患者の情報を得られるようになっている。

興味深いのは、いずれの活動も患者同士がつながるだけでなく、ネットワークを利用して患者に関するデータを蓄積し、医学研究者との協力が進んでいることである。ＳＷＡＮは英国の難病研究のプロジェクトと連携し、Patients-LikeMeもさまざまな疾患の研究者とともに研究を進めている。インターネット上に患者自身が自らの健康状態に関するデータを入力することでデータの収集も患者主体で行えるようになっている。

患者と研究者がインターネットを介して直接につながることができる状況は、世界中に散らばる患者が出会う場を提供するだけでなく、患者と研究者の関係も変える可能性がある。かつて、研究が始まる前に、インフォームド・コンセントといって、患者は研究内容に関するしっかりとした説明を受け、自らの自由意思で研究に参加するかどうかについて判断してきた。ところが、研究が高度化し、複雑になり、多数の研究者が長期にわたって試料や情報を利用するようになると、研究内容の説明が長く複雑になってしまう。それにもかかわらず、説明は一回きりで、一旦同意した後は、研究がどのように進んだか、成果は出たのかを知る機会は非常に少ない。こうした状況を改善するための提案として、「ダイナミック・コンセント」という概念(かつ手法)が、英国の法学者ジェーン・ケイ博士らにより提案された(Kaye et al. 2015)。そこでは、患者はインターネットを介して継続的につながった状態となり、研究の進捗状況や成果について知ることができると同時に、試料や情報の使い方について、研究の進行に合わせて、選択することができる。同じシステムが、患者が自らの身体や心理的状態に関する情報や服薬の状況などをデータとして入力し続けることでデータベースにもなる点はさきに述べた他の活動と同様である。

ダイナミック・コンセントを実践しているプロジェクトとして、米国に本部を置く遺伝性疾患の患者ネットワーク「Genetic Alliance」による「ＰＥＥＲ」(Lambertson et al. 2015)と、英国オックスフォード大学が運営する「ＲＵＤＹプロジェクト」がある(ＵＲＬ⑨)。前者はすでに一〇以上の患者グループが利用しており、後者でも整形外科領域の難病患者が五〇〇名以上登録してデータを入力し、さまざまな研究が進んでいる。特にＲＵＤＹでは、患者や研究者・医師たちは、インターネットでつながるだけでなく、ネットワークを形成し、頻繁に対面の会合も開いている。インターネットを使うことで、オンラインだけでなく、さまざまな意味での関係強化や信頼関係の構築が促進されるところが面白い。

こうした患者主体の登録およびデータ入力は、今後も拡大していくことは間違いない。米国では、二〇一五年一月、オバマ大統領が「Precision Medicine」(日本語訳は確定していない。「精密医療」と訳される場合もある)イニシアティブ」と称したプロジェクトを開始することを表明し、一〇〇万人分の診療情報や健康情報、そしてゲノム情報を蓄積して、個人個人に合わせた精度の高い予防や治療を行うための研究を進めることになった。二〇一六年秋、プログラムは「All of Us」という新しい名称になり、一〇〇万人のうちの相当数を、患者からの登録によって集める予定となっている(ＵＲＬ⑩)。

日本でも小規模ではあるが、同様の活動は始まりつつある。厚生労働省の研究班が立ち上げた「Ｊ‐ＲＡＲＥ」のサイトでは、五種類ほどの希少疾患について、患者が登録し、ＱＯＬや日々の健康状態などを日記形式で入力することができるようになっている(ＵＲＬ⑪)。やがては登録されたデータが新薬の開発などにつながっていくことが期待されている。また、筆者たちは前述のオックスフォード大学が運営しているＲＵＤＹのソフトウェアを大阪大学に導入し、日本語版を作成中である。完成後は、神経・筋の難病患者の方に参加してもらうことを予定している。平行して、二〇一五年一月には筋強直性ジストロフィーの患者を対象に、ＩＣＴ技術について利用の現状と今後医師や研究者とのコミュニケーションに利用したいかなどを尋ねる調査を行ったところ、予想以上に多くの患者が利用に積極的な意見を持っていることが分かった(Coathup et al. 2016)。

果たして、患者中心のネットワーク作りや患者と医学研究者とのパートナーシップは日本でも拡がるだろうか。ＩＣＴ技術自体は驚異的な拡がりを示しており、特にスマートフォンなどは多くの人に欠かせないツールになっている。日本以外の多くの国の希少疾患・難病の患者はすでにネットワーク作りを始めており、このままでは日本の患者だけが置き去りになるのではと思うほどである。日本にとっての課題は、研究者や専門家のほうが伝統的なパターナリズムから脱して、患者主体の活動に目を向けることができるか、そして研究費や医療にかかる資源をそちらに回す意思があるかどうかではないだろうか。同時に、患者自身が世界の状況を知り、自分たちにできることに積極的に取り組んでいくことも必要だろう。

おわりに――開かれた生命科学のガバナンス構築に向けて

これまで見てきた具体的事例の検証から、最後に、二一世紀の生命科学の行方を考えてみる。

まずはっきりとしているのは、科学研究があらゆる面で発展し、多くの技術が生まれ、医療やその他の分野への応用範囲が拡がっていく結果、研究の進め方(ガバナンス)や社会的課題への取り組み方は、二〇世紀までと同じでは立ち行かなくなると思われる。生命科学の専門家がそれぞれの周りだけを見て、たとえば一国だけで問題に取り組んでいるようでは追いつかないような状況が生じている。さらに、倫理的課題、つまり、ゲノム編集技術やiPS細胞からの生殖細胞作成などに見られる「生命の操作をどこまで進めるべきか」に関する課題も次々と生まれてくるだろう。その際に、各国政府や国際機関などの伝統的な政策や規制の策定を行う組織の役割は当然、重要であり続ける。各国政府は規制の策定や課題に取り組む特別の委員会（たとえば国家生命倫理委員会）を設ける（あるいは強化する）など、これまで以上の対応を行う必要があるだろう。さらに、今後、ゲノム編集技術に見られるように技術の利用の影響が国境を越えて拡がるケースが増えるにつれて、国連やOECDなどの国際機関・組織の役割も重視されるようになるだろう。

一方で、本章で繰り返し述べてきたように、科学研究・学術研究のコミュニティ自身が、自らの分野の研究の進め方や社会的課題について、国境を越え、患者や市民などを含む異分野の人々と手を組んで取り組む必要性が増していくと筆者は考えている。言ってみれば、NGOの一員のような立場で世界を見渡して課題に取り組んでいくことが必要になると思われる。また、患者や家族、患者団体といった、医学・医療に関係するが伝統的には受け身の立場だった人々の役割もまた大きくなっていくであろう。

そのようなことが、果たして二〇世紀型の思考がほとんどを占める日本で実現できるだろうか。新しい「生命科学のガバナンス」を構築することは可能なのか。

筆者は、科学研究者の評価システムが改善され、（狭い意味での）研究そのものの成果（最も重要であり続ける）と、研究の動かし方への貢献などを同時に評価する仕組みが整備され、かつ、患者や消費者といった研究の恩恵を受ける側にいる人たちが、研究の動かし方が変わらないと自らに不利益が及ぶ（たとえば患者主体の研究が進まないと治療法の発見が遅れる、など）といった危機感をもって行動するならば、必要な変化を起こすことができるのではないかと考えている。

二一世紀に入ってからのノーベル賞受賞ラッシュに見られるように、日本の科学力は世界トップレベルである。その伝統の上に立って、新しい科学の進め方が作られていくことを期待したい。

参照文献

加藤和人 二〇〇九、「ヒトゲノム研究における人種・エスニシティ概念」竹沢泰子編『人種の表象と社会的リアリティ』岩波書店。

加藤和人 二〇一〇、「生命科学の倫理と科学コミュニケーション――日本の課題と科学研究コミュニティへの期待」位田隆一・水谷雅彦・矢野智司・片井修編『倫理への問いと大学の使命』京都大学学術出版会。

加藤和人 二〇一一a、「ゲノムと社会・倫理」浅島誠・黒岩常祥・小原雄治編『ゲノム科学の展開』岩波書店。

加藤和人 二〇一一b、「ヒトゲノムプロジェクトの展開」吉岡斉編『新通史・日本の科学技術　第三巻』原書房。

加藤和人 二〇一三、「社会の中の研究――自由・倫理・ガバナンス」広田照幸・吉田文・小林傳司・上山隆大・濱中淳子編『研究する大学――何のための知識か』岩波書店。

加藤和人・三成寿作 二〇一三、「パーソナルゲノム研究の倫理的課題」『BRAIN and NERVE』六五号。

加藤和人・山本奈津子 二〇一六、「ヒトゲノムデータの保護と利用に向けた仕組み作り」『実験医学』三四号。

加納圭 二〇〇八、『ヒトゲノムマップ』京都大学学術出版会。

サルストン、ジョン&フェリー、ジョージナ 二〇〇三、『ヒトゲノムのゆくえ』秀和システム。

Baltimore, David; Berg, Paul; Botchan, Michael; Carroll, Dana; Charo, R. Alta; Church, George; Corn, Jacob E.; Daley, George Q.; Doudna, Jennifer A.; Fenner, Marsha; Greely, Henry T.; Jinek, Martin; Martin, G. Steven; Penhoet, Edward; Puck, Jennifer; Sternberg, Samuel H.; Weissman, Jonathan S. and Yamamoto, Keith R. 2015, "A prudent path forward for genomic engineering and germline gene modification," *Science* 348, 36–38.

Coathup, V.; Teare, H.; Minari, J.; Yoshizawa, G.; Kaye, J.; Takahashi, M. P. and Kato, K. 2016, "Using Digital Technologies to Engage with Medical Research: Views of Myotonic Dystrophy Patients in Japan," *BMC Medical Ethics* 17: 51.

Friedmann, Theodore; Jonlin, Erica C.; King, Nancy M. P.; Torbett, Bruce E.; Wivel, Nelson A.; Kaneda, Yasufumi and Sadelain, Michel 2015, "ASGCT and JSGT Joint Position Statement on Human Genomic Editing," *Molecular Therapy* 23, 1282.

Kaye, J.; Whitley, E. A.; Lund, D.; Morrison, M.; Teare, H. and Melham, K. 2015, "Dynamic consent: A patient interface for twenty-first century research networks," *European Journal of Human Genetics* 23(2), 141–146.

Lambertson, Katherine F.; Damiani, Stephen A.; Might, Matthew; Shelton, Robert and Terry, Sharon F. 2015, "Participant-driven matchmaking in the genomic era," *Human Mutations* 36, 965–973.

Page, A.; Baker, D.; Bobrow, M.; Boycott, K.; Burn, J.; Chanock, S.; Donnelly, S.; Dove, E.; Durbin, R.; Dyke, S.; Fiume, M.; Flicek, P.; Glazer, D.; Goodhand, P.; Haussler, D.; Kato, K.; Keenan, S.; Knoppers, B. M.; Liao, R.; Lloyd, D.; Mulder, N.; Navarro, A.; North, K.; Philippakis, A.; Rahman, N.; Rehm, H.; Sawyers, C.; Thorogood, A.; Wilson, J.; Altshuler, D. and Hudson, T. J. 2016, "GENOMICS. A federated ecosystem for sharing genomic, clinical data," *Science* 352, 1278–1280.

Saitou, M. and Miyauchi, H. 2016, "Gametogenesis from Pluripotent Stem Cells," *Cell Stem Cell* 18, 721–735.

URL（いずれも最終閲覧日二〇一七年一月九日）

① ISSCR (The International Society for Stem Cell Research) 2015, THE ISSCR STATEMENT ON HUMAN GERMLINE GENOME MODIFICATION, 19 March. http://www.isscr.org/home/about-us/news-press-releases/2015/2015/03/19/statement-on-human-germline-genome-modification

② White House, A Note on Genome Editing, https://www.whitehouse.gov/blog/2015/05/26/note-genome-editing

③ International Summit on Human Gene Editing, http://nationalacademies.org/gene-editing/Gene-Edit-Summit/

④ 日本医療研究開発機構 http://www.amed.go.jp/

⑤ IRUD (Initiative on Rare and Undiagnosed Diseases), http://www.irud.jp/

⑥ BRCA Exchange, http://brcaexchange.org/

⑦ SWAN (Syndrome without a name), https://www.undiagnosed.org.uk/

⑧ PatientsLikeMe, https://www.patientslikeme.com/

⑨ RUDY, https://research.ndorms.ox.ac.uk/rudy/

⑩ All of Us Research Program, https://www.nih.gov/AllofUs-research-program/pmi-cohort-program-announces-new-name-all-us-research-program

⑪ J-RARE, https://j-rare.net/

9　科学技術の公共的意思決定と専門家の役割

詫間直樹・中島秀人

はじめに

技術の発達は、人間社会に利益をもたらす。他方で、野放図な技術の発展は、副作用や予想外の影響を与える。技術の発達を予測するだけでなく、同時に何らかの調整的措置を施していくことが必要とされる。そのような仕組みの一つとして、テクノロジー・アセスメント（ＴＡ）の手法が開発された。しかしながら、一九六〇年代から始まったＴＡに関しては問題点が多く指摘されてきた。たとえば、専門家による従来のＴＡは、事実を固定し、素人市民や問題に詳しくない他のステークホルダーを黙らせる悪しき機能があるという批判がある（Wynne 1995）。推進派とその所管官庁に対抗して規制官庁を設けるという別法も取られてきた。しかし、これも不十分であるという。規制官庁も国民の信頼を失って「信頼の危機」の対象となり、機能しなくなったからである（Rip, Misa and Schot 1995）。このような事態を踏まえて、一九九〇年前後から、市民の参加を伴うＴＡなどが模索されてきた。

本章では、二〇世紀末以来のＴＡの展開、すなわち科学技術に関する意思決定のあり方について検討する。フランスの科学技術社会論の研究者であるミシェル・カロン（Michel Callon）は、科学と市民の関わり方について論じ、三つの理念型を提示した（Callon 1999）。すなわち公教育モデル（Public Education Model）、公共討論モデル（Public Debate

Model)、知識の共生成モデル(Co-Production of Knowledge Model)である。本章では、これを手掛かりにして議論を進める。そして、科学技術についてどのような意思決定がふさわしいのかを考える。

一　公教育モデルから公共討論モデルへ

カロンの第一の類型は、公教育モデルである。専門家が一般人の関与なしに意思決定を行うというものだ。最も古典的なモデルであり、説明に多くは要しないだろう。なるほど、最先端の科学理論に一般人が直接関与する余地はない。素粒子論のような分野では、このモデルが妥当することは自明である。もし関与するとなれば、一方向的に知識を伝達する教育の対象としてだけである。

しかしながら、公教育モデルに限界があることも、かつての公害の経験などが明らかである。たとえば、水俣病の原因について企業の専門家は沈黙し、科学者(御用科学者)は否定的役割を果たした。このような事態を踏まえて登場したのが、いわゆる参加型の意思決定である。その代表的なものとしてよく知られているのが、次節で取り上げるコンセンサス会議である。これは、カロンのいう公共討論モデルの典型であろう。

コンセンサス会議は、デンマークで始まった市民参加型の意思決定手法である。これには、米国のコンセンサス開発会議という前史があった。米国のコンセンサス開発会議は、公共討論モデルではなく、公教育モデルを前提としたものである。だがそれは、独自の工夫を加えた意思決定の方法であった。一九七七年にはじめられたコンセンサス開発会議は、二〇一三年まで継続した。

アメリカでコンセンサス開発会議を創始したのは、国立衛生研究所(NIH：National Institutes of Health)であった。そのきっかけは、一九七六年三月、当時の国立衛生研究所所長にニューヨーク州上院議員ジェイコブ・ジェイビッツ

（Jacob K. Javits）が書いた手紙であった。ジェイビッツは、高額な医療技術の安全性、コスト（医療費支出）、効果に重大な懸念を抱いていた。次いで同年一二月、上院の保健委員会の委員長エドワード・ケネディ（マサチューセッツ州上院議員）が、リスク、コスト、患者にとっての利便性、開業医への技術移転等を評価する制度が我々の社会にあるべきではないか、と問題提起をした。彼は長年にわたって、ＴＡおよび技術の移転に興味を持っていた（Jørgensen 1995）。

当時認識された問題点をもう少し具体的に述べると、一九六〇年代後半から七〇年代初めにかけて、同一の病気に適用される医療技術の種類が、病院・医師・地域ごとにかなり違うことが確認されていた（Vang 1986, 特に pp. 66–67）。このような差異は、政策立案者にとって驚きだった。医療実践は科学の一分野であるはずであり、治療法の実践的選択は科学的根拠に基づいて一義的に決まると信じられていたからである。基礎的な医学研究が現場に移転されて標準化されるはずではないのか。この差異が科学研究や専門家教育の整備で解消されないとすると、重大と考えられた。その差異の解消のために、コンセンサス開発会議が企図されたのであった。

コンセンサス開発会議では、ＮＩＨのＯＭＡＲ（Office of Medical Application of Research）という部局が中心的な役割を果たした。すなわち、ＯＭＡＲが運営委員会を指名し、指名を受けた運営委員会がテーマの選定および数個の基本的な質問を設定する。テーマの選定基準は、科学的論争があること、基礎科学や臨床研究と実際の医療との間にギャップがあること。同時に、議論可能な程度にはいくつかの科学的根拠が出されているものといった具合である。選定基準を満たす候補は、数百に上った。初回に当たる一九七七年の会議のテーマは、「マンモグラフィーによる乳がんの早期発見」であった。

会議の形態は、米国らしく裁判の形式をとり、証言者・審理者・聴衆の三者から構成された。裁判の証言者に相当するものは、専門証言者パネル（ＮＩＨの用語では、speaker）と呼ばれた。当該分野の研究者一二—三〇人で構成され、研究で得られているエビデンスを提示する。審理者(陪審員、裁判官)に当たる審理パネル(independent panel)は、九—一八人で、エビデンスに対する評価や、報告書の執筆にあたる。審理パネルの構成は、当該分野の研究者たち、当該技術の使用者である医療プロフェッショナル(clinicians, practitioners, 看護師ほか)、疫学者・統計学者等、公衆の代表(倫理学者、法律家、ジャーナリスト、神学者、経済学者・エコノミスト、公益団体の代表者など)であった。聴衆(audience)は一〇〇—七〇〇人であり、大多数が医療のプロフェッショナルだった(Jørgensen 1995, p. 20; Vang 1986, p. 72)。

コンセンサス開発会議には、アメリカ内からその問題点の指摘があった(Markle and Chubin 1987)。推進者とチェック担当者の多くが医療分野の人であるという点、また事実と価値が完全に分離できるという不十分な科学モデルに依拠していることなどが問題とされた。利害関係者がアジェンダを決めている場合は、セカンドオピニオンが必要となることも指摘された。

二　コンセンサス会議への発展

米国におけるコンセンサス開発会議は、欧州に影響を与えた。この手法を欧州に移植する試みが始まったのだ。たとえば一九八二年、スウェーデンで人工股関節代替手術について、またオランダでは輸血用血液の組成についてのコンセンサス開発会議が開催された。翌一九八三年には、デンマークでアメリカと同じくマンモグラフィーによる乳がんの早期発見が課題となった。さらに一九八四年には、イギリスで冠動脈バイパス手術が議論された(Jørgensen 1995, p. 19; Vang 1986, p. 66)。

会議の移植の際には、各国の諸事情に合わせて修正が行われた。まず、欧州諸国のコンセンサス開発会議の主目的は、米国のコンセンサス開発会議と違っていた。米国では、実地医療にふさわしい研究の模索、異分野ピアや現場の担当者たちへの情報の伝達を主目的としていた。これに対して欧州諸国では、公衆への説明責任を果たすことが重要な目的として視野に入れられていたという[1]。会議の構成の面を見ると、スウェーデン、デンマーク、イギリスは概ねアメリカのものを踏襲していた。すなわち、証言者・審理者・聴衆の三者からなっていた。オランダは例外的で、専門志向の強いものとなった。審理パネルは医療の専門家のみで構成され、公衆の代表などは含まれていない。また、社会経済的な観点を明示的に打ち出して検討が行われることもなかった。さらに、審理パネルから独立した専門証言者パネルは存在しなかった。審理パネルのメンバーが専門証言者を兼任することもできた。こうして、審理プロセスはピアレビューのような様相を呈した。後に見るように、これがオランダで新たな展開を生み出すことになる（Vang 1986, p. 73）。

市民参加型のコンセンサス会議を作り出したデンマークでも、これに先行してコンセンサス開発会議が実施されていた。最初のコンセンサス開発会議は、一九八三年に開催された。運営にあたったのは、デンマーク医療研究委員会（Danish Medical Research Council）とデンマーク病院協会（Danish Hospital Institute）であった（Jørgensen 1995, p. 21）。一九八五年、デンマーク技術委員会（ＤＢＴ：Danish Board of Technology）が、独立機関として設置された（Klüver 1995）[2]。アメリカ議会のＯＴＡ（Office of Technology Assessment, 1972–95）を参考にした組織である。一九八七年に実施されたあるコンセンサス開発会議から、ＤＢＴが運営にあたった。この年に医療以外の分野で開催された三つのコンセンサス開発会議のひとつであった。テーマは、バイオテクノロジーと農業リスクの評価であった。その際、審理パネルを一般市民のみで構成するという独自の工夫が施された。これが、今日人口に膾炙しているデンマーク型の「コンセンサス会議」の始まりである（Andreasen 1988）。デンマークにおいて、一般市民だけで審理パネルを構成するという改変がコンセンサス開発会議に加えられたのだ。

三　オランダでのＣＴＡ

先にコンセンサス開発会議の米国からの移転にあたって、オランダは専門家志向であることに触れた。他の欧州での試みとは違って、オランダは専門家のピアレビュー的方向に向かった(Vang 1986, p. 73)。オランダのコンセンサス開発会議では、審理パネルに公衆の代表などの非専門家を敢えて入れなかったのだ。一九九三年になると、そのオランダでもデンマーク型のコンセンサス会議が導入されることになる。だが、それに先行して専門家志向の別の取り組みが見られたわけだ。錯綜した歩みだが、本章にとって重要なので、多少詳しく論じよう。

その本格化は、一九八四年にオランダの科学教育省がＴＡに関心を示して覚え書きを出したことである(3)。そこでは、ＴＡが新たな段階に至っており、科学教育省がそれに関与することが宣言されていた。新たな段階とは、建設的なＴＡすなわちＣＴＡ(Constructive Technology Assessment)のことであった。ＴＡが、まさに技術の作られるところから行われ、技術の構築に寄与するべきと考えられた。このＣＴＡには二つの役割が課せられる。一つは、アメリカのＯＴＡ同様に、政策決定に関与することである。第二は、科学技術イノベーションの意思決定が、幅広い政治的・社会的プロセスに埋め込まれるべきことであった。その意味は二重で、技術評価の基準を多様化すること、それに加えて、基準の中に社会的側面を含めることだったという。

これには先行する歴史があった。一九七八年、オランダ政府は、コンピュータによる自動化の社会的影響を知ることを望んだ。当時まだ新しかったコンピュータ技術は、失業を生む可能性があると懸念されていた。その検討のために、アムステルダム大学の物理学の名誉教授であったゲルハルト・ラテナウ(Gerhart Wolfgang Rathenau, 1911-89)を長とする委員会が組織された。ラテナウは、オランダの代表的な電機企業フィリップスのアイントホーフェンの研究所長であり、政府の科学アドバイザーでもあるなど、この役割に適任であった。彼の委員会の助言の一つは、技術進歩の社会的重要性をシステマティックに常にモニタリングすることだった。この助言に従って、一九八六年、オランダ・テクノロジー・アセスメント機関（NOTA：Netherlands Organization for Technology Assessment）が政府から独立した機関として設立された。イノベーション論の重鎮クリストファー・フリーマンは、CTAの実践面の立役者として、このNOTAを挙げている（Freeman 1995）。

一九九四年六月、NOTAはラテナウ研究所（Rathenau Instituut）と改称された。この頃から社会や一般市民との対話に重点を置いたプログラムも拡充されてきている。たとえば、先に述べたオランダへのデンマーク型のコンセンサス会議の導入が取り組まれた[4]。一九九三年には、動物の遺伝子操作の是非についてこれをハーグで実施した。一九九五年には、アムステルダムでも実施され、人間の遺伝研究がテーマとなった。

これとは分岐した別の流れで、科学研究者との連携の濃いCTAの発展が見られる。その一つは、オランダの科学技術社会論の創始者の一人であるトゥエンテ大学のアリー・リップ（Arie Rip）らによるものである。彼は、二〇〇六年に行った日本での講演で、ナノネド（NanoNed）というナノサイエンスの研究プログラムに触れている。それによると、リップは二〇〇三年にナノネドの科学部門の責任者に招かれ、CTAに取り組んだ（リップ 二〇〇七）。ナノテクノロジーの技術が実際に成立普及する前に、事前の評価を行うことを科学者から期待されたのだ。

マーストリヒト大学のヴィーベ・バイカー（Wiebe Bijker）は、リップらがナノネドの内部で行ったTAであるTAナノネドは、「私の知る限りCTAのもっともよい事例の一つ」だと述べている[5]（Bijker 2014, pp. 23-36）。科学研究としてのナノネドは、二〇〇三年ごろの科学者のロビー活動をきっかけに始まったものだ。オランダの政府、大学、産業界が、二〇〇五年から二〇一〇年の間に総額約二億三五〇〇万ユーロを使って推進したナノサイエンスの研究プログラムである。その資金のうちの一〇〇万ユーロが、ナノネド内部のTAの取り組みであるTAナノネドの部門に投下された。その責任者がリップである。(6) TAナノネドでは、ナノテク技術の近未来の発展、応用、影響についてのシナリオが社会的側面も含めて作られた。このシナリオを、科学者だけでなくステークホルダーを含む幅広い人々が参加するワークショップで検討した。とはいえ、科学のプロジェクトであるナノネド自体の研究は、社会的な側面への配慮より、ナノテク技術の開発の間口を広げることに集中する結果になってしまったという。社会的側面を含むTAの取り組みには、消極的になったわけだ。

先に触れた二〇〇六年の日本での講演で、リップはナノテク技術のCTAが第二段階に入っていると述べている。CTAの標準的な方法論にこだわらず、もっと幅広い観点からナノテクノロジーとそのコンテクストをめぐる多様な動態を検討するというものである。標準的なCTAである第一段階では評価が技術の現場に近いところで行われるが、第二フェーズにおいては評価が現場に近いところとELSA（倫理的・法的・社会的側面、米国では普通ELSIと呼ばれる）サイドに近いところの間を行き来しながら行われる。リップは、こうした取り組みを「科学・技術・社会の再帰的共進化」という、より大きな理論的枠組みに包摂しようとした。だが、これとは異なる方向への展開も見られた。煩雑になるので詳細は略す（Bijker 2014, p. 28 以下を参照）が、ナノネドが結果的に研究に集中したのに対して、ナノテクノロジーのリスクは、ラテナウ研究所のレポートなどを通じて、二〇〇四年ごろに政府の関心を引くことになった。保健医療分野の独立諮問機関である保健委員会（Gezondheidsraad）は、政府の求めに応じて二〇〇六年に報告書を作成した。そこでは、ナノテクノロジーのリスクの不確実性ゆえに、ステークホルダーや市民を含む公共的討論が政策決定に必須と指摘された。リップらのTAナノネドは不調に終わり、保健委員会の報告書以降、ラテナウ型の市民参加の方向に転換したようにも見える。(7) 結局オランダ政府は、時限的な独立機関を新たに設置して「ナノテクノロジーについての社会的対話」を二〇〇九年から一一年にかけて組織することになった。そこには四〇〇万ユーロものお金が投下された。

こうしたラテナウ研究所やＴＡナノネドの取り組みの流れとはまた別に、より専門家志向のＣＴＡが実施され、成果を収めたのはオランダらしい特徴である。それは、ＰＲＩＳＭＡと呼ばれるプロジェクトである。[8] そのきっかけは、一九八七年の国連のブルントラント報告(邦訳『地球の未来を守るために』)だった。当時ノルウェー首相だったブルントラントを座長とする委員会の報告は、「持続可能な開発」という考えを世界的に認知させたといわれる。

オランダでは、国立公衆衛生環境研究所(ＲＩＶＭ)がこれに対応した報告書を作成した。それはオランダの環境保護の貧しさを露呈させ、国民的な危機意識を喚起した。生産、消費、輸送において根本的な変革を起こさなければならないこと、有害な廃棄・排出物質の七〇—九〇％の削減が必要であることがはっきりした(Dieleman and de Hoo 1993)。オランダ政府は国家環境政策プラン(ＮＥＰＰ)を策定し、種々の取り組みを始めた。これを背景として、一九八八年、ラテナウ研究所の前身のＮＯＴＡ(先述)が、アムステルダム大学やロッテルダムのエラスムス大学の関係部署と共同で、ＰＲＩＳＭＡに乗り出した。

一九九一年まで続いたＰＲＩＳＭＡには、ステークホルダーである企業(大企業一〇社)が参加し、汚染の防止と廃棄・排出物質の最小化のためのボトムアップの取り組みをした。なされた提案についてアセスメントが行われ、実施可能性が分析され、その上で実施された。一六四件の提案のうち、実施されたものは四五件、実施可能と判断されたものが二〇件であった。成功した事例を見ると、容器類のリサイクル、漏れの特定と修繕、潤滑油交換の間隔の延長といったメンテナンスの改善で対応するものから、電気メッキにシアンを使用しないようにするといった技術的対策を施すものまで種々のレベルがあった。[9] 最終の廃棄段階ではなく、途中のプロセスで対策がなされている。いずれも一—三年で実現が可能である。技術的対策を施した場合、削減対象の三〇—八〇％の削減が達成された。また、メンテナンスの改善だけでも二五—三〇％の削減が見られた。環境に良いだけではなく、経費の削減にもつながったことから、改善が継続された。また、企業が環境対策部署を設置するようになったという。産官学の協力による共進化であり、社会的学習であった。ＰＲＩＳＭＡ終了後も、取り組みは続き、他の大企業や一部の中小企業にも広がっていった。

四　ＣＴＡの理論

先に触れた論文でバイカーは、ＣＴＡは社会における科学のマネジメントについて経済志向の新しいパラダイムを提供し、それは社会的、政治的、文化的側面に明示的に注意を払うものでもあると指摘している。彼はまた、それが技術のデザインプロセスに光を与え、そのことで、エンジニアを越えた社会グループに注意を払うことになるとも述べた(Bijker 2014, p. 27)。この前半部分は、アリー・リップに依拠したものである(Rip, Misa and Schot 1995, p. 8)。

ＣＴＡの理論的な整理は、リップによるところが大きい。リップらはすでに一九九六年の論文で、今後発展が期待されるＣＴＡを三つ挙げて分類している(Schot and Rip 1996)(**表１**)。これらは互いに排除するものではないと同時に、①や③はすでに試みられているものでもある。たとえばＰＲＩＳＭＡは、政府の設定した目標に従ってプロジェクトが組織され、企業が大学などと協力してそれを具体化した。だから①に分類されよう。ＴＡナノネドは①として出発しながら、③の方向に転換していったと解釈できるかも知れない。あるいは、コンセンサス会議方式のＣＴＡが可能であれば、③に該当しよう。

ここで追加的な説明を要するのは、②であろう。これは、今日ではしばしばＳＮＭと略称されるものだ。[10]リップらによれば、ＳＮＭは、①の三つの欠点を補うものとして構想された。そ

表１　CTA の３つの分類

①	Technology Forcing: 規制当局が目標を設定し，企業や科学者・技術者が実施する
②	Strategic Niche Management: ニッチを媒介に学習を進める
③	Alignment: アクター間のフォーラムを作る

の欠点の一つ目は、規制当局の目標設定が柔軟性を欠く傾向にあり、技術的な可能性を排除しかねないことである。たとえば、一九八八年に米国カリフォルニア州で成立したカリフォルニア大気浄化法は、厳しいゼロエミッション基準を設定したうえで「一〇年後までに売り上げの二％をゼロエミッション車にする」ことを定めたが、その後の技術的検討によって、一〇年以内に開発可能で州法の基準を満たすゼロエミッション車は電気自動車だけであることが明らかになった。技術的内容を制約しないように規制をかけたはずが、電気自動車以外の技術を排除する結果になってしまったのだ。欠点の第二は、規制当局が現場から遠いと、現場の現実を見落とす可能性があることだ。第三に、規制当局は、科学者や技術者から敵と見なされる傾向があることが挙げられている。これらの欠点を補うには、新技術が誕生可能な隙間(ニッチ)を設け、それを徐々にまとめ上げていけばよい。その過程で、試行錯誤(一次学習)が達成されると同時に、各アクターが互いの価値観の相違を理解していく(二次学習)ことができる。これによって、最初に設定した目標や方向を大きく変えることも可能になるとされた。

五　欧州でのパッシブハウスの普及

SNMの実例として、ここではパッシブハウスという技術を取り上げる。パッシブハウスはゼロエネルギー住宅なども呼ばれ、最近では日本のハウスメーカーが多数の商品を発売している。当初は冷暖房にエネルギー投入が不要である住宅を意味したが、現在では給湯や照明のエネルギーも大幅に削減されてきている。いまでは「創エネ住宅」を謳う商品も見られる。省エネに大きく貢献する技術であるが、実はこの技術は社会になかなか受け入れられなかった。

パッシブハウスの技術は、スウェーデンで誕生したものである。その歴史について、筆者たちは約五年かけて調査を行った（諸間・中島 二〇一三、中島 二〇一三）。それによると、パッシブハウスはスウェーデン、ルント大学のボー・アダムソン（Bo Adamson）の研究室で誕生した。建築学科の教授であったアダムソンは、建物を断熱することで暖房のエネルギーを削減する研究を一九六〇年代から行っていた。低エネルギー建築という分野である。そこに一九八六年、ドイツのチュービンゲン大学で物理学を学んだヴォルフガング・ファイスト（Wolfgang Feist）がやってきた。ファイストは固体物理学の研究者だったが、市民運動にも関与していたと思われる。カッセル大学におけるエネルギー教育の経験を経て、一九八五年にフランクフルト近郊ダルムシュタット市にある「住宅環境研究所」の所員となった。そこで低エネルギー建築の開発を担当し、その分野の先駆者であるアダムソンの研究室にやってきたのだ。

当初ファイストは、スウェーデンの低エネルギー建築の技術をそのままドイツに移植しようと考えていた。その彼にアダムソンは、「もっとはるかに優れた住宅を作ろう。パッシブハウスを作ろう」と提案した。ファイストは耳を疑ったというが、アダムソンには研究の蓄積に基づく目算があった。一九七三年のオイルショックや、七九年のスリーマイル原発事故などを背景に進められた長年の研究である。アダムソンの説得によって、ファイストはドイツに適合するパッシブハウスのシミュレーションに着手した。その結果、建物を断熱し、窓にはスーパーウィンドウという特殊な窓(11)を用い、熱交換換気装置を用いることで、価格的にも現実的なパッシブハウスができることを解明した(12)。一九九二年、彼はダルムシュタット市に実験住宅を建てるとともに、九六年「パッシブハウス研究所」を設立し、技術の普及に努めた。

だが、ドイツではパッシブハウスの普及には抵抗があった。それは一九八〇年代に遡る。ドイツの建築家たちは、北欧起源の低エネルギー建築の技術がドイツの気候に適合しないと主張した。また、断熱のために初期の実験住宅の窓が小さかったことを問題にして、デザインの悪さを批判した。一九八八年には、ドイツ建築連盟の会長が新聞で、「低エネルギー建築の推進は、まるでナチス・ヒトラーの政府の決定のようだ」とまで述べた。ファイストらの努力によって技術が実用化されると、今度は一九九三年に、建築学科の教授たち一八名が「高断熱化は「表面的な部分最適化」に過ぎない」という声明を発表した。彼らは、熱交換換気装置の使用は「実生活からかけ離れた、技術を人間よりも優先する命令欲求」だと断じた。ダルムシュタットの技術は現在ではEUの基準となっているが、初期にはドイツ国内でこのような障害に直面したのだ。

パッシブハウスがEU全体に普及していくきっかけとなったのは、隣国オーストリアでの取り組みだった。ドイツで誕生したその技術がオーストリアに受け入れられたプロセスを、オーストリア科学アカデミーのミヒャエル・オルネットツェーダー(Michael Ornetzeder)研究員は、SNMの成功例として分析している(Ornetzeder and Rohracher 2009)。彼の研究によると、パッシブハウスの技術は、オーストリア西端のフォアアールベルク州(スイスに隣接)の非営利シンクタンク「エネルギー研究所」に飛び火した。一九八五年設立のこの組織は、エネルギーの合理的利用と再生可能エネルギーの活用を目的としていた。そこでは、アーバンプランナー、住宅技術関係の技術者・建築家、さらには家庭や社会のコミュニティを対象に、相談業務、学習訓練が提供されていた。この組織はパッシブハウスに初期から注目し、情報を流通させていた。これがオーストリア政府の関心を引くことになった。オーストリアは山がちの国であり、アルプスの山頂に近い建築物などに電力を送ることは困難だった。そのため、建物の省エネルギーや、太陽光・太陽熱の利用の取り組みへの関心がもともと高かった。政府の助成によって、一九九九年、全国規模の実証プロジェクト「未来の住宅(Haus der Zukunft)」が、オーストリア環境技術協会のコーディネートによって組織された。こうして、パッシブハウスの普及活動が始まった。二〇〇七年には約四〇〇〇戸のパッシブハウスが建築され、人口あたりドイツの二・五倍となった。これに先立つ一九九八年には、欧州五カ国でCEPHEUSというパッシブハウスの共同研究プロジェクトが始まる。そこでも、オーストリアが主導的役割を果たした。これらを媒介に、パッシブハウスは欧州全体に広がっていった。二〇一〇年の「建物のエネルギー性能に関するEU指令(改定版)」によって、二〇二〇年までに新築の建物すべてが二酸化炭素を実質的に排出しないことが欧州で義務づけられた。その背景に、パッシブハウスの技術の確立普及があることは間違いないだろう。

オルネットツェーダーによれば、国の西端にあった「エネルギー研究所」は、パッシブハウスを涵養するニッチであった。これをオーストリア政府が取り上げ、政府関係のＮＰＯを通じて組織化していった。すなわち、戦略的にニッチをマネジメントしたのだ。ＳＮＭである。

より広く捉えると、スウェーデンのアダムソンもニッチにいた。彼は建築学科の教授であったが、純粋の建築家ではなく、家族向けの住宅のコンサルティングを専門としていた。そこに学びに来たドイツのファイストは物理学者であり、審美性を重視する建築家の常識から自由な立場だった。これもまた、自然発生的なニッチである。そう考えると、ＳＮＭの戦略(Ｓ)の部分が機能したのは、パッシブハウス普及の最終段階に限られている。むしろ建築学者、物理学者、コンサルティングのＮＰＯなど、異種の専門家が交流したことが優れた技術を普及させたという角度から理解すべきとも考えられる。この点は押さえておくべきであろう。

ＳＮＭには、これとは違った批判もある。ＣＴＡの理論では、そのプロセスで単なる試行錯誤を越えて、アクターが互いの価値の違いを認めるという二次学習が起こることを重視している。しかしこれまでの研究によると、実際に二次学習が起こったのは、スイスでのカーシェアリングの事例などごく少数に限られるという。パッシブハウスの事例にしても、二次学習が起こったかどうかは疑わしい。「エネルギー研究所」は元来エネルギーの合理的利用を目指した組織であり、オーストリア政府の官僚も、最終段階で役人として知恵を絞ってトップダウンのマネジメントをしただけなのかも知れない。

そこで、抜本的な二次社会学習を当てにしない代わりに、初期の青写真をしっかり練り、定期的な見直しの手続きを予め定めることでイノベーションを進めるという考え方がリップたちとは異なるルーツをもつ研究者たちから提出された。これは、トランジション・マネジメント（ＴＭ：Transition Management）と呼ばれるものだ（ＵＲＬ①）。新しいアイディアで、理論の詳細が定まったようにも見えないので詳細は論じない。ただ、この理論の背後にはシステム科学の考え方があるようだ。あるいは、企業においてコンピュータシステムを一気に入れ替えるというような大転換の作業と類似しているように思われる。技術レジームのチェンジのマネジメントである。たとえばあるオーストリアの研究者は、欧州のエネルギー体系を自然エネルギーを中心にしたものに変更するにはどのようなＴＭが必要かを筆者たちのインタビューで論じていた。いずれにしても、非常に専門家志向の発想であり、ＣＴＡが開始された時期に重視された市民参加とかなり距離があることを指摘しておきたい。

六　ＣＴＡをどう評価するか

本章では、冒頭でカロンの三つのモデルに触れた。公教育モデル、公共討論モデル、知識の共生成モデルの三つである。コンセンサス開発会議はおおむね公教育モデルに分類され、デンマークでこれに手を加えたコンセンサス会議は公共討論モデルが当てはまる[13]。最後の知識の共生成モデルの例としては、アメリカのエプスタインが研究したエイズ治療薬の開発プロセスが有名である。治験の望ましい方法については、医療の専門家よりも患者やその関係者の方が詳しい場合があり、専門家と非専門家が協力することで新たな知識が生成された。

これまでの節で論じたＣＴＡは、この三つのうちのどのモデルに該当するのだろうか。冒頭でも言及したように、ＣＴＡはもともと、科学の専門家やテクノクラートがＴＡにおいて知識を独占したり固定化（客観化による）したりしないように、知識を市民へと取り戻すことを大きな目的としていた（Wynne 1995）。確かにＴＡナノネドにはそのような方向が含まれていたようだが、結果として成功したというのは難しい。実効性の点で成功したといえるＰＲＩＳＭ

Aは、トップダウンで目標が設定され、大学や企業が参加した。それはむしろ、公教育モデルに近いものではないだろうか。

ＣＴＡのうちのＳＮＭの成功例としてオルネットツェーダーによって分析されたパッシブハウスの事例はどうだろうか。そこで見られたのは、建築学者、物理学者、ＮＰＯ／ＮＧＯ、政府・自治体などの異分野の専門家の共同であった。知識が共生成されたという意味では、カロンの第三のモデルが当てはまる。しかし、共生成に市民という意味での非専門家がほとんど含まれておらず、カロンが想定していたものとは異なる。専門家が主導という点では、公教育モデルに似ている。だが、異分野の専門家が相互作用したという面では、医療の専門家が医療について上から定めるというような公教育モデルとも言いがたい。

そこで筆者たちは、カロンの三つのモデルに加えて、「ヘテロな専門家の共同」という第四の意思決定のモデルを加えることを提案したい。このモデルでは、狭い領域の専門家による認知枠組みの固定化の問題が、複数の（意見を異にする）対抗的専門家による取り組みによって解決される。対抗的専門家の中に、公衆の代表（倫理学者、法律家、ジャーナリスト、公益団体の代表者など）や科学技術社会論の研究者、いわゆる Lay-Expert を含めれば、科学者や官僚などに特有の専門主義には対処できるように思われる。

おわりに

繰り返しになるが、本章では公教育モデル、公共討論モデル、知識の共生成モデルの三つを出発点に議論してきた。だが、オランダにおけるＣＴＡの取り組みは、この三つに当てはまらない「ヘテロな専門家の共同」という第四のモデルを要請するものであった。だが、誤解を避けるために、これらのモデルは科学についての意思決定の発展を歴史の順番に並べたものではないことを強調しておきたい。そもそもカロンは、彼の提案した三つのモデルが互いに排除するものではなく、必ずしも順番に進化していくというわけでもないことを指摘していた。対象とする問題の性格、あるいは国や地域の現状に応じて、柔軟にモデルを選択していくべきなのである。

しかしながら、筆者たちの提案したヘテロな専門家の共同モデルの理論は、まだ端緒についたばかりのものである。フィシュキンやサンスティーンなどによって、素人市民による熟議がうまくいく条件はある程度明らかにされてきている（たとえばサンスティーン 二〇一二を参照）。だが、（対抗的専門家を含む）ヘテロな諸専門家による熟議がうまくいく条件については、研究が進んでいない。その実例となるべきSNMやTMについても、メカニズムについて多数のアイディアがあるという段階に過ぎない[14]。

一つだけはっきりしていることは、これまで科学への市民参加に焦点を置いてきた科学技術社会論は、どのようにすれば専門家が科学の社会的な意思決定に適切な貢献をできるのかという問題を、長いあいだ置き去りにしてきたのではないかということである。専門家は敵ではなく、きわめて重要な共同の相手であるということを忘れるべきではない。その共同が成功する条件についての研究が求められている。

注

（1）デンマーク医療研究委員会のAndreasenは、デンマークの病院の多くが公立病院である点が、コンセンサス開発会議の性格を米国とは違うものにさせたことを示唆している。治療を必要とするすべての国民にイコールアクセスを保証することと、効果と安全性を評価することが自ずと求められることになるからである（Andreasen 1988, p. 306）。

（2）三上直之によると、ＤＢＴは組織上は科学技術省の管轄下にあるが、運営は独立しており、ＴＡのテーマの選択や予算の内部配分などはＤＢＴの理事会が独自に決定する（三上 二〇一二、七四―八二頁）。

（3）以下の記述は、Schot and Rip 1996による。

（4）デンマーク型のコンセンサス会議のことを、オランダでは"Publiek Debat"（英語訳"Public Debate"）と名付けた。

（5）オランダでのＣＴＡをよりよく理解するための重要な資料をご提供いただいたことに対して、バイカー教授に感謝する。
（6）のちにリップの役割はHarro van Lenteによって引き継がれた。
（7）少なくともＴＡナノネドの第一段階である標準的なＣＴＡは不調に終わっている。Bijker 2014の前掲箇所によれば、ナノテクノロジーの研究者たちは、総論ではＴＡに好意的でありその重要性も理解していたが、実際にＴＡ参加のために時間を割くことは苦痛であった。第二段階の成否については、今後の検討が待たれる。
（8）オランダ語の名称は、Project Industriële Successen Met Afvalpreventie。英語訳は、Project Industrial Successes with Waste Prevention。
（9）ここで言う「技術」は、あくまで研究開発を必要としない、その時点ですでに利用可能な既存技術に限られている。研究開発を必要とする技術は、数年から一〇年程度の遅れが生じてしまうという理由で採用されていない。
（10）ＳＮＭは、リップが率いる学派のHoogmaやKempらが開発した手法である。
（11）代表的なものは、三枚のガラスを重ねて用い、そのうち二枚は、薄膜をコーティングして赤外線を反射カットする特殊なガラスである（「Low-eガラス」と呼ばれる）。また、窓枠との一体性を含めたトータルの気密性能と断熱性能にも優れている。
（12）厳密に言うと、パッシブハウスは動力を使った換気などを用いない。ここでは動力換気や太陽電池などのアクティブな要素を含む広義の意味でパッシブハウスという用語を用いる。
（13）本章ではデンマークでコンセンサス会議が誕生したことを強調しているが、コンセンサス会議を生み出したＤＢＴは、専門家中心の意思決定など、他の意思決定方法にも取り組んでいることを指摘しておきたい。
（14）二〇一六年九月にバルセロナで行われた関係学会のセッションでも、バイカーやオルネットツェーダーが理論の未整備を問題としていた（4S/EASST合同会議、九月三日、Energy Transition: Arenas, agency and processesのセッションでの討論）。

参照文献

サンスティーン、キャス　二〇一二、『熟議が壊れるとき』那須耕介編・監訳、勁草書房。
詫間直樹・中島秀人　二〇一三、「欧州における低エネルギー建築技術の発達」『科学史研究』五二巻、八一―九一頁。
中島秀人　二〇一三、「科学技術の行く手を阻むものは何か」『アステイオン』七八巻、一二一―一三〇頁。

三上直之 二〇一二、「デンマーク技術委員会（DBT）の「廃止」とその背景」『科学技術コミュニケーション』第一一号。

リップ、アリー 二〇〇七、「ナノテクノロジーのテクノロジー・アセスメントと社会的側面」『Nanotech Japan Bulletin』一三〇号、一月二四日発行。

Andreasen, P. B. 1988, "Consensus conferences in different countries: Aims and perspectives," *International Journal of Technology Assessment in Health Care*, Vol. 4, pp. 305–308.

Bijker, Wiebe 2014, "Technology assessment: The state of/at play," *Technology Assessment and Policy Areas of Great Transitions: Proceedings from the PACITA 2013 Conference in Prague.*

Callon, Michel 1999, "The role of lay people in the production and dissemination of scientific knowledge," *Science, Technology & Society*, Vol. 4, No. 1, pp. 81–94.

Dieleman, H., and de Hoo, S. 1993, "Toward a tailor-made process of pollution prevention and cleaner production: Results and implications of the PRISMA project," Fischer, K., and Schot, J. eds., *Environmental Strategies for Industry: International Perspectives on Research Needs and Policy Implications*, Island Press, pp. 245–275.

Freeman, Christopher 1995, "Preface," Rip et al. eds. 1995, pp. viii–ix.

Jørgensen, T. 1995, "Consensus conference in the health care sector," Joss, S., and Durant, J. eds., *Public Participation in Science: The Role of Consensus Conference in Europe*, The Science Museum, pp. 17–29.

Klüver, L. 1995, "Consensus conferences at the Danish Board of Technology," Joss and Durant eds. 1995, pp. 41–49.

Markle, G. E., and Chubin, D. E. 1987, "Consensus development in biomedicine: The liver transplant controversy," *The Milbank Quarterly*, Vol. 65, No. 1, pp. 1–24.

Ornetzeder, M., and Rohracher, H. 2009, "Passive houses in Austria: The role of intermediary organisations for the successful transformation of a socio-technical system," Brousous, C., and Jover, C. eds., *Act! Innovate! Deliver! Reducing Energy Demand Sustainability* (*Proceedings of ECEEE 2009 Summer Study*), pp. 1531–1540.

Rip A., Misa, T. J., and Schot, J. eds. 1995, *Managing Technology in Society: The Approach of Constructive Technology Assessment*, Pinter.

Rip, A., Misa, T. J., and Schot, J. 1995, "Constructive technology assessment: A new paradigm for managing technology in society," Rip et al. eds. 1995, pp. 1–12.

Schot, J., and Rip, A. 1996, "The past and future of constructive technology assessment," *Technological Forecasting and Social Change*, Vol. 54, pp. 251–268.

Wynne, B. 1995, "Technology assessment and reflexive social learning: Observations from the risk field," Rip et al. eds. 1995, pp. 19–36.

Vang, J. 1986, "The consensus development conference and the European experience," *International Journal of Technology Assessment in Health Care*, Vol. 2, pp. 65–76(特に pp. 66–67).

ＵＲＬ(最終閲覧日二〇一六年八月二六日)

① Loorbach, D. A. and Raak, R. van 2006, "Strategic Niche Management and Transition Management: Different but complementary approaches," http://repub.eur.nl/pub/37247

【執筆者紹介】

伊勢田哲治(いせだ てつじ)
1968 年生．京都大学大学院文学研究科准教授／科学哲学，倫理学

直江清隆(なおえ きよたか)
1960 年生．東北大学大学院文学研究科教授／哲学，技術哲学

隠岐さや香(おき さやか)
1975 年生．名古屋大学大学院経済学研究科教授／科学技術史，社会思想史

綾部広則(あやべ ひろのり)
1968 年生．早稲田大学理工学術院教授／科学社会学，科学技術史

平川秀幸(ひらかわ ひでゆき)
1964 年生．大阪大学(CO デザインセンター)教授／科学技術社会論

神里達博(かみさと たつひろ)
1967 年生．千葉大学国際教養学部教授／科学史，科学技術社会論

本 堂　毅(ほんどう つよし)
1965 年生．東北大学大学院理学研究科准教授／物理学，科学技術社会論

加藤和人(かとう かずと)
1961 年生．大阪大学大学院医学系研究科教授／医学・生命倫理

詫間直樹(たくま なおき)
1967 年生．早稲田大学ほか兼任講師／科学技術史，科学技術論

中島秀人
1956年生．東京工業大学リベラルアーツ研究教育院教授／
科学技術史，科学技術社会論

岩波講座 現代 第2巻
ポスト冷戦時代の科学／技術

2017年2月24日 第1刷発行

編 者 中島秀人《なかじまひでと》

発行者 岡本 厚

発行所 株式会社 岩波書店
〒101-8002 東京都千代田区一ツ橋2-5-5
電話案内 03-5210-4000
http://www.iwanami.co.jp/

印刷・三陽社 カバー・半七印刷 製本・三水舎

ISBN 978-4-00-011382-3 Printed in Japan